高等院校"十四五"系列教材
校企"双元"合作开发新形态教材

外贸单证实务

(第二版)

主　编　邵李津　陈　忠
副主编　陈立金　陈瑞清
　　　　李　飞　孔思军

微信扫码
查看更多资源

南京大学出版社

图书在版编目(CIP)数据

外贸单证实务 / 邵李津,陈忠主编. —2版. —南京:南京大学出版社,2022.7(2024.7重印)
ISBN 978-7-305-25905-0

Ⅰ.①外… Ⅱ.①邵… ②陈… Ⅲ.①进出口贸易—原始凭证 Ⅳ.①F740.44

中国版本图书馆CIP数据核字(2022)第117284号

出版发行　南京大学出版社
社　　址　南京市汉口路22号　　邮　编　210093
书　　名　外贸单证实务
　　　　　　WAIMAO DANZHENG SHIWU
主　　编　邵李津　陈　忠
责任编辑　武　坦　　　　　　　编辑热线　025-83592315
照　　排　南京开卷文化传媒有限公司
印　　刷　南京人民印刷厂有限责任公司
开　　本　787 mm×1092 mm　1/16　印张 17.25　字数 398千
版　　次　2022年7月第2版　2024年7月第2次印刷
ISBN　978-7-305-25905-0
定　　价　48.00元

网　　址:http://www.njupco.com
官方微博:http://weibo.com/njupco
微信服务号:njuyuexue
销售咨询热线:(025)83594756

* 版权所有,侵权必究
* 凡购买南大版图书,如有印装质量问题,请与所购
　图书销售部门联系调换

前　言

"新时代"背景下，中国对外贸易总额在全球贸易总额中的占比持续增长，在全球产业链中的地位不断提高，对世界经济的影响力不断增强，越来越多的企业将置身于外贸业务当中。在对外贸易业务中，外贸单证工作是对外贸易业务中的重要组成部分，它涉及外贸合同履行的全过程。正确、及时、完备地缮制各项单证是顺利结汇的重要前提条件。本书旨在使读者认识、了解外贸单证，熟悉外贸单证处理的原则、方法和管理，掌握外贸单证操作的技巧，培养懂得外贸单证基本知识、熟悉外贸单证工作操作与管理、熟练掌握外贸制单技能技巧的专门人才。本书以实际工作为逻辑起点，基于对外贸单证员职业岗位关键能力的分析，选取相应的典型工作任务，构建了知识模块、任务实践和实践演练有机融合的教材内容框架，使课程的应用性得到更有效的体现。

本书编写分工如下：邵李津担任总审稿，并和陈忠共同起草写作大纲并负责对全书修纂定稿；邵李津撰写模块一、二、四、六、七；陈忠撰写模块三、五；陈瑞清、李飞、孔思军共同撰写模块九、十；陈立金、孔思军、邵李津共同撰写模块八及附录部分。

本书的顺利出版要感谢福建水利电力职业技术学院、福建师范大学经济学院、福州墨尔本理工职业学院、福州外语外贸学院、湖南女子学院、闽南理工学院、福建优拓贸易有限公司、福建多米互娱集团、福州市进出口商会等相关院校以及行业企业领导、专家的大力支持，要感谢各位编写人员的辛勤劳动，还要感谢南京大学出版社领导和编辑老师对本系列教材的支持与编审工作。在此一一表示深深的谢意。

在编写本书的过程中编者广泛参考了多位专家、学者、同仁的研究成果，借鉴了有关教材的部分内容，利用了各种媒体所提供的资料，书中未一一列出，在此一并向有关作者表示衷心的感谢。由于编者学识水平和能力有限，书中的谬误和疏漏在所难免，敬请广大读者批评指正。

编　者
2022 年 6 月

目 录

模块一	外贸单证认知	1
	典型工作任务一 外贸单证种类识别	1
	典型工作任务二 单据流转	2
	典型工作任务三 外贸单证员岗位工作认知	11
模块二	信用证操作与处理	14
	典型工作任务一 《UCP 600》的认知	14
	典型工作任务二 开证操作	30
	典型工作任务三 审证操作	37
	典型工作任务四 改证操作	42
模块三	交易磋商中的单据	46
	典型工作任务一 订立合同	46
	典型工作任务二 制作形式发票	52
模块四	缮制出口单据	57
	典型工作任务一 制单基本要求	57
	典型工作任务二 汇票的缮制	58
	典型工作任务三 商业发票的缮制	61
	典型工作任务四 装箱单的缮制	64
	典型工作任务五 海运提单的缮制	66
	典型工作任务六 保险单的缮制	71
	典型工作任务七 原产地证书的缮制	75
	典型工作任务八 附属单据的缮制	80
模块五	关检融合与单一窗口	88
	典型工作任务一 关检融合的认知	88
	典型工作任务二 关检融合、统一申报业务准备	89
	典型工作任务三 关检融合、单一窗口报关单的填制	93
模块六	出口收汇核销与退税	105
	典型工作任务一 出口收汇操作	105
	典型工作任务二 出口核销操作	113

典型工作任务三　出口退税操作························· 115

模块七　缮制进口单据·························· 124
典型工作任务一　进口许可证的申领························ 124
典型工作任务二　进口订舱单的缮制························ 128
典型工作任务三　进口报关单的填制························ 130
典型工作任务四　进口保险单的填制························ 134
典型工作任务五　进口付汇核销单的填制······················ 136
典型工作任务六　进口审单的操作························· 140

模块八　外贸单据审核·························· 152
典型工作任务一　审单的依据与原则························ 152
典型工作任务二　单据的审核与处理························ 153
典型工作任务三　主要单据的审核技巧······················· 156

模块九　基础理论综合练习························ 164
综合练习一································ 164
综合练习二································ 167
综合练习三································ 171
综合练习四································ 177
综合练习五································ 182

模块十　综合技能训练·························· 187
实操训练一································ 187
实操训练二································ 191
实操训练三································ 196
实操训练四································ 197
实操训练五································ 198
实操训练六································ 201
实操训练七································ 202
实操训练八································ 204
实操训练九································ 206
实操训练十································ 207

附　录································ 209
附录一　单证常用英文词汇表··························· 209
附录二　出口单据样本汇总···························· 229
附录三　进口单证样本······························ 241
附录四　2020 国际贸易术语详解·························· 246

参考文献·································· 269

模块一
外贸单证认知

典型工作任务	1. 外贸单证种类识别。 2. 单据流转及出口业务操作流程。 3. 外贸单证员岗位工作认知
主要学习目标	1. 掌握外贸单据的定义及其分类。 2. 熟知外贸单据的制作要求及其流转与操作程序。 3. 熟知外贸单证员岗位要求及工作内容
工作操作技能	1. 能够正确理解单据制作的规范与进出口单证工作程序。 2. 能够正确认知外贸单证员岗位的任职要求及其职责

单证是随着国际贸易的发展而发展的,与此同时,"非现金结算"方式应运而生。首先,是用于国际结算的各种票据;其次,随着航海业和保险业的发展,海运提单从一般的货物收据演变成为能代表货物所有权的可转让的凭证,使得国际贸易单据化成为可能,即商品买卖可以通过单据交换来实现。尤其在象征性交货的前提下,卖方交单意味着交货,而买方也是凭单据付款。因此,外贸单据在国际贸易中的地位是举足轻重的,应引起重视。

典型工作任务一 外贸单证种类识别

一、国际贸易单证的含义

单证(Documents)是指在国际结算中应用的单据、文件与证书的统称,凭借它来处理国际买卖货物的交付、运输、保险、商检、报关、结汇等。狭义上指单据和信用证。广义上指各种文件和凭证。

就出口贸易而言,出口单证是出口货物推定交付的证明,是结汇工具。

单证作为一种贸易文件,它的流转环节构成了贸易程序。单证工作贯穿于企业的外销、进货、运输、收汇的全过程,工作量大,时间性强,涉及面广,除了外贸企业内部各部门之间的协调外,还必须和银行、海关、交通运输部门、保险公司、商检机构、有关行政管理机关发生多方面的联系。环环相扣,相互影响,互为条件。

单据是办理货物的交付和货款支付的一种依据。单据可以表明出口商是否履约,以及履约的程度。进口商品以单据作为提取货物的货权凭证,有了单据,就表明有了货物。

二、国际贸易单证的种类

国际贸易中的交易主要是通过单证的出立和交换来完成的。无论采用何种支付方式,卖方都必须按合同或信用证的规定提供买方或银行所需要的单证。总的来说,单证可以划分为四大类:

(1) 资金单据(Financial Documents),主要用于货款的收取,具有货币的属性,包括汇票(Bill of Exchange/Draft)、本票(Promissory Note)、支票(Cheque/Check)。

(2) 商业单据(Commercial Documents),主要是指出口公司、保险公司、船公司等企业单位出具和签发的各种单据,包括商业发票(Commercial Invoice);装箱单(Packing List);保险单(Insurance Policy);运输单据(Transport Documents),如海运提单、铁路运单、航空运单、多式联运单据等。

(3) 公务单据(Official Documents),主要是指政府机关、社会团体出具和签发的各种单据,包括商检证书(Inspection Certificate)、原产地证(Certificate of Origin)、海关发票(Customs Invoice)、领事发票(Consular Invoice)。

(4) 其他证书,常见的有受益人证明书(Beneficiary's Certificate)、船籍证明(Certificate of Vessel's Nationality)、电抄(Copy of Cable/Telex/Fax)。

典型工作任务二 单据流转

一、国际贸易单证的基本要求

在国际贸易中,制单水平的高低事关出口方能否安全迅速结汇收汇和进口方能否及时接货。所以,缮制单证必须符合国际贸易惯例和有关法律法规的规定以及进出双方的实际需要。其基本要求是正确、完整、及时、简洁和严谨。

(一) 正确

正确是一切单证的前提,要做到四个"一致"。

(1) 证、同一致。在以信用证为付款方式的交易中,买方开给卖方的信用证,其基本条款应该与合同内容保持一致;否则,卖方应要求买方修改信用证,以维护合同的严肃性。

(2) 单、证一致。银行在处理信用证业务时应坚持严格相符的原则,卖方提供的单据,即使一字之讹,也可成为银行及其委托人拒绝付款的理由。

(3) 单、单一致。国际商会《跟单信用证统一惯例》(2007年修订版,简称《UCP 600》)规定:"单据之间表面上互不一致者,将被认为表面上不符信用证条款。"例如,货运单据上的运输标志(Shipping Mark)如与装箱单上的运输标志存在差异,银行就可拒绝付款,尽管信用证上并没有规定具体的运输标志。

(4) 单、货一致。单据必须真实地反映货物,如果单据上的品质、规格、数量与合同、信用证完全相符,而实际发运的货物以次充好或以假乱真,这就有悖于"重合同、守信用"的基本商业准则。尽管在信用证业务中,银行所处理的是单据而不是与单据有关的货物,只要单、证相符,单、单相符,银行就应付款。但如果所装货物不符合合同条款要求,买方在收货检验后仍然有权根据合同向卖方索赔和追偿损失。

另外,值得注意的是,处理的单据必须要与有关惯例和法规规定相符合。例如,世界各国银行在信用证业务中,绝大多数都在证内注明按照国际商会的《UCP 600》来解释。银行在审单时,除非信用证另有特殊规定外,都是以《UCP 600》作为审单的依据。因此,在缮制单据时,应注意不要与《UCP 600》的规定相抵触。

(二) 完整

单据的完整性是指信用证规定的各项单据必须齐全,不可缺少,单据的种类、每种单据的份数和单据本身的必要项目都必须完整。

有些单据必须按照有关的国际法规和惯例办理。例如,提单和汇票都有它的主要事项,如缺少"主要项目",即属不完整的单据,因而也就失去了它的法律效力。再如,国际商会《跟单信用证统一惯例》规定,凡信用证要求提供"已装船提单"(Shipped B/L),提单的承运人必须在该提单上做成"装船批注"(On Board Notation),如果该提单未按规定加上"已装船"(On Board)字样和装船日期等必要批注,银行将会拒绝接受,理由就在于"装船批注"的不完整。完整的另一含义是指单证群体的完整性,如果缺少一套单据中的某一种,就破坏了单证群体的完整,不能被银行所接受。

(三) 及时

及时是指处理单证要在一定时间内完成。国际贸易单证的时间性表现如下:

(1) 单证之间的时间差必须符合进出口的程序。例如,运输单据的签发日期不能早于装箱单、检验证书和保险单的签发日期,否则就不符合逻辑,将被银行拒绝接受。

(2) 单证本身的时限不可逾越。信用证一般都有装运期和有效期的规定,前者是对运输单据装运日期有限制,后者是对卖方向银行交单时期的限制。一经逾越,就失去了信用证保证履行付款责任的条件,银行可以拒绝接受。

(3) 单证的处理,除合同、信用证有特殊规定外,原则上应力求赶先不拖后,须知早出运、早交货、早结算可以加速货物和资金的流通,这是符合买卖双方共同利益的。

(四) 简洁

单证的内容应力求简洁,避免不必要的烦琐。具体要求是单证格式规范化、内容排列行次整齐、字迹清晰、纸面洁净、格式美观等。

(五) 严谨

严谨是对单证工作的总体要求,主要应把握以下几点:

（1）单证中的各种条款必须订得严密。贸易合同和买方开出的信用证中的各种条款,这些条款是交易的基础条件,要力求订得具体明确,没有漏洞,条款之间不应自相矛盾,切忌使用笼统和含糊不清的词语,如习惯包装(Usual Packing)等,否则事后容易产生分歧,发生纠纷。

（2）单证必须经过严格的审核。单证的一字之差,一字之错,往往酿成重大经济损失。因此,各种单证缮制后须严加审核。单证转让时,受让的一方也必须严格审核。信用证是买方付款的银行保证,但前提是卖方必须按信用证条款办事并提供规定的各种单证。卖方在收到信用证后要及时、严格地进行审核,如发现不合理的或不能接受的条款要很快做出反应,提请买方删除修改,否则在履约交货时不能照办,会影响出口和收汇。

（3）单证的处理必须合理谨慎。国际商会《跟单信用证统一惯例》要求银行在审核信用证规定的一切单据时必须合理谨慎(Reasonable Care),这里"合理谨慎"对买卖双方以及单证的有关各方同样适用。例如,在信用证装运期内货物不能及时装运,在交单议付后单证遭到开证行或买方的拒收等,这些情况在实际业务中往往有可能出现,需要出口方合理谨慎地做出处理,以避免和减少经济损失。

二、国际贸易单证的流转程序

国际贸易单证的流转程序就是买卖双方履约的过程,因此进出口双方在此过程中必须注意加强合作,把各项工作做到精确细致,尽量避免工作脱节、单证不一致的情况发生。现从出、进口两个方面分别将单证的流转环节叙述如下。

（一）出口方面

目前,我国出口合同大多数为 CIF 合同或 CFR 合同,并且一般都采用信用证付款方式,故在履行这类合同时,必须切实做好货(备货、报验)、证(催证、审证、改证)、运(托运、报关、保险)、款(制单结汇)四个基本环节的工作。同时还应密切注意买方的履约情况,以保证合同最终得以圆满履行。

1. 签订合同

出口贸易合同通常由卖方根据与买方洽谈的条件,缮制售货确认书(Sales Confirmation),正本一式两份,经买卖双方签章后各执一份,作为合同成立的证据。在函电成交的情况下,则由卖方将缮制的售货确认书寄给买方,要求买方签退一份。

2. 组织货源

卖方根据合同或售货确认书规定,按时、按质、按量准备好应交的货物,如属现货,可以直接通知仓库或供货厂商办理打包、改装、发货等工作;如属期货,应该与供货单位签订购货协议或以要货单形式向生产部门落实生产,按规定交货。

3. 信用证与出口货源的衔接

我国对外贸易多数以信用证为支付方式。信用证开到后,必须经过审核,如内容与合同条款不符，卖方应尽早提请买方更改信用证条款，待信用证改妥后再安排运输工作，并在出运前办理商检报验手续。

4. 商品检验

凡商品的质量列入国家法定检验范围的和合同或信用证订明须由我出口单位提供商品检验局品质检验证明的出口商品，在货物出运前必须向商品检验局申报品质检验，报验的货物应处于打好包、刷好运输标志的状态。商检报验单的格式则由商品检验总局统一制定，申报单位按要求填制。如合同、信用证对检验内容有具体要求的，可附合同或信用证副本。检验合格后，商品检验局按合同或信用证中的具体要求在检验证书上做相应的表述，以符合单、证一致的要求。

5. 缮制商业发票和装箱单据

商业发票载有货物的品名、规格、数量、重量、价格、条款、单价和总价等项目，是出口方的销售凭证，也是买卖双方的结算凭证。它在出口单据中居于中心地位，其他单据中的有关项目多以它为依据。例如，运输单据有关商品描述的内容就是根据商业发票和装箱单填写的，保险单据中的投保金额也是根据商业发票金额计算出来的。

装箱单是商品发票的补充单据，商业发票中的计价数量或重量，即是装箱单中数量或重量的汇总数。因此，从工作程序上来说，应该是先缮制装箱单据，后缮制商业发票。

6. 缮制出口货物报关单和出口收汇核销单

出口货物报关单是向海关申报出口供海关查验放行的单据，货物出口后有一联（退税联）退回给出口单位，作为出口退税的凭证。留在海关的报关单又是海关总署编制出口统计数字的基础资料。

出口收汇核销单是海关凭以受理报关、外汇管理部门凭以核销收汇的凭证，它的作用是为了加强出口收汇管理以防止国家出口外汇的流失。核销单的格式由国家外汇管理局统一制发，每份有一存根联。核销单及其存根联上都编有顺序号码、盖有外汇管理局监督收汇章。自1991年1月1日起，出口单位在出口报关时必须将此项单据提交海关，否则海关不受理报关。货物报关后，海关在核销单上加盖"放行"章退给出口单位，出口单位在报关后规定的时间内将核销单存根、出口报关单的副联以及其他需要的单据送外汇管理局存案。待银行收妥该笔外汇后，出口单位凭银行签章的核销单向外汇管理局销案。

7. 托运、订舱、报关

出口单位委托有权受理对外货运业务的单位办理海、陆、空等出口运输业务叫作托运。出口单位直接或通过货运代理公司向承运单位洽订运输工具叫作订舱。托运或订舱需要提供必要的资料，如货物的名称、标志、件数、毛重、净重、体积、装运期和目的地，以及可否转运和分批等。

运输工具订妥后在货物装运前须向海关申报出口，这就是报关。报关时须提供出口货物报关单、出口收汇核销单以及装货单等运输单据,有些商品还须提供出口许可证或商检合格单,来料加工、来件装配业务则须提供海关的"登记手册"。

8. 保险

出口贸易如使用CIF价格条款,则应由出口单位办理投保并承担保险费。投保时出口单位须向保险公司填制投保单,保险公司据以缮制和签发保险单。投保手续应在货物离仓向装运场所移动前办理,以避免运输途中货物处于"漏保"的状态。

9. 缮制运输单据

运输单据包括海运提单、陆运和空运运单、邮政运输的包裹收据和汽车运输的承运收据以及多式联运的"联合运输单据"等,这些单据应由承运人缮制,待货物装上运输工具或置于承运人的接管之下,由承运人签发给发货人。

10. 装船通知

按照国际惯例,货物装运后卖方须将装运情况及时通知买方。国际商会《国际贸易术语解释通则》在FOB、CFR、CIF、FCA、CPT、CIP等价格条件的卖方责任中都明确规定卖方在货物装运后应无延迟地通知买方。装船通知是卖方的基本义务,使买方及时掌握货运动态,以便对货物的转售、分配、调拨、加工在事先做出适当的安排,对货款的支付及早做好准备。

装船通知一般应采取电讯方式,发出的时间应在货物全部装上运输工具以后,在实际工作中,宁早毋迟,过迟则不仅影响买方接货、付款的准备工作,还有可能贻误买方的及时保险(CFR、FOB、CPT、FCA等条件下)。如买方因卖方未能及时发出装运通知而蒙受损失,必然会谴责卖方并提出索赔。

11. 审单

尽管各种单证在缮制、签发过程中都经过复核,但在提交银行前仍须把信用证或合同规定的各种出口单证集中起来做一次全面性的审核。审核全套单据是否完备,单单之间、单证之间是否相符,单证份数是否满足信用证要求,单证上的签字盖章是否齐全等,以确保单证质量的绝对可靠。

12. 交单、议付、结汇、核销

出口单位将信用证规定的单证及需要的份数在规定的期限内提交议付银行叫作交单。议付银行在保留追索权的条件下购买信用证受益人出具的汇票及其单据叫作议付。出口单位将所得的外汇按照外汇牌价卖给银行叫作结汇。交单、议付、结汇是出口单位通过银行办理国际结算的必要程序,远期汇票须在付款承兑到期后方可收汇,但如银行同意扣息贴现,也可在交单后由银行议付结汇。

现以海运出口单证工作流程为例,如图1-1所示。

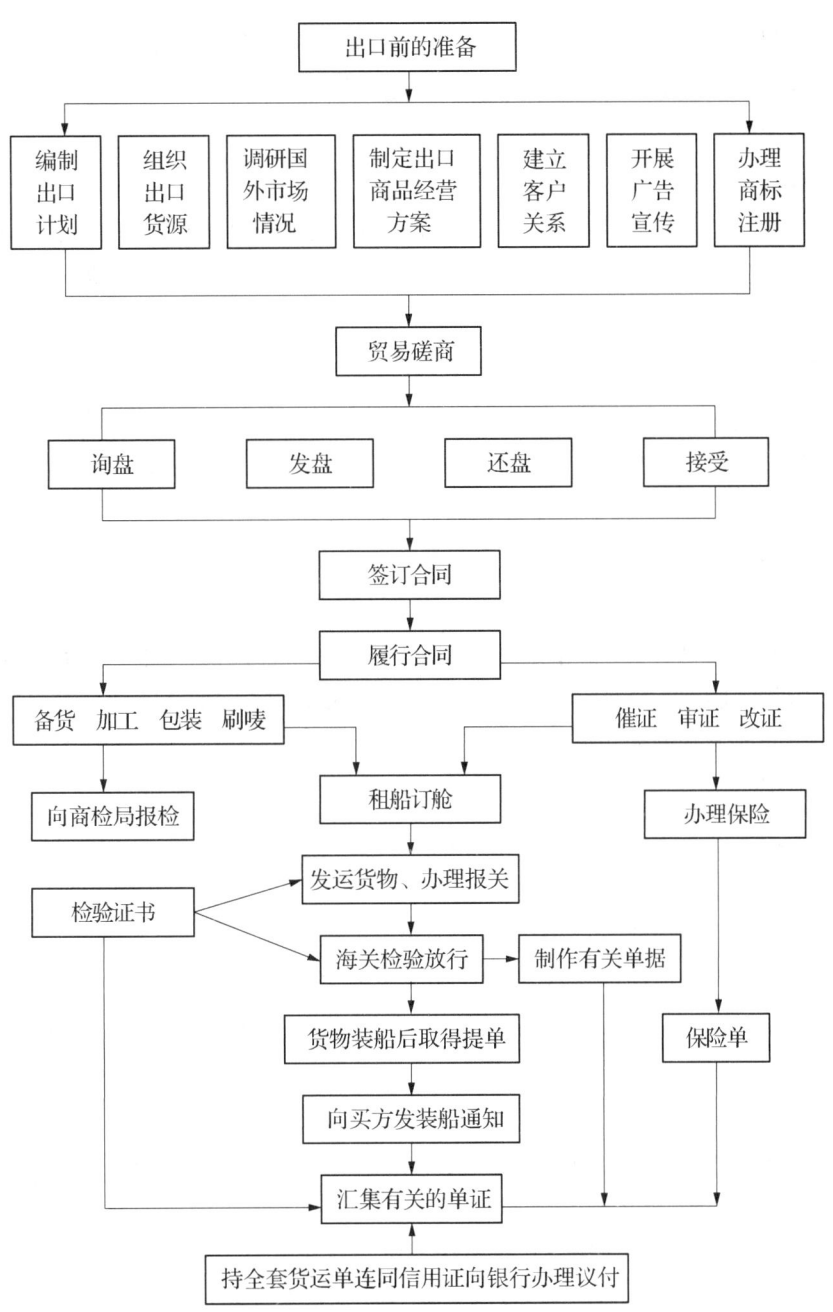

图1-1 海运出口单证工作程序

(二) 进口方面

目前我国进口合同大多以FOB条件成交,以信用证方式结算货款。履行这类进口合同的一般程序包括签订贸易合同、开立信用证、租船订舱、装运、办理保险、审单付款、接货报关、检验、索赔等事项,进口商应与各有关部门密切配合,逐项完成。

1. 签订贸易合同

进口贸易多数须先向有关机关申请进口许可证。取得许可证后才能对外正式签约。进料加工、来料加工及补偿贸易等的进口货物也须向有关管理机构提出申请,批准后向海关备案,然后对外签订合同。

2. 开证

以信用证为付款方式的进口贸易,在合同规定的期限内进口单位须按合同条款向开证银行申请开立信用证,并将外汇或外汇额度移存开证银行,经银行审核后将信用证开给卖方。

3. 安排运输工具

大宗商品的进口多采用FOB价格条件,应由我进口单位负责安排运输工具。例如,租用船只或飞机到对方港口或机场接运。租船、租机及订舱工作可委托货运代理公司办理,也可自行联系承运单位办理。运输工具落实后应及时发出到船通知,卖方据此做好发货前的准备工作,并与承运人的当地代理人安排装运事宜。

4. 投保

FOB、CFR、FCA、CPT价格条件者需要我进口单位办理运输保险,卖方有义务在货物发运后将装船通知(Shipping Advice)以电讯方式发给我进口单位,进口单位据以缮制投保单向我方保险公司办理保险。

5. 付款赎单

信用证项下的货运单据经我方银行审核后送交进口单位,再经进口单位审核认可后,银行即对外付款或承兑。托收(如D/P)项下的货运单据也由银行转寄给我进口单位,但不管是对方的托收银行或是我方的代收银行均不负单据审核之责,进口单位更有必要加强审核。无论信用证或托收,就我国的情况来看,进口单位的审核往往是终局性的。经过审核,如发现单据不符或有异状,应通过银行及时提出拒付或拒绝承兑的理由。

6. 进口报关

货物运达我方指定目的地后,进口单位应迅即缮制"进口货物报关单"、贸易合同、进口发票、装箱单和运输单据等副本向进口地海关申报进口,经海关查验单据和货物相符,核定进口关税,进口单位付清关税及相关税费后即可凭正本运输单据或有关证明向承运单位或其代理提货。

7. 货物到达后的检验工作

货物到达后,进口单位应抓紧时间做好数量和质量的检验工作,属于国家法定的检验商品必须由商品检验局检验。在合同索赔有效期内取得商检局检验证书、列入国家规定的动植物检疫范围的进口货物,应申请动植物检疫所进行消毒和检疫。货物卸下后发现有残损的,须及时通知保险公司做残损检验并协商索赔和理赔事宜。

8. 索赔

进口货物经过检验后,如发现卖方责任的数量短缺或质量不符等情况,须在合同索赔有效期内向卖方提出索赔,索赔时须提供检验证明书和发票、提单等货运单据的副本。

下面以海运进口单证工作程序为例,如图1-2所示。

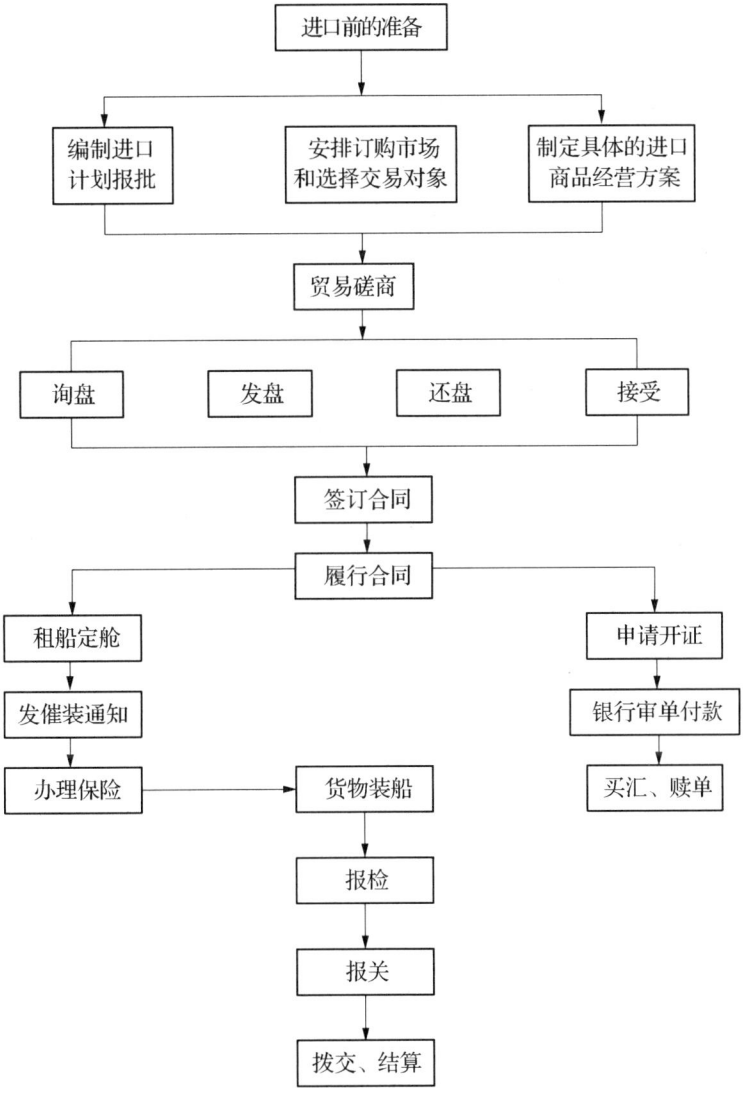

图1-2 海运进口单证工作程序

三、实际公司的单证图解

出口业务履行工作首先要落实货、证(款)、船三者的衔接。先要按照合同规定对外催开信用证,对内抓紧备货,达到货、证(款)俱全的要求。具体流程如表1-1所示。

表 1-1　出口业务履行流程

流程		步骤		办理时间	相关单据/表格
		T/T	L/C		
①	前期接触	询价			询价单
		报价		收到询价即时	报价单
		还盘			
		再报价,如情况特殊,需向上级请示		收到还盘即时	报价单
②	成交	做 P/I,需上级审核,交期需与生产部门沟通后确定			形式发票
		传至客户签字确认			形式发票
		确认后复印,交财务及总经理留底		确认即时	形式发票
③	催订金	根据 P/I 的付款条件催订金			
		T/T:催客户汇出订金	L/C:催客户开具信用证		
		收到客户银行水单	L/C 副本		
		交财务/进出口公司查款并做合同	传进出口公司查 L/C	收到水单或 L/C 副本即时	查款单 & 水单或 L/C 副本
		收到财务收款确认函	进出口公司 L/C 复印件		收款确认函
④	下单生产	开具生产订单,交业务经理审核		收到收款确认函或 L/C 复印件即时	生产订单
		交财务签字确认			生产订单
		下单生产通知单		签字确认即时	生产订单
⑤	出货	质检部出验货报告			验货报告
		订舱			订舱确认书 S/O
		安排商检			通关单
		准备并填写出货单证一套			报关单证一套
		由财务签出货单,出货			放行条
		向生产部发出出货通知书			出货通知书
		向仓库发出出货单			出货单
		送货/装柜			出货单
		安排报关			

续 表

流程	步骤		办理时间	相关单据/表格
	T/T	L/C		
⑥ 收尾款 & 放单	船务提交正本文件之复印件	由进出口公司提交正本文件至银行		全套正本文件（B/L,C/I,P/L等）
	传真至客户催收尾款	船务需向进出口公司跟进收款状况		全套正本文件（B/L,C/I,P/L等）
	收到客户水单	进出口公司传真划账水单		
	交财务查款	交财务查款		查款单 & 水单
	收到财务收款确认函/放单确认函（销售经理需签字）	收到财务收款确认函		收款确认函 & 放单确认函
	放单	登记收款时间		全套正本文件（B/L,C/I,P/L等）
⑦ 核销单	跟进核销单返回情况		报关后20~30天内	核销单

典型工作任务三　外贸单证员岗位工作认知

一、岗位描述

外贸单证员（Documentation Specialist of Foreign Trade）是指在对外贸易结算业务中，买卖双方凭借在进出口业务中应用的单据、证书来处理货物的交付、运输、保险、商检、结汇等工作的人员。外贸单证员是外贸企业开展业务的基础人才，主要工作有审证、制单、审单、交单和归档等一系列业务活动。外贸单证员的工作贯穿进出口合同履行的全过程。

二、外贸单证员应具备的基本条件

随着我国拥有出口自主权的企业大幅增长，外贸单证员的需求量增大。一些企业在招不到专业单证员的情况下，录用一些非专业人员仓促上岗，增加了企业的风险系数。外贸单证岗位应该具备以下基本条件。

（一）专业知识——知道要怎么做

单证员必须掌握系统的外贸知识、单证知识、外语知识，善于学习新知识。在扎实的外贸专业知识基础上，还应清楚企业的运作流程，了解产品知识、生产工艺流程，以及掌握货代市场行情和一些贸易国别或地区的政策、单证习惯等相关知识。专业知识丰富,涉及面广泛是成为一名优秀单证员的前提。

(二)专业技能——知道该怎么做

单证员要求有较强的实践操作能力,单证质量的高低是衡量单证员业务能力的直接体现。在实际的外贸单证操作中,单证员需要有良好的沟通技巧,综合掌握英语、电脑及沟通工具的运用技巧,不断钻研业务,提高单证缮制技巧,降低单证出错率。

(三)工作态度——知道该怎么做好

单证工作特别需要耐心细致,责任心强。许多单证员都有过因单证制作错误"花钱买教训"的经历,制单过程中最忌粗心大意,急于求成。在面对错误或困难的时候,需要调整心态,直视并勇于承担错误,积极地解决问题。如果没有严谨的工作态度,就会重复犯错。要善于时间管理、勤于记录备案、重视协调沟通,能够在工作中不断思考、总结,养成良好的工作习惯,这些都是高素质外贸单证员的必备条件。

三、工作内容

(1)制备货物出运前的基本报关文件。比如,根据工厂提供的装箱资料,制作出口商业发票、装箱单等文件。

(2)商检。如果是国家法定商检产品,在给工厂下订单时要说明商检要求,并提供出口合同、发票等商检所需资料。而且要告诉工厂将来产品的出口口岸,便于工厂办理商检。应在发货一周之前拿到商检换证凭单/条。

(3)租船订仓。

① 如果跟客人签订的合同是 FOB CHINA 条款,通常客人会指定运输代理公司或船公司。应尽早与货代联系,告知发货意向,了解将要安排的出口口岸、船期等情况,应在交货期两周之前向货运公司发出书面订仓通知。通常在开船一周前可拿到订舱纸。

② 如果是由卖方支付运费,应尽早向货运公司或船公司咨询船期、运价、开船口岸等。经比较,选择价格优惠、信誉好、船期合适的船公司,并告诉业务员通告给客人。如客人不同意时要另选客人认可的船公司。开船前两周书面订仓,程序同上。

(4)委托报关。在拖柜同时将报关所需资料交给合作报关行,委托出口报关及做商检通关换单。通常要给报关留出两天时间(船截关前)。

(5)获得运输文件。

① 最迟在开船后两天内,要将提单确认内容传真给船运公司或货运代理,要按照L/C或客人的要求来做,并给出正确的货物数量,以及一些特殊要求等,包括要求船公司随同提单出的船证明等。

② 督促船公司尽快出提单样板及运费账单。仔细核对样本无误后,向船公司书面确认提单内容。如果提单需客人确认的,要先传真提单样板给客人,得到确认后再要求船公司出正本。

③ 及时支付运杂费,付款后通知船公司及时取得提单等运输文件。支付运费应做登记。

(6) 准备客人清关文件。

① 商业发票(Commercial Invoice)。L/C 要求提供的文件中,对商业发票要求最严格。发票的日期要确定在开证日之后、交货期之前。发票中的货物描述要与 L/C 上的完全相同,小写和大写金额都要正确无误。L/C 上对发票的条款应显示出来,要显示唛头。如果发票需办理对方大使馆认证,一般要提前 20 天办理。

② FORM A 原产地证书。FORM A 原产地证书要在发货之前到检验检疫局申办。需注意的是运输日期要在 L/C 的交货期和开船日之前,在发票日期之后。未能在发货之前办理的,要办理后发证书,需提供报关单、提单等文件。经中国香港转运的货物,FORM A 证书通常要到香港的中国商检公司办理加签,证明未在港对货物进行再加工。

③ 一般原产地证。一般原产地证可在中国贸易促进会办理,要求低一些。可在发货之后不太长的时间内补办。如果原产地证书要办理大使馆加签,也和发票一样要提前 20 天办理。

④ 装运通知。一般是要求在开船后几天之内通知客人发货的细节,包括船名、航班次、开船日、预计抵港日、货物及数量、金额、包装件数、唛头、目的港代理人等。有时 L/C 要求提供发送证明,如传真报告书、发函底单等,注意在客人要求的时间内办理。

⑤ 装箱单。装箱单应清楚地表明货物装箱情况。要显示每箱内装的数量,每箱的毛重、净重、外箱尺寸。按外箱尺寸计算出来的总体积要与标明的总体积相符。要显示唛头和箱号,以便于客人查找。装箱单的重量,体积要与提单相符。

(7) 交单。

① 采用 L/C 收汇的,应在规定的交单时间内,备齐全部单证,并严格审单,确保没有错误,才交银行议付。

② 采用 T/T 收汇的(后 T/T),在取得提单后马上传真提单给客人付款,确认收到余款后再将提单正本及其他文件寄给客人。

③ 采用 T/T 收汇的,要求收全款才能做柜的(前 T/T),要等收款后再安排拖柜。拿到提单后可立即寄正本提单给客人。

(8) 业务登记。每单出口业务在完成后要及时做登记,包括电脑登记及书面登记,便于以后查询、统计等。

(9) 文件存档。所有的文件、L/C 和议付文件必须留存一整套以备查用。

(10) 单证员平时应注意收集运价变动、船期、航线等信息,为业务员报价提供帮助。

操作训练

一、简述外贸单证的含义与种类。
二、简述外贸单证工作的基本要求。
三、请结合自身的情况,试述如何成为一名合格的外贸单证员。

模块二
信用证操作与处理

典型工作任务	1.《UCP 600》的认知。 2. 开证操作。 3. 审证操作。 4. 改证操作
主要学习目标	1. 熟知《UCP 600》39 个条款的主要内容。 2. 掌握开立信用证的一般流程。 3. 掌握审核信用证的要点与方法。 4. 掌握修改信用证的注意事项
工作操作技能	1. 能够根据业务资料,正确开立符合要求的信用证。 2. 能够根据业务资料,使用审核单审核信用证。 3. 能够根据业务资料,正确修改并填写信用证修改申请书

典型工作任务一 《UCP 600》的认知

一、《UCP 600》简介

《跟单信用证统一惯例》(Uniform Customs and Practice for Documentary Credits,简称 UCP),是国际银行界、律师界、学术界自觉遵守的"法律",是全世界公认的、到目前为止最为成功的一套非官方规定。一直以来,160 多个国家和地区的 ICC(International Chamber of Commerce)和不断扩充的 ICC 委员会持续为 UCP 的完善而努力工作着。

目前,大家熟悉并使用了多年的《UCP 500》已退出历史舞台,取而代之的是顺应时代变迁、顺应科技发展的《UCP 600》。这是 UCP 自 1933 年问世后的第六次修订版。

2003 年 5 月,ICC 银行技术与惯例委员会批准对 UCP 进行修改。修改稿经 9 人起草小组的 15 次会议初拟,并参考了来自 26 个国家的 41 位银行和运输业专家组成的资讯小组的意见。在复杂的磋商过程中,起草小组共收到来自各 ICC 国家委员会的 5 000 多份意见书。国际商会中国国家委员会(ICCCHINA)参与了修订的全过程,而且是最主要的几个参与国家之一。对于其每次修订稿,我国银行界在 ICCCHINA 的组织下,都进行了深入研究,并提出了详细的建设性意见,其中很多已经反映在目前的版本中。

3年来，ICC银行技术与惯例委员会每年的春、秋例会上，UCP都是重要讨论的议题。许多争议较大的条款，都是在例会上由各国家委员会以投票的方式来决定的。有的条款更是以微弱优势确定的，足见话语权的力量。

2006年10月25日，在巴黎举行的ICC银行技术与惯例委员会2006年秋季例会上，以点名(RollCall)形式，经71个国家和地区ICC委员会以105票赞成（其中，7个国家各有3票权重，20个国家和地区各有2票权重，44个国家各有1票。值得一提的是，中国大陆有3票、中国香港有2票、中国台北有2票），《UCP 600》最终得以通过。新版本于2007年7月1日起实施。

由于UCP的重要和核心地位，它的修订还带动了eUCP、ISBP、SWIFT等的相应修订和升级。

二、《UCP 600》主要变化

《UCP 600》共有39个条款，比《UCP 500》减少10条，但却比它更准确、清晰，更易读、易掌握、易操作。

它将一个环节涉及的问题归集在一个条款中；将L/C业务涉及的关系方及其重要行为进行了定义，如第二条的14个定义和第三条对具体行为的解释。

《UCP 600》纠正了《UCP 500》造成的许多误解：

首先，把《UCP 500》难懂的词语改变为简洁明了的语言，取消了易造成误解的条款，如"合理关注""合理时间"及"在其表面"等短语。有人说这一改变会减少昂贵的庭审，意指法律界人士丧失了为论证或反驳"合理""表面上"等所收取的高额费用。

第二，《UCP 600》取消了无实际意义的许多条款。如"可撤信用证""风帆动力批注""货运代理提单"，《UCP 500》第5条"信用证完整明确要求"及第12条有关"不完整不清楚指示"的内容也从《UCP 600》中消失。

第三，《UCP 600》的新概念描述极其清楚准确。例如，兑付(Honor)定义了开证行、保兑行、指定行在信用证项下，除议付以外的一切与支付相关的行为；议付(Negotiation)，强调是对单据（汇票）的买入行为，明确可以垫付或同意垫付给受益人，按照这个定义，远期议付信用证就是合理的。另外还有"相符交单""申请人""银行日"等。

第四，更换了一些定义。例如，对审单做出单证是否相符决定的天数，由"合理时间"变为"最多为收单翌日起第5个工作日"。又如，"信用证"《UCP 600》仅强调其本质是"开证行一项不可撤销的明确承诺，即兑付相符的交单"。再如开证行和保兑行对于指定行的偿付责任，强调是独立于其对受益人的承诺的。

第五，方便贸易和操作。《UCP 600》有些特别重要的改动。例如，拒付后的单据处理，增加了"拒付后，如果开证行收到申请人放弃不符点的通知，则可以释放单据"；增加了拒付后单据处理的选择项，包括持单侯示、已退单、按预先指示行事。这样便利了受益人和申请人及相关银行操作。又如，转让信用证方面，《UCP 600》强调第二受益人的交单必须经转让行。但当第二受益人提交的单据与转让后的信用证一致，而第一受益人换单导致单据与原证出现不符时,又在第一次要求时不能做出修改的,转让行有权直接将第二受益人提交的单据寄开证行。这项规定保护了正当发货制单的第二受益人的利益。再如单据在途中遗失,《UCP 600》强调只要单证相符,即只要指定行确定单证相符并已向开证行或保兑行寄单,不管指定行是兑付还是议付,开证行及保兑行均对丢失的单据负责。这些条款的规定,都大大便利了国际贸易及结算的顺利运行。

三、《UCP 600》主要内容

第一条 UCP的适用范围

《跟单信用证统一惯例——2007年修订本,国际商会第600号出版物》(简称"UCP")乃一套规则,适用于所有的其文本中明确表明受本惯例约束的跟单信用证(下称信用证)(在其可适用的范围内,包括备用信用证)除非信用证明确修改或排除,本惯例各条文对信用证所有当事人均具有约束力。

第二条 定义

就本惯例而言

通知行指应开证行的要求通知信用证的银行。

申请人指要求开立信用证的一方。

银行工作日指银行在其履行受本惯例约束的行为的地点通常开业的一天。

受益人指接受信用证并享受其利益的一方。

相符交单指与信用证条款、本惯例的相关适用条款以及国际标准银行实务一致的交单。

保兑指保兑行在开证行承诺之外做出的承付或议付相符交单的确定承诺。

保兑行指根据开证行的授权或要求对信用证加具保兑的银行。

信用证指一项不可撤销的安排,无论其名称或描述如何,该项安排构成开证行对相符交单予以交付的确定承诺。

承付指:

a. 如果信用证为即期付款信用证,则即期付款。

b. 如果信用证为延期付款信用证,则承诺延期付款并在承诺到期日付款。

c. 如果信用证为承兑信用证,则承兑受益人开出的汇票并在汇票到期日付款。

开证行指应申请人要求或者代表自己开出信用证的银行。

议付指指定银行在相符交单下,在其应获偿付的银行工作日当天或之前向受益人预付或者同意预付款项,从而购买汇票(其付款人为指定银行以外的其他银行)及/或单据的行为。

指定银行指信用证可在其处兑用的银行,如信用证可在任一银行兑用,则任何银行均为指定银行。

交单指向开证行或指定银行提交信用证项下单据的行为,或指按此方式提交的单据。

交单人指实施交单行为的受益人、银行或其他人。

第三条　解释

就本惯例而言：

如情形适用，单数词形包含复数含义，复数词形包含单数含义。

信用证是不可撤销的，即使未如此表明。

单据签字可用手签、摹样签字、穿孔签字、印戳、符合或任何其他机械或电子的证实方法为之。

诸如单据须履行法定手续、签证、证明等类似要求，可由单据上任何看似满足该要求的签字、标记、戳或标签来满足。

一家银行在不同国家的分支机构被视为不同的银行。

用诸如"第一流的""著名的""合格的""独立的""正式的""有资格的"或"本地的"等词语描述单据的出单人时，允许除受益人之外的任何人出具该单据。

除非要求在单据中使用，否则诸如"迅速地""立刻地"或"尽快地"等词语将被不予理会。

"在或大概在(on or about)"或类似用语将被视为规定事件发生在指定日期的前后五个日历日之间，起讫日期计算在内。"至(to)""直至(until, till)""从……开始(from)"及"在……之间(between)"等词用于确定发运日期时包含提及的日期，使用"在……之前(before)"及"在……之后(after)"时则不包含提及的日期。

"从……开始(from)"及"在……之后(after)"等词用于确定到期日期时不包含提及的日期。

"前半月"及"后半月"分别指一个月的第一日到第十五日及第十六日到该月的最后一日，起讫日期计算在内。

一个月的"开始(beginning)""中间(middle)"及"末尾(end)"分别指第一到第十日、第十一日到第二十日及第二十一日到该月的最后一日，起讫日期计算在内。

第四条　信用证与合同

a. 就其性质而言，信用证与可能作为其开立基础的销售合同或其他合同是相互独立的交易，即使信用证中含有对此类合同的任何援引，银行也与该合同无关，且不受其约束。因此，银行关于承付、议付或履行信用证项下其他义务的承诺，不受申请人基于与开证行或与受益人之间的关系而产生的任何请求或抗辩的影响。

受益人在任何情况下不得利用银行之间或申请人与开证行之间的合同关系。

b. 开证行应劝阻申请人试图将基础合同、形式发票等文件作为信用证组成部分的做法。

第五条　单据与货物、服务或履约行为

银行处理的是单据，而不是单据可能涉及的货物、服务或履约行为。

第六条　兑用方式、截止日和交单地点

a. 信用证必须规定可在其处兑用的银行，或是否可在任一银行兑用。规定在指定解行兑用的信用证同时也可以在开证行兑用。

b. 信用证必须规定其是以即付款、延期付款，承兑还是议付的方式兑用。

c. 信用证不得开成凭以申请人为付款人的汇票兑用。

d. i. 信用证必须定一个交单的截止日。规定的承付或议付的截止日将被视为交单的截止日。

ii. 可在其处兑用信用证的银行所在地即为交单地点。可在任一银行兑用的信用证其交单地点为任一银行所在地。除规定的交单地点外，开证行所在地也是交单地点。

e. 除非如第二十九条 a 款规定的情形，否则受益人或者代表受益人的交单应在截止日当天或之前完成。

第七条　开证行责任

a. 只要规定的单据提交给指定银行或开证方，并且构成相符交单，则开证行必须承付，如果信用证为以下情形之一：

i. 信用证规定由开证行即期付款、延期付款或承兑；

ii. 信用证规定由指定银行即期付款但其未付款；

iii. 信用证规定由指定银行延期付款但其未承诺延期付款，或虽已承诺延期付款，但未在到期日付款；

iv. 信用证规定由指定银行承兑，但其未承兑以其为付款人的汇票，或虽然承兑了汇票，但未在到期日付款；

v. 信用证规定由指定银行议付但其未议付。

b. 开证行自开立信用证之时起即不可撤销地承担承付责任。

c. 指定银行承付或议付相符交单并将单据转给开证行之后，开证行即承担偿付该指定银行的责任。对承兑或延期付款信用证下相符合单金额的偿付应在到期日办理，无论指定银行是否在到期日之前预付或购买了单据，开证行偿付指定银行的责任独立于开证行对受益人的责任。

第八条　保兑行责任

a. 只要规定的单据提交给保兑行，或提交给其他任何指定银行，并且构成相符交单，保兑行必须：

i. 承付，如果信用证为以下情形之一：

a) 信用证规定由保兑行即期付款、延期付款或承兑；

b) 信用证规定由另一指定银行延期付款，但其未付款；

c) 信用证规定由另一指定银行延期付款，但其未承诺延期付款，或虽已承诺延期付款但未在到期日付款；

d) 信用证规定由另一指定银行承兑，但其未承兑以其为付款人的汇票，或虽已承兑汇票未在到期日付款；

e) 信用证规定由另一指定银行议付，但其未议付。

ii. 如果信用证规定由保兑行议付，无追索权的议付。

b. 保兑行自对信用证加具保兑之时起即不可撤销地承担承付或议付的责任。

c. 其他指定银行承付或议付相符交单并将单据转往保兑行之后，保兑行即承担偿付该指定银行的责任。对承兑或延期付款信用证下相符交单金额的偿付应在到期日办理,无论指定银行是否在到期日之前预付或购买了单据。保兑行偿付指定银行的责任独立于保兑行对受益人的责任。

d. 如果开证行授权或要求一银行对信用证加具保兑,而其并不准备照办,则其必须毫不延误地通知开证行,并可通知此信用证而不加保兑。

第九条　信用证及其修改的通知

a. 信用证及其任何修改可以经由通知行通知给受益人。非保兑行的通知行通知信用及修改时不承担承付或议付的责任。

b. 通知行通知信用证或修改的行为表示其已确信信用证或修改的表面真实性,而且其通知准确地反映了其收到的信用证或修改的条款。

c. 通知行可以通过另一银行("第二通知行")向受益人通知信用证及修改。第二通知行通知信用证或修改的行为表明其已确信收到的通知的表面真实性,并且其通知准确地反映了收到的信用证或修改的条款。

d. 经由通知行或第二通知行通知信用证的银行必须经由同一银行通知其后的任何修改。

e. 如一银行被要求通知信用证或修改但其决定不予通知,则应毫不延误地告知自其处收到信用证、修改或通知的银行。

f. 如一银行被要求通知信用证或修改但其不能确信信用证、修改或通知的表面真实性,则应毫不延误地通知看似从其处收到指示的银行。如果通知行或第二通知行决定仍然通知信用证或修改,则应告知受益人或第二通知行其不能确信信用证、修改或通知的表面真实性。

第十条　修改

a. 除第三十八条另有规定者外,未经开证行、保兑行(如有的话)及受益人同意,信用证即不得修改,也不得撤销。

b. 开证行自发出修改之时起,即不可撤销地受其约束。保兑行可将其保兑扩展至修改,并自通知该修改时,即不可撤销地受其约束。但是,保兑行可以选择将修改通知受益人而不对其加具保兑。若然如此,其必须毫不延误地将此告知开证行,并在其给受益人的通知中告知受益人。

c. 在受益人告知通知修改的银行其接受该修改之前,原信用证(或含有先前被接受的修改的信用证)的条款对受益人仍然有效。受益人应提供接受或拒绝修改的通知。如果受益人未能给予通知,当交单与信用证以及尚未表示接受的修改的要求一致时,即视为受益人已做出接受修改的通知,并且从此时起,该信用证被修改。

d. 通知修改的银行应将任何接受或拒绝的通知转告发出修改的银行。

e. 对同一修改的内容不允许部分接受,部分接受将被视为拒绝修改的通知。

f. 修改中关于除非受益人在某一时间内拒绝修改否则修改生效的规定应被不予理会。

第十一条　电讯传输的和预先通知的信用证和修改

a. 以经证实的电讯方式发出的信用证或信用证修改即被视为有效的信用证或修改文据,任何后续的邮寄确认书应被不予理会。

如电讯声明"详情后告"(或类似用语)或声明以邮寄确认书为有效信用证或修改，则该电讯不被视为有效信用证或修改。开证行必须随即不迟延地开立有效信用证或修改，其条款不得与该电讯矛盾。

b. 开证行只有在准备开立有效信用证或做出有效修改时，才可以发出关于开立或修改信用证的初步通知(预先通知)。开证行做出该预先通知，即不可撤销地保证不迟延地开立或修改信用证，且其条款不能与预先通知相矛盾。

第十二条 指定

a. 除非指定银行为保兑行，对于承付或议付的授权并不赋予指定银行承付或议付的义务，除非该指定银行明确表示同意并且告知受益人。

b. 开证行指定一银行承兑汇票或做出延期付款承诺，即为授权该指定银行预付或购买其已承兑的汇票或已做出的延期付款承诺。

c. 非保兑行的指定银行收到或审核并转递单据的行为并不使其承担承付或议付的责任，也不构成其承付或议付的行为。

第十三条 银行之间的偿付安排

a. 如果信用证规定指定银行("索偿行")向另一方("偿付行")获取偿付时，必须同时规定该偿付是否按信用证开立时有效的 ICC 银行间偿付规则进行。

b. 如果信用证没有规定偿付遵守 ICC 银行间偿付规则，则按照以下规定：

ⅰ. 开证行必须给予偿付行有关偿付的授权，授权应符合信用证关于兑用方式的规定，且不应设定截止日。

ⅱ. 开证行不应要求索偿行向偿付行提供与信用证条款相符的证明。

ⅲ. 如果偿付行未按信用证条款见索即偿，开证行将承担利息损失以及产生的任何其他费用。

ⅳ. 偿付行的费用应由开证行承担。然而，如果此项费用由受益人承担，开证行有责任在信用证及偿付授权中注明。如果偿付行的费用由受益人承担，该费用应在偿付时从付给索偿行的金额中扣取。如果偿付未发生，偿付行的费用仍由开证行负担。

c. 如果偿付行未能见索即偿，开证行不能免除偿付责任。

第十四条 单据审核标准

a. 按指定行事的指定银行、保兑行(如果有的话)及开证行须审核交单，并仅基于单据本身确定其是否在表面上构成相符交单。

b. 按指定行事的指定银行、保兑行(如有的话)及开证行各有从交单次日起至多五个银行工作日用以确定交单是否相符。这一期限不因在交单日当天或之后信用证截止日或最迟交单日届至而受到缩减或影响。

c. 如果单据中包含一份或多份受第十九、第二十、第二十一、第二十二、第二十三、第二十四或第二十五条规制的正本运输单据，则须由受益人或其代表在不迟于本惯例所指的发运日之后的二十一个日历日内交单，但是在任何情况下都不得迟于信用证的截止日。

d. 单据中的数据，在与信用证、单据本身以及国际标准银行实务参照解读时，无须与该单据本身中的数据、其他要求的单据或信用证中的数据等同一致,但不得矛盾。

e. 除商业发票外,其他单据中的货物、服务或履约行为的描述,如果有的话,可使用与信用证中的描述不矛盾的概括性用语。

f. 如果信用证要求提交运输单据、保险单据和商业发票以外的单据,却未规定出单人或其数据内容,则只要提交的单据内容看似满足所要求单据的功能,且其他方面符合第十四条 d 款,银行将接受该单据。

g. 提交的非信用证所要求的单据将被不予理会,并可被退还给交单人。

h. 如果信用证含有一项条件,但未规定用以表明该条件得到满足的单据,银行将视为未作规定并不予理会。

i. 单据日期可以早于信用证的开立日期,但不得晚于交单日期。

j. 当受益人和申请人的地址出现在任何规定的单据中时,无须与信用证或其他规定单据中所载相同,但必须与信用证中规定的相应地址同在一国。联络细节(传真、电话、电子邮件及类似细节)作为受益人和申请人地址的一部分时将被不予理会。然而,如果申请人的地址和联络细节为第十九、第二十、第二十一、第二十二、第二十三、第二十四或第二十五条规定的运输单据上的收货人或通知方细节的一部分时,应与信用证规定的相同。

k. 在任何单据中注明的托运人或发货人无须为信用证的受益人。

l. 运输单据可以由任何人出具,无须为承运人、船东、船长或租船人,只要其符合第十九、第二十、第二十一、第二十二、第二十三或第二十四条的要求。

第十五条 相符交单

a. 当开证行确定交单相符时,必须承付。

b. 当保兑行确定交单相符时,必须承付或者议付并将单据转递给开证行。

c. 当指定银行确定交单相符并承付或议付时,必须将单据转递给保兑行或开证行。

第十六条 不符单据、放弃及通知

a. 当按照指定行事的指定银行、保兑行(如有的话)或者开证行确定交单不符时,可以拒绝承付或议付。

b. 当开证行确定交单不符时,可以自行决定联系申请人放弃不符点。然而这并不能延长第十四条 b 款所指的期限。

c. 当按照指定行事的指定银行、保兑行(如有的话)或开证行决定拒绝承付或议付时,必须给予交单人一份单独的拒付通知。

该通知必须声明:

ⅰ. 银行拒绝承付或议付;及

ⅱ. 银行拒绝承付或者议付所依据的每一个不符点;及

ⅲ. a) 银行留存单据听候交单人的进一步指示;或者

b) 开证行留存单据直到其从申请人处接到放弃不符点的通知并同意接受该放弃,或者其同意接受对不符点的放弃之前从交单人处收到其进一步指示;或者

c) 银行将退回单据;或者

d) 银行将按之前从交单人处获得的指示处理。

d. 第十六条 c 款要求的通知必须以电讯方式，如不可能，则以其他快捷方式，在不迟于自交单之翌日起第五个银行工作日结束前发出。

e. 按照指定行事的指定银行、保兑行（如有的话）或开证行在按照第十六条 c 款 iii 项 a)发出了通知后，可以在任何时候将单据退还交单人。

f. 如果开证行或保兑行未能按照本条行事，则无权宣称交单不符。

g. 当开证行拒绝承付或保兑行拒绝承付或者议付，并且按照本条发出了拒付通知后，有权要求返还已偿付的款项及利息。

第十七条　正本单据及副本

a. 信用证规定的每一种单据须至少提交一份正本。

b. 银行应将任何带有看似出单人的原始签名、标记、印戳或标签的单据视为正本单据，除非单据本身表明其非正本。

c. 除非单据本身另有说明，在以下情况下，银行也将其视为正本单据：

ⅰ. 单据看似由出单人手写、打字、穿孔或盖章；或者

ⅱ. 单据看似使用出单人的原始信纸出具；或者

ⅲ. 单据声明其为正本单据，除非该声明看似不适用于提交的单据。

d. 如果信用证使用诸如"一式两份（in duplicate）""两份（in two fold）""两套（in two copies）"等用语要求提交多份单据，则提交至少一份正本，其余使用副本即可满足要求，除非单据本身另有说明。

第十八条　商业发票

a. 商业发票：

ⅰ. 必须看似由受益人出具（第三十八条规定的情形除外）；

ⅱ. 必须出具成以申请人为抬头（第三十八条 g 款规定的情形除外）；

ⅲ. 必须与信用证的货币相同；

ⅳ. 无须签名。

b. 按指定行事的指定银行、保兑行（如有的话）或开证行可以接受金额大于信用证允许金额的商业发票，其决定对有关各方均有约束力，只要该银行对超过信用证允许金额的部分未作承付或者议付。

c. 商业发票上的货物、服务或履约行为的描述应该与信用证中的描述一致。

第十九条　涵盖至少两种不同运输方式的运输单据

a. 涵盖至少两种不同运输方式的运输单据（多式或联合运输单据），无论名称如何，必须看似：

ⅰ. 表明承运人名称并由以下人员签署：

承运人或其具名代理人，或船长或其具名代理人。

承运人、船长或代理人的任何签字，必须标明其承运人、船长或代理人的身份。

代理人签字必须表明其系代表承运人还是船长签字。

ⅱ. 通过以下方式表明货物已经在信用证规定的地点发送、接管或已装船。

事先印就的文字，或者表明货物已经被发送、接管或装船日期的印戳或批注。

运输单据的出具日期将被视为发送、接管或装船的日期,也即发运的日期。然而如单据以印戳或批注的方式表明了发送、接管或装船日期,该日期将被视为发运日期。

ⅲ. 表明信用证规定的发送、接管或发运地点,以及最终目的地,即使:

a) 该运输单据另外还载明了一个不同的发送、接管或发运地点或最终目的地。

b) 该运输单据载有"预期的"或类似的关于船只、装货港或卸货港的限定语。

ⅳ. 为唯一的正本运输单据,或者,如果出具为多份正本,则为运输单据中表明的全套单据。

ⅴ. 载有承运条款和条件,或提示承运条款和条件参见别处(简式/背面空白的运输单据),银行将不审核承运条款和条件的内容。

ⅵ. 未表明受租船合同约束。

b. 就本条而言,转运指在从信用证规定的发送、接管或者发运地点最终目的地的运输过程中从某一运输工具上卸下货物并装上另一运输工具的行为(无论其是否为不同的运输方式)。

c. ⅰ. 运输单据可以表明货物将要或可能被转运,只要全程运输由同一运输单据涵盖。

ⅱ. 即使信用证禁止转运,注明将要或者可能发生转运的运输单据仍可接受。

第二十条 提单

a. 提单,无论名称如何,必须看似:

ⅰ. 表明承运人名称,并由下列人员签署:

承运人或其具名代理人,或者船长或其具名代理人。

承运人、船长或代理人的任何签字必须标明其承运人、船长或代理人的身份。

代理人的任何签字必须标明其系代表承运人还是船长签字。

ⅱ. 通过以下方式表明货物已在信用证规定的装运港装上具名船只:

* 预先印就的文字,或注明货物已装船并有装船日期的批注。

提单的出具日期将被视为装运日期,除非提单载有注明装运日期的已装船批注,此时已装船批注中显示的日期将被视为装运日期。

如果提单载有"预期船只"或类似的关于船名的限定语,则需以已装船批注明确装运日期以及实际船名。

ⅲ. 标明货物从信用证中规定的装货港装运至卸货港。

如果提单没有表明信用证规定的装货港为装货港,或者其载有"预期的"或类似的关于装货港的限定语,则需以已装船批注表明信用证规定的装货港、装运日期以及实际船名。即使提单以事先印就的文字表明了货物已装载或装运于具名船只,本规定仍适用。

ⅳ. 为唯一的正本提单,或如果以多份正本出具,为提单中表明的全套正本。

ⅴ. 载有承运条款和条件,或提示承运条款和条件参见别处(简式/背面空白的提单),银行将不审核承运条款和条件的内容。

ⅵ. 未表明受租船合同约束。

b. 就本条而言,转运系指在信用证规定的装货港到卸货港之间的运输过程中,将货物从一般船卸下再装上另一艘船的行为。

c. ⅰ. 只要全程运输由同一提单涵盖,则提单可以表明货物将要或可能被转运。

ⅱ. 即使信用证禁止转运,注明将要或可能发生转运的提单仍可接受,只要其表明货物由集装箱、拖车或子船运输。

d. 提单中声明承运人保留转运权利的条款将被不予理会。

第二十一条　不可转让的海运单

a. 不可转让的海运单,无论名称如何,必须看似:

ⅰ. 表明承运人名称并由下列人员签署:

承运人或其具名代理人,或者船长或其具名代理人。

承运人、船长或代理人的任何签字必须标明其承运人、船长或代理人的身份。

代理签字必须标明其系代表承运人还是船长签定。

ⅱ. 通过以下方式表明货物已在信用证规定的装货港装上具名船只:

预先印就的文字,或者已装船批注注明货物的装运日期。

不可转让海运单的出具日期将被视为发运日期,除非其上带有已装船批注注明发运日期,此时已装船批注上注明的日期将被视为发运日期。

如果不可转让海运单载有"预期船只"或类似的关于船名的限定语,则需要以已装船批注表明发运日期和实际船只。

ⅲ. 表明货物从信用证规定的装货港发运至卸货港。

如果不可转让海运单未以信用证规定的装货港为装货港,或者如果其载有"预期的"或类似的关于装货港的限定语,则需要以已装船批注表明信用证规定的装货港、发运日期和船只。即使不可转让海运单以预先印就的文字表明货物已由具名船只装载或装运,本规定也适用。

ⅳ. 为唯一的正本不可转让海运单,或如果以多份正本出具,为海运单上注明的全套正本。

ⅴ. 载有承运条款的条件,或提示承运条款和条件参见别处(简式/背面空白的海运单)。银行将不审核承运条款和条件的内容。

ⅵ. 未注明受租船合同约束。

b. 就本条而言,转运系指在信用证规定的装货港到卸货之间的运输过程中,将货物从一艘船卸下再装上另一艘船的行为。

c. ⅰ. 不可转让海运单可以注明货物将要或可能被转运,只要全程运输由同一海运单涵盖。

ⅱ. 即使信用证禁止转运,注明转运将要或可能发生的不可转让的海运单仍可接受,只要其表明货物装于集装箱、拖船或子船中运输。

d. 不可转让的海运单中声明承运人保留转运权利条款将被不予理会。

第二十二条　租船合同提单

a. 表明其受租船合同约束的提单(租船合同提单),无论名称如何,必须看似:

ⅰ. 由以下员签署:

船长或其具名代理人,或船东或其具名代理人,或租船人或其具名代理人。

船长、船东、租船人或代理人的任何签字必须标明其船长、船东、租船人或代理人的身份。

代理人签字必须表明其系代表船长，船东不是租船人签字。

代理人代表船东或租船人签字时必须注明船东或租船人的名称。

ⅱ. 通过以下方式表明货物已在信用证规定的装货港装上具名船只：

预先印就的文字，或者已装船批注注明货物的装运日期。

租船合同提单的出具日期将被视为发运日期，除非租船合同提单载有已装船批注注明发运日期，此时已装船批注上注明的日期将被视为发运日期。

ⅲ. 表明货物从信用证规定的装货港发运至卸货港。卸货港也可显示为信用证规定的港口范围或地理区域。

ⅳ. 为唯一的正本租船合同提单，或如果以多份正本出具，为租船合同提单中注明的全套正本。

b. 银行将不审核租船合同，即使信用证要求提交租船合同。

第二十三条　空运单据

a. 空运单据，无论名称如何，必须看似：

ⅰ. 表明承运人名称，并由以下人员签署：承运人，或承运人的具名代理人。

承运人或其代理人的任何签字必须标明其承运人或代理人的身份。

代理人或其代理人的任何签字必须标明其承运人或代理人的身份。

代理人签字必须表明其系代表承运人签字。

ⅱ. 表明货物已被收妥待运。

ⅲ. 表明出具日期。该日期将被视为发运日期，除非空运单据载有专门批注注明实际发运日期，此时批注中的日期将被视为发运日期。

空运单据中其他与航班号和航班日期相关的信息将不被用来确定发运日期。

ⅳ. 表明信用证规定的起飞机场和目的地机场。

ⅴ. 为开给发货人或托运人正本，即使信用证规定提交全套正本。

ⅵ. 载有承运条款和条件，或提示条款和条件参见别处。银行将不审核承运条款和条件的内容。

b. 就本条而言，转运是指在信用证规定的起飞机场到目的地机场的运输过程中，将货物从一飞机卸下再装上另一飞机的行为。

c. ⅰ. 空运单据可以注明货物将要或可能转运，只要全程运输由同一空运单据涵盖。

ⅱ. 即使信用证禁止转运，注明将要或可能发生转运的空运单据仍可接受。

第二十四条　公路、铁路或内陆水运单据

a. 公路、铁路或内陆水运单据，无论名称如何，必须看似：

ⅰ. 表明承运人名称，并且由承运人或其具名代理人签署，或者由承运人或其具名代理人以签字、印戳或批注表明货物收讫。

承运人或其具名代理人的收货签字、印戳或批注必须标明其承运人或代理人的身份。

代理人的收货签字、印戳或批注必须标明代理人系代理承运人签字或行事。

如果铁路运输单据没有指明承运人,可以接受铁路运输公司的任何签字或印戳作为承运人签署单据的证据。

ⅱ. 表明货物的信用规定地点的发运日期,或者收讫待运或待发送的日期。运输单据的出具日期将被视为发运日期,除非运输单据上盖有带日期的收货印戳,或注明了收货日期或发运日期。

ⅲ. 表明信用证规定的发运地及目的地。

b. ⅰ. 公路运输单据必须看似为开给发货人或托运人的正本,或没有任何标记表明单据开给何人。

ⅱ. 注明"第二联"的铁路运输单据将被作为正本接受。

ⅲ. 无论是否注明正本字样,铁路或内陆水运单据都被作为正本接受。

c. 如运输单据上未注明出具的正本数量,提交的份数即视为全套正本。

d. 就本条而言,转运是指在信用证规定的发运、发送或运送的地点到目的地之间的运输过程中,在同一运输方式中从一运输工具卸下再装上另一运输工具的行为。

e. ⅰ. 只要全程运输由同一运输单据涵盖,公路、铁路或内陆水运单据可以注明货物将要或可能被转运。

ⅱ. 即使信用证禁止转运,注明将要或可能发生转运的公路、铁路或内陆水运单据仍可接受。

第二十五条 快递收据、邮政收据或投邮证明

a. 证明货物收讫待运的快递收据,无论名称如何,必须看似:

ⅰ. 表明快递机构的名称,并在信用证规定的货物物发运地点由该具名快递机构盖章或签字;

ⅱ. 表明取件或收件的日期或类似词语,该日期将被视为发运日期。

b. 如果要求显示快递费用付讫或预付,快递机构出具的表明快递费由收货人以外的一方支付的运输单据可以满足该项要求。

c. 证明货物收讫待运的邮政收据或投邮证明,无论名称如何,必须看似在信用证规定的货物发运地点盖章或签署并注明日期。该日期将被视为发运日期。

第二十六条 "货装舱面""托运人装载和计数""内容据托运人报称"及运费之外的费用

a. 运输单据不得表明货物装于或者将装于舱面。声明可能被装于舱面的运输单据条款可以接受。

b. 载有诸如"托运人装载和计数"或"内容据托运人报称"条款的运输单据可以接受。

c. 运输单据上可以以印戳或其他方法提及运费之外的费用。

第二十七条 清洁运输单据

银行只接受清洁运输单据。清洁运输单据指未载有明确宣称货物或包装有缺陷的

条款或批注的运输单据。"清洁"一词并不需要在运输单据上出现,即使信用证要求运输单据为"清洁已装船"的。

第二十八条　保险单据及保险范围

a. 保险单据,例如保险单或预约保险项下的保险证明书或者声明书,必须看似由保险公司或承保人或其代理人或代表出具并签署。

b. 如果保险单据表明其以多份正本出具,所有正本均须提交。

c. 暂保单将不被接受。

d. 可以接受保险单代预约保险项下的保险证明书或声明书。

e. 保险单据日期不得晚于发运日期,除非保险单据表明保险责任不迟于发运日生效。

f. ⅰ. 保险单据必须表明投保金额并以与信用证相同的货币表示。

ⅱ. 信用证对于投保金额为货物价值、发票金额或类似金额的某一比例的要求,将被视为对最低保额的要求。

如果信用证对投保金额未做规定,投保金额或类似金额的某一比例的要求,将被视为对最低保额要求。

如果信用证对投保金额未做规定,投保金额须至少为货物的 CIF 或 CIP 价格的 110%。

如果从单据中不能确定 CIF 或者 CIP 价格,投保金额必须基于要求承付或议付的金额,或者基于发票上显示的货物总值来计算,两者之中取金额较高者。

ⅲ. 保险单据须表明承保的风险区间至少涵盖从信用证规定的货物接管地或发运地开始到卸货地或最终目的地为止。

g. 信用证应规定所需投保的险别及附加险(如有的话)。如果信用证使用诸如"通常风险"或"惯常风险"等含义不确切的用语,则无论是否有漏保之风险,保险单据将被照样接受。

h. 当信用证规定投保"一切险"时,如保险单据载有任何"一切险"批注或条款,无论是否有"一切险"标题,均将被接受,即使其声明任何风险除外。

ⅰ. 保险单据可以援引任何除外条款。

j. 保险单据可以注明受免赔率或免赔额(减除除额)约束。

第二十九条　截止日或最迟交单日的顺延

a. 如果信用证的截止日或最迟交单日适逢接受交单的银行非因第三十六条所述原因而歇业,则截止日或最迟交单日,视何者适用,将顺延至其重新开业的第一个银行工作日。

b. 如果在顺延后的第一个银行工作日交单,指定银行必须在其致开证行或保兑行的面函中声明交单是在根据第二十九条 a 款顺延的期限内提交的。

c. 最迟发运日不因第二十九条 a 款规定的原因而顺延。

第三十条　信用证金额、数量与单价的伸缩度

a. "约"或"大约"用于信用证金额或信用证规定的数量或单价时,应解释为允许有关金额或数量或单价有不超过10%的增减幅度。

b. 在信用证未以包装单位件数或货物自身件数的方式规定货物数量时,货物数量允许有5%的增减幅度,只要总支取金额不超过信用证金额。

c. 如果信用证规定了货物数量,而该数量已全部发运,以及如果信用证规定了单价,而该单价又未降低,或当第三十条b款不适用时,则即使不允许部分装运,也允许支取的金额有5%的减幅。若信用证规定有特定的增减幅度或使用第三十条a款提到的用语限定数量,则该减幅不适用。

第三十一条　部分支款或部分发运

a. 允许部分支款或部分发运。

b. 表明使用同一运输工具并经由同次航程运输的数套运输单据在同一次提交时,只要显示相同目的地,将不视为部分发运,即使运输单据上表明的发运日期不同或装货港、接管地或发运地点不同。如果交单由数套运输单据构成,其中最晚的一个发运日将被视为发运日。

含有一套或数套运输单据的交单,如果表明在同一种运输方式下经由数件运输工具运输,即使运输工具在同一天出发运往同一目的地,仍将被视为部分发运。

c. 含有一份以上快递收据、邮政收据或投邮证明的交单,如果单据看似由同一快递或邮政机构在同一地点和日期加盖印戳或签字并且表明同一目的地,将不视为部分发运。

第三十二条　分期支款或分期发运

如信用证规定在指定的时间段内分期支款或分期发运,任何一期未按信用证规定期限支取或发运时,信用证对该期及以后各期均告失效。

第三十三条　交单时间

银行在其营业时间外无接受交单的义务。

第三十四条　关于单据有效性的免责

银行对任何单据的形式、充分性、准确性、内容真实性、虚假性或法律效力,或对单据中规定或添加的一般或特殊条件,概不负责;银行对任何单据所代表的货物、服务或其他履约行为的描述、数量、重量、品质、状况、包装、交付、价值或其存在与否,或对发货人、承运人、货运代理人、收货人、货物的保险人或其他任何人的诚信与否、作为或不作为,清偿能力、履约或资信状况,也概不负责。

第三十五条　关于信息传递和翻译的免责

当报文、信件或单据按照信用证的要求传输或发送时,或当信用证未做指示,银行自行选择传送服务时,银行对报文传输或信件或单据的递送过程中发生的延误、中途遗失、残缺或其他错误产生的后果,概不负责。

如果指定银行确定交单相符并将单据发往开证行或保兑行,无论指定银行是否已经承付或议付,开证行或保兑行必须承付或议付,或偿付指定银行,即使单据在指定银行送往开证行或保兑行的途中,或保兑行送往开证行的途中丢失。

银行对技术语的翻译或解释上的错误,不负责任,并可不加翻译地传送信用证条款。

第三十六条 不可抗力

银行对由于天灾、暴动、骚乱、叛乱、战争、恐怖主义行为或任何罢工、停工或其无法控制的任何其他原因导致的营业中断的后果,概不负责。

银行恢复营业时,对于在营业中断期间已逾期的信用证,不再进行承付或议付。

第三十七条 关于被指示方行为的免责

a. 为了执行申请人的指示,银行利用其他银行的服务,其费用和风险由申请人承担。

b. 即使银行自行选择了其他银行,如果发出的指示未被执行,开证行或通知行对此亦不负责。

c. 指示另一银行提供服务的银行有责任负担被指示方因执行指示而发生的任何佣金、手续费、成本或开支("费用")。

如果信用证规定费用由受益人负担,而该费用未能收取或从信用证款项中扣除,开证行依然承担支付此费用的责任。

信用证或其修改不应规定向受益人的通知以通知行或第二通知行收到其费用为条件。

d. 外国法律和惯例加诸于银行的一切义务和责任,申请人应受其约束,并就此对银行负补偿之责。

第三十八条 可转让信用证

a. 银行无办理信用证转让的义务,除非其明确同意。

b. 就本条而言:

可转让信用证系指特别注明"可转让(transferable)"字样的信用证。可转让信用证可应受益人(第一受益人)的要求转为全部或部分由另一受益人(第二受益人)兑用。

转让行系指办理信用证转让的指定银行,或当信用证规定可在任何银行兑用时,指开证行特别授权并实际办理转让的银行。开证行也可担任转让行。

已转让信用证指已由转让行转为可由第二受益人兑用的信用证。

c. 除非转让时另有约定,有关转让的所有费用(诸如佣金、手续费、成本或开支)须由第一受益人支付。

d. 只要信用证允许部分支款或部分发运,信用证可以分部分转让给数名第二受益人。

已转让信用证不得应第二受益人的要求转让给任何其后受益人。第一受益人不视为其后受益人。

e. 任何转让要求须说明是否允许及在何条件下允许将修改通知第二受益人。已转让信用证须明确说明该项条件。

f. 如果信用证转让给数名第二受益人,其中一名或多名第二受益人对信用证修改并不影响其他第二受益人接受修改。对接受者而言该已转让信用证即被相应修改,而对拒绝修改的第二受益人而言,该信用证未被修改。

g. 已转让信用证须准确转载原证条款,包括保兑(如果有的话),但下列项目除外:

——信用证金额;

——规定的任何单价;

——截止日;

——交单期限;

——最迟发运日或发运期间。

以上任何一项或全部均可减少或缩短。

必须投保的保险比例可以增加,以达到原信用证或本惯例规定的保险金额。

可用第一受益人的名称替换原证中的开证申请人名称。

如果原证特别要求开证申请人名称应在除发票以外的任何单据出现时,已转让信用证必须反映该项要求。

h. 第一受益人有权以自己的发票和汇票(如有的话)替换第二受益人的发票的汇票,其金额不得超过原信用证的金额。经过替换后,第一受益人可在原信用证项下支取自己发票与第二受益人发票间的差价(如有的话)。

i. 如果第一受益人应提交其自己的发票和汇票(如有的话),但未能在第一次要求时照办,或第一受益人提交的发票导致了第二受益人的交单中本不存在的不符点,而其未能在第一次要求时修正,转让行有权将从第二受益人处收到的单据向开证行提示,并不再对第一受益人承担责任。

j. 在要求转让时,第一受益人可以要求在信用证转让后的兑用地点,在原信用证的截止日之前(包括截止日),对第二受益人承付或议付。该规定并不得损害第一受益人在第三十八条 h 款下的权利。

k. 第二受益人或代表第二受益人的交单必须交给转让行。

第三十九条 款项让渡

信用证未注明可转让,并不影响受益人根据所适用的法律规定,将该信用证项下其可能有权或可能将成为有权获得的款项让渡给他人的权利。本条只涉及款项的让渡,而不涉及在信用证项下进行履行行为的权利让渡。

典型工作任务二 开证操作

在实际的外贸活动中,对于新客户和一些金额较大的交易,进出口企业一般会选择用信用证(Letter of Credit,L/C)作为支付条款。信用证的种类较多,不同的信用证操作程序可能会有所差异,但它们的基本流程是一致的,一般都要经过申请、开证、通知、议付、索偿、赎单等环节。图 2-1 为信用证操作的一般流程。一份信用证一般来说不可能一次开出就被出口商完全接受,因为信用证中还经常暗藏一些软条款,因此,除了上述的基本流程外,用信用证作为交易条款时,还可能涉及修改信用证,即改证。本部分将从信用证的开立、审证和改证三个方面来论述信用证的操作与处理。

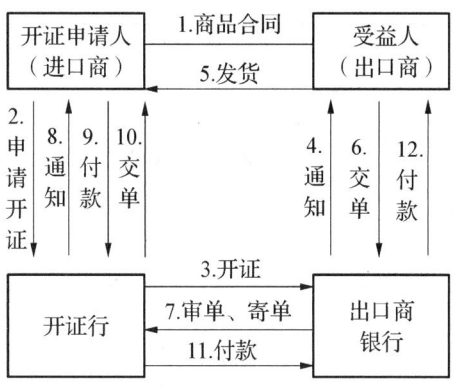

图 2-1 信用证操作流程

信用证是银行(即开证行)依照进口商(即开证申请人)的要求和指示,对出口商(即受益人)发出的、授权出口商签发以银行或进口商为付款人的汇票,保证在交来符合信用证条款规定的汇票和单据时,必定承兑和付款的保证文件。

开证行在对开证申请人(进口商)进行审查后,如果确认其资质、开证内容等无误,即可按进口商申请书的内容来开立信用证。一般来说信用证有信开和电开两种。

一、信开信用证

信开信用证(Mail Credit)以邮寄方式寄给受益人或通知行的信用证。由于信用证通过邮寄,费用比电开信用证低,但时间长。信开信用证适用于装运期较长或金额较小的信用证的开立。信开信用证要通过核对印签确认表面真实性,所以,它要求开证行与通知行之间建立印签关系。信开信用证的范本如表2-1所示。

表 2-1 信开信用证范本

THE ROYAL BANK OF CANADA

BRITISH COLUMBIA INTERNATIONAL CENTRE
1055 WEST GEORGIA STREET, VANCOUVER, B.C. V6E 3P3, CANADA
CONFIRMATION OF TELEX/CABLE PRE-ADVISED
DATE: APR 8, 2022
TELEX NO. 4720688 CA
PLACE: VANCOUVER

IRREVOCABLE DOVUMENTARY CREDIT	CREDIT NUMBER: 98/0501-FTC	ADVISING BANK'S REF. NO.
ADVISING BANK: SHANGHAI A J FINACE CORPORATION 59 HANGKONG ROAD SHANGHAI 200002, CHINA	**APPLICAN**: JAMES BROWN & SONS #304-310 JALAN STREET, TORONTO, CANADA	

BENEFICIARY: HUAXIN TRADING CO., LTD. 14TH FLOOR KINGSTAR MANSION, 676 JINLIN RD., SHANGHAI CHINA	**AMOUNT:** USD 46,980.00 (US DOLLARS FORTY SIX THOUSAND NINE HUNDRED AND EIGHTEEN ONLY)

EXPIRY DATE: MAY 15, 2022 FOR NEGOTIATION IN APPLICANTS COUNTRY

GENTLEMEN:
WE HEREBY OPEN OUR IRREVOCABLE LETTER OF CREDIT IN YOUR FAVOR WHICH IS AVAILABLE BY YOUR DRAFTS AT SIGHT FOR FULL INVOICE VALUE ON US ACCOMPANIED BY THE FOLLOWING DOCUMENTS:
+ SIGNED COMMERCIAL INVOICE AND 3 COPIES.
+ PACKING LIST AND 3 COPIES, SHOWING THE INDIVIDUAL WEIGHT AND MEASUREMENT OF EACH ITEM.
+ ORIGINAL CERTIFICATE OF ORIGIN AND 3 COPIES ISSUED BY THE CHAMBER OF COMMERCE.
+ FULL SET CLEAN ON BOARD OCEAN BILLS OF LADIG SHOWING FREIGHT PREPAID CONSIGNED TO RODER OF THE ROYAL BANK OF CANADA INDICATING THE ACTUAL DATE OF THE GOODS ON BOARD AND NOTIFY THE APPLICANT WITH FULL ADDRESS AND PHONE NO. 77009910.
+ INSURANCE POLICY OR CERTIFICATE FOR 130 PERCENT OF INVOICE VALUE COVERING: INSTITUTE CARGO CLAUSES (A) AS PER I.C.C. DATED 1/1/1982.
+ BENEFICIARY'S CERTIFICATE CERTIFYING THAT EACH COPY OF SHIPPING DOCUMENTS HAS BEEN FAXED TO THE APPLICANT WITHEIN 48 HOURS AFTER SHIPMENT.
COVERING SHIPMENT:
4ITEMS TEMS OF CHINESE CERAMIC DINNERWARE INCLUDING: HX1115 544SETS, HA2012 800SETS, HX4405 443SETS AND HX4510 245SETS
DETAILS IN ACCORDANCE WITH SALES CONFIRMATION SHHX98027 DATED APR.3.2022.
[ ]FOB/ [ ]CFR/ [ ]CIF/ [ ]FAS TORONTO CANADA

SHIPMENT FROM SHANGHAI	TO VANCOUVER	LATEST APRIL 30, 2022	PARTIAL SHIPMENTS PROHIBITED	TRANSSHIPMENT PROHIBITED

DRAFTS TO BE PRESENTED FOR NEGOTIATION WITHIN 15 DAYS AFTER SHIPMETN, BUT WITHIN THE VALIDITY OF CREDIT.
ALL DOCUMENTS TO BE FORWARDED IN ONE COVER, BY AIRMAIL, UNLESS OTHERWISE STATED UNDER SPECIAL INSTRUCTIONS.

SPECIAL INSTRUCTIONS: ALL BANKING CHARGES OUTSIDE CANADA ARE FOR ACCOUNT OF BENEFICIARY.
+ ALL GOODS MUST BE SHIPPED IN ONE 20' CY TO CY CONTAINER AND B/L SHOWING THE SAME.
+ THE VALUE OF FREIGHT PREP AID HAS TO BE SHOWN ON BILLS OF LADIG.
+ DOCUMENTS WHICH FAIL TO COMPLY WITH THE TERMS AND CONDITIONS IN THE LETTER OF CREDIT SUBJECT TO A SPECIAL DISCREPANCYHANDLING FEE OF USD 35.00 TO BE DEDUCTED FROM ANY PROCEEDS.

续 表

> DRAFT MUST BE MARKED AS BEING DRAWN UNDER THIS CREDIT AND BEAR ITS NUMBER; THE AMOUNTS ARE TO BE ENDORSED ON THE REVERSE HEREOF BY NEG. BANK. WE HEREBY AGREE WITH THE DRAWERS, ENDORSERS AND BONA FIDE HOLDER THAT ALL DRAFTS DRAWN UNDER AND IN COMPLIANCE WITH THE TERMS OF THIS CREDIT SHALL BE DULY HONORED UPON PRESENTATION.
> THIS CREDIT IS SUBJECT TO THE UNIFORM CUSTOMS AND PRACTICE FOR DOCUMENTARY CREDITS(1993 REVISION) BY THE INTERNATIONAL CHAMBER OF COMMERCE PRBLICATION NO. 500.
>
> *DAVID·J* YOURS VERY TRULY,
> *JOANNE Smith*
> AUTHORIZED SIGNATURE　　　　　　　　　　　　　　　　　AUTHORIZED SIGNATURE

二、电开信用证

电开信用证(Cable Credit)是指开证行以电信方式开立的信用证。采用的方式有电报、电传、环球银行金融划拨(SWIFT)等。电开信用证的费用比信开信用证要高,一般在金额大、装期短或受益人急用的情况下采用。受理电开信用证的通知行通常是将电开证内容转录于本身的格式上或在来电文稿上附加面函再通知受益人。过去开证行习惯在开立电开信用证后,另外向通知行寄上电报证实书以作核实电文之用;现多数银行按跟单信用证惯例而简化手续,不再另寄证实书,除非在电文上另做规定。

现在大多数银行都接受 SWIFT (Society for Worldwide Interbank Financial Telecommunication,环球同业银行金融电讯协会)开立的信用证。而 SWIFT 项下开立的 MT(MESSAGE TYPE)格式大概有 17 种：

MT 700/701 格式,开立信用证时使用；

MT 705 格式,信用证预先通知时使用；

MT 707 格式,信用证修改时使用；

MT 710/711 格式,通知由第三家银行开立跟单信用证时使用；

MT 720/721 格式,转让跟单信用证时使用；

MT 730 格式,确认收妥跟单信用证,并证实已通知受益人时使用；

MT 732 格式,发报行通知收报行有关单据已被开证申请人接受时使用；

MT 734 格式,发报行通知收报行单证不符的拒付通知时使用；

MT 740 格式,发报行授权收报行偿付信用证项下款项,即偿付授权时使用；

MT 742 格式,发报行向收报行索偿时使用；

MT 750 格式,发报行通知收报行有关单据不符点,即所谓"电提"时使用；

MT 752 格式,发报行授权收报行在单据没有其他不符点的情况下,可以付款/承兑/议付,该报文是对 MT 750 的答复；

MT 754 格式,发报行通知收报行单证相符,已对有关单据进行付款/承兑/议付,

并已按批示寄单,即所谓"通知电";

MT 756 格式,发报行通知收报行,已进行了偿付/付款。

我们一般所接触的是 MT 700/701 和 MT 707 三种格式。MT 700 格式如表 2-2 所示。

表 2-2 MT 700 格式

M/O	Tag 代号	Field Name 栏位名称	Content/Options 内容	No.序号
M	27	Sequence of Total 页次	1 个数字/1 个数字	1
M	40A	Form of Documentary Credit 跟单信用证类别	24 个字符	2
M	20	Documentary Credit Number 信用证号码	16 个字符	3
O	23	Reference to Pre-Advice 预通知的编号	16 个字符	4
O	31C	Date of Issue 开证日期	6 个数字	5
M	40E	Applicable Rules 适用的规则	4 行×35 个字符	6
M	31D	Date and Place of Expiry 到期日及地点	6 个数字/29 个字符	7
O	51a	Applicant Bank 申请人的银行	A 或 D	8
M	50	Applicant 申请人	4 行×35 个字符	9
M	59	Beneficiary 受益人	4 行×35 个字符	10
M	32B	Currency Code, Amount 币别代号、金额	3 个字母/15 个数字	11
O	39A	Percentage Credit Amount Tolerance 信用证金额加减百分率	2 个数字/2 个数字	12
O	39B	Maximum Credit Amount 最高信用证金额	13 个字符	13
O	39C	Additional Amounts Covered 可附加金额	4 行×35 个字符	14

续 表

M/O	Tag 代号	Field Name 栏位名称	Content/Options 内容	No.序号
M	41A	Available With... By... 向……银行押汇,押汇方式……	A 或 D	15
O	42C	Drafts at... 汇票期限	3 行×35 个字符	16
O	42A	Drawee 汇票付款人—银行代码,用于限制议附信用证	A 或 D	17
O	42M	Mixed Payment Details 混合付款指示	4 行×35 个字符	18
O	42P	Deferred Payment Details 延迟付款指示	4 行×35 个字符	19
O	43P	Partial Shipments 分批装运	1 行×35 个字符	20

电开信用证范本如表 2-3 所示。

表 2-3 电开信用证范本

```
FORM OF DOC. CREDIT      *40A: IRREVOCABLE
DOC. CREDIT NUMBER       *20: 70/1/5822
DATE OF ISSUE             31: 091007
EXPIRY                   *31D: DATE 100115 PLACE CHINA
ISSUING BANK              51D: SUN BANK,
                               P.O. BOX 201
                               GDANSK, POLAND
APPLICANT                *50: VIRSONS LIMITED
                              23 COSGROVE WAY
                              LUTON, BEDFORDSHIRE
                              LU1 1XL, U.K.
BENEFICIARY              *59: ZHEJIANG WANLI IMPORT AND EXPORT CO., LTD.
                              222 JIANGUO ROAD,
                              WENZHOU, CHINA
AMOUNT                   *32B: CURRENCY USD AMOUNT 45,600.00
AVAILABLE WITH/BY        *41D: BANK OF CHINA
                               WENZHOU BRANCH
                               BY NEGOTIATION
DRAFTS AT...             *42P: 60 DAYS AFTER SIGHT
PARTIAL SHIPMENT          43P: NOT ALLOWED
TRANSSHIPMENT             43T: ALLOWED
```

LOADING IN CHARGE	44A: SHANGHAI
FOR TRANSPORT TO....	44B: GDANSK
LATEST DATE OF SHIP.	44C: 091231
DESCRIPT. OF GOODS	45A: 65% POLYESTER 35% COTTON LADIES SHIRTS
	STYLE NO.101 1000DOZ @USD12/DOZ
	STYLE NO.102 2000DOZ @USD16.8/DOZ
	ALL OTHER DETAILS OF GOODS ARE AS PER CONTRACT NO.LT07060 DATED AUG 10,2009.
	DELIVERY TERM: CIF GDANSK (INCOTERMS 2000)

DOCUMENTS REQUIRED 46A:
 1. COMMERCIAL INVOICE MANUALLY SIGNED IN 2 ORIGINALS PLUS 1 COPY(1)
 2. FULL SET (3/3) OF ORIGINAL CLEAN ON BOARD BILL OF LADING PLUS 3/3 NON NEGOTIABLE COPIES, MADE OUT TO ORDER OF ISSUING BANK AND BLANK ENDORSED, NOTIFY THE APPLICANT, MARKED FREIGHT PREPAID. (2)
 3. PACKING LIST IN 2 ORIGINALS PLUS I COPY. (3)
 4. CERTIFICATE OF ORIGIN IN 1 ORIGINAL PLUS 2 COPIES SIGNED BY CCPIT.(4)
 5. MARINE INSURANCE POLICY IN THE CURRENCY OF THE CREDIT ENDORSED IN BLANK FOR CIF VALUE PLUS 10 PCT MARGIN COVERING ALL RISKS OF PICC CLAUSES INDICATING CLAIMS PAYABLE IN POLAND (5)

ADDITIONAL COND. 47A:
 + ALL DOCS MUST BE ISSUED IN ENGLISH. (6)
 + SHIPMENTS MUST BE EFFECTED BY FCL.(7)
 + B/L MUST SHOWING SHIPPING MARKS:
 　　　　　　　　VS
 　　　　　　　　LT07060
 　　　　　　　　GDANSK
 　　　　　　　　C/NO. 1-350
 + ALL BANK CHARGES IN CONNECTION WITH THIS DOCUMENTARY CREDIT EXCEPT ISSUING BANK'S OPENING COMMISSION AND TRANSMISSION COSTS ARE FOR THE BENEFICIARY'S A/C. (8)

PRESENTATION PERIOD 48: WITHIN 15 DAYS AFTER THE DATE OF SHIPMENT BUT WITHIN THE VALIDITY OF THE CREDIT. (9)
CONFIRMATION　　　　　*49: WITHOUT
INSTRUCTION　　　　　78: WE SHALL REIMBURSE AS PER YOUR INSTRUCTION
SEND. TO REC. INFO.　　72: CREDIT SUBJECT TO ICC PUBL. 600/2007 REV

典型工作任务三 审证操作

一、信用证审证概述

审证即审核信用证,是指对国外进口方通过银行开来的信用证内容进行全面审核,以确定是接受还是修改。理论上讲,国外来证应与买卖合同相符。但在很多实际业务中,买方开来的信用证并非与合同完全相符。分析原因,无外乎有两种:工作疏忽或故意。无论哪种原因造成不符,都会给卖方履行合同、安全收汇造成隐患。对此,出口商必须提高警惕,注意做好对国外来证的审核。

审核的依据是合同和《UCP 600》。审证的基本原则就是要求信用证条款与合同的规定相一致,除非事先征得我方出口企业的同意,在信用证中不得增减或改变合同条款的内容。

审证工作由我国银行和进出口公司共同承担。银行审核开证行的政治背景、资信情况、付款责任和索汇路线,以及鉴定信用证真伪等。进出口公司则着重审核信用证内容与合同条款是否一致。

二、信用证审证

收到信用证后检查和审核的要点如下。

(一) 检查信用证的付款保证是否有效

应注意有下列情况之一的,不是一项有效的付款保证或该项付款保证是存在缺陷问题的:

(1) 信用证明确表明是可以撤销的。

此信用证由于无须通知受益人或未经受益人同意可以随时撤销或变更,应该说对受益人是没有付款保证的,对于此类信用证,一般不予接受;

信用证中如没有表明该信用证是否可以撤销,按《UCP 600》的规定,应理解是不可以撤销的。

(2) 应该保兑的信用证未按要求由有关银行进行保兑。

(3) 信用证未生效。

(4) 有条件的生效的信用证,如"待获得进口许可证后才能生效"。

(5) 信用证密押不符。

(6) 信用证简电或预先通知。

(7) 由开证人直接寄送的信用证。

(8) 由开证人提供的开立信用证申请书。

(二) 检查信用证的付款时间是否与有关合同规定相一致

应特别注意下列情况:

(1) 信用证中规定有关款项须在向银行交单后若干天内或见票后若干天内付款等情况。对此,应检查此类付款时间是否符合合同规定或对方的要求。

(2) 信用证在国外到期。

规定信用证国外到期,有关单据必须寄送国外,由于我们无法掌握单据到达国外银行所需的时间且容易延误或丢失,有一定的风险,通常我们要求在国内交单/付款。在来不及修改的情况下,必须应提前一个邮程(邮程的长短应根据地区远近而定)以最快方式寄送。

(3) 如信用证中的装期和效期是同一天即通常所称的"双到期",在实际业务操作中,应将装期提前一定的时间(一般在效期前10天),以便有合理的时间来制单结汇。

(三) 检查信用证受益人和开证人的名称和地址是否完整和准确

受益人应特别注意信用证上的受益人名称和地址应与其印就好的文件上的名称和地址内容相一致,买方的公司名称和地址写法是不是也完全正确。在填写发货票时照抄信用证上写错了的买方公司名号和地址是有可能的,如果受益人的名称不正确,将会给今后的收汇带来不便。

(四) 检查装运期的有关规定是否符合要求

逾信用证规定装运期的运输单据将构成不符点,银行有权不付款。

检查信用证规定的装运期应注意以下几点:

(1) 能否在信用证规定的装运期内备妥有关货物并按期出运,如来证收到时离装运期太近,无法按期装运,应及时与客户联系修改。

(2) 实际装运期与交单期时间相距时间太短。

(3) 信用证中规定了分批出运的时间和数量,应注意能否办到;否则,任何一批未按期出运,以后各期即告失效。

(五) 检查能否在信用证规定的交单期交单

如来证中规定向银行交单的日期不得迟于提单日期后若干天,如果过了限期或单据不齐有错漏,银行有权不付款。

交单期通常按下列原则处理:

(1) 信用证有规定的,应按信用证规定的交单期向银行交单。

(2) 信用证没有规定的,向银行交单的日期不得迟于提单日期后21天。

应充分考虑办理下列事宜对交单期的影响:

(1) 生产及包装所需的时间。

(2) 内陆运输或集港运输所需时间。

(3) 进行必要的检验(如法定商检或客检)所需的时间。

(4) 申领出口许可证/FA产地证所需的时间(如果需要)。

(5) 报关查验所需的时间。

(6) 船期安排情况。

(7) 到商会和/或领事馆办理认证或出具有关证明所需的时间(如果需要)。

(8) 申领检验证明书(如SGS验货报告/OMIC LETTER或其他验货报告,如客检证)等所需的时间。

(9) 制造、整理、审核信用证规定的文件所需的时间。

(10) 单据送交银行所需的时间包括单据送交银行后经审核发现有误退回更正的时间。

(六) 检查信用证内容是否完整

如果信用证是以电传或电报拍发给通知行,即"电讯送达",那么应核实电文内容是否完整。如果电文无另外注明,并写明是根据《UCP 600》,那么,该电文可以被当作有效信用证执行。

(七) 检查信用证的通知方式是否安全、可靠

信用证一般是通过受益人所在国家或地区的通知/保兑行通知给受益人的。这种方式的信用证通知比较安全,因为根据《UCP 600》的有关规定,通知行应对所通知的信用证的真实性负责;如果不是这样寄交的,遇到下列情况之一的应特别注意:

(1) 信用证是直接从海外寄给我方的,那么我方应该小心查明它的来历。

(2) 信用证是从本地某个地址寄出,要求我方把货运单据寄往海外,而我方并不了解他们指定的那家银行。

对于上述情况,应该首先通过银行调查核实。

(八) 检查信用证的金额、币制是否符合合同规定

主要检查内容有:

(1) 信用证金额是否正确。

(2) 信用证的金额应该与事先协商的相一致。

(3) 信用证中的单价与总值要准确,大小写并用内容要一致。

(4) 如数量上可以有一定幅度的伸缩,那么,信用证也应相应规定在支付金额时允许有一定幅度。

(5) 如果在金额前使用了"大约"一词,其意思是允许金额有10%的伸缩。

(6) 检查币制是否正确。

如合同中规定的币制是"英镑",而信用证中使用的是"美元"。

(九) 检查信用证的数量是否与合同规定相一致

应注意以下几点:

(1) 除非信用证规定数量不得有增减,那么,在付款金额不超过信用证金额的情况下,货物数量可以容许有5%的增减。

(2) 特别注意的是以上提到的货物数量可以有5%增减的规定一般适用于大宗货物,对于以包装单位或以个体为计算单位的货物不适用。

例如,100% COTTON SHIRTS(5 000件全棉衬衫)由于数量单位是"件",实际交货时只能是5 000件,而不能有5%的增减。

(十) 检查价格条款是否符合合同规定

不同的价格条款涉及具体的费用(如运费、保险费)由谁分担。

例如,合同中规定是:FOB SHANGHAI AT USD。

根据此价格条款有关的运费和保险费由买方即开证人承担;如果信用证中的价格条款没有按合同的规定做上述表示,而是做了如下规定:CIF NEW YORK AT USD,对此条款如不及时修改,那么受益人将承担有关的运费和保险费。

(十一) 检查货物是否允许分批出运

除信用证另有规定外,货物是允许分批付运的。

特别注意:如信用证中规定了每一批货物出运的确切时间,则必须按此照办;如不能办到,必须修改。

(十二) 检查货物是否允许转运

除信用证另有规定外,货物是允许转运的。

(十三) 检查有关的费用条款

(1) 信用证中规定的有关费用如运费或检验费等应事先协商一致;否则,对于额外的费用原则上不应承担。

(2) 银行费用如事先未商定,应以双方共同承担为宜。

(十四) 检查信用证规定的文件能否提供或及时提供

(1) 一些需要认证的单据特别是使馆认证等能否及时办理和提供。

(2) 由其他机构或部门出具的有关文件(如出口许可证、运费收据、检验证明等)能否提供或及时提供。

(3) 信用证中指定船龄、船籍、船公司或不准在某港口转船等条款能否办到等。

(十五) 检查信用证中有无陷阱条款

应特别注意下列信用证条款是有很大陷阱的条款,具有很大的风险:

(1) 1/3 正本提单直接寄送客人的条款。

如果接受此条款,将随时面临货、款两空的危险。

(2) 将客检证作为议付文件的条款。

接受此条款,受益人正常处理信用证业务的主动权很大程度上掌握在对方手里,影响安全收汇。

(十六) 检查信用证中有无矛盾之处

例如,明明是空运,却要求提供海运提单;

明明价格条款是 FOB,保险应由买方办理,而信用证中却要求提供保险单。

(十七) 检查有关信用证是否受《UCP 600》

明确信用证受《UCP 600》的约束可以使我们在具体处理信用证业务中,对于信用证的有关规定有一个公认的解释和理解。避免因对某一规定的不同理解产生的争议。

总之,审核信用证应掌握一个前提,即在订立合同时要求国外公司开立信用证的日期尽量提前,使企业有充足的时间审核,以免仓促之间在信用证尚有种种缺陷时就对外发运货物,影响货款的收回。因为来证已迫近交货期,要修改其中条款往往会错过交货期,而信用证中的交货期又往往是合同中规定的交货期,则随之合同的交货期也要修改,否则易造成出口企业违约,但此时货大多已备妥,如果货物行情不好,要求改证还有可能受对方拒货的口实……凡此种种均给信用证"纠偏"工作带来一定难度。而一些信誉欠佳的国外公司往往利用这一点,故意迟开信用证为其不履行付款责任埋下伏笔。所以出口企业一定要警惕,即使在这种情况下接到信用证,也应对条款进行认真审核,以免入其瓮中,使货款受损。

信用证审核单如表 2-4 所示。

表 2-4 信用证审核单

开证人				提交银行文件	文件要求
开证银行				□ 提单/货运单	
开证时间		信用证号		□发票	
受益人				□装箱单/重量单	
开证金额				□保险单	
价格条款		分批	可/否	□产地证(工厂/贸促会)	
最迟装运期		转船	可/否	□FORMA 产地证	
议付有效期		到期地点		□质量单(工厂/商检/其他检验单位)	
货运地	从　　经　　到			□其他文件(请注明)	
品名 单价 描述				唛头要求	
特殊要求					
1. 2. 3. 4. 5.					
审证修改意见					
1. 2. 3. 4. 5.					

审证人:＿＿＿＿＿＿
审证时间:＿＿＿＿＿＿

典型工作任务四 改证操作

一、改证概述

改证是对已开立的信用证进行修改的行为。

在审证时,如发现有我方不能接受的条款时,应及时向开证申请人提出要求进行修改,但对更改信用证应持慎重态度。一般来说,非改不可的应坚决要求改正;可改可不改的,或适当努力可以做到而又不增加太多费用负担的,则可酌情处理:或不做修改按信用证规定办理,或同时提请国外进口人今后注意。

信用证的修改要求,通常由出口人(受益人)提出,有时也有由进口人主动向开证行提出的。对此须经开证行同意后,由开证行经通知行转告出口人,并经出口人同意接受后方为有效。如遭出口人拒绝接受,则此项修改不能确定,信用证仍以原款为准。

改证是由进口人通过开证行办理,修改通知如同开立信用证一样,须经通知行转递收益人,而不能由开证行直接通知或由进口人径自寄予受益人。

二、修改信用证时注意事项

(1) 对于需要修改的内容应一次向国外客户提出,尽量避免在发货装船或缮制单据时又发现新问题,再次要求客户改证。因为不仅国外改证费用很高,而且一改再改会引起客户不满,同时也足以暴露我方的工作素质和业务水平。

(2) 收到银行信用证修改通知书后,仍应再进行审核,如所修改内容还难以接受,则仍应及时拒绝,否则将被认为已同意接受修改。

(3) 对于已接受的信用证修改书,应立即将其与原证附在一起,并注明修改次数,以免与原证脱节,造成信用证条款不齐,影响及时办理议付。

(4) 必须在收到通知银行的"修改通知书"后,才能办理装运事宜,绝不可仅凭买方通知"证已照改"或其他类似的词句的通知就发货装船。

表2-5是常见的信用证修改申请书范本。

表2-5 信用证修改申请书

编号 No.:_____

信用证修改申请书
APPLICATION FOR AMENDMENT TO DOCUMENTARY CREDIT

致 To：<u>交通银行福建省分行</u> 银行 Bank
信用证编号 L/C No.:<u>LCD6600201000165</u> 开证日期 Issuing date:<u>211025</u>
受益人 Beneficiary:<u>AGILENT TECHNOLOGIES SINGAPORE (SALES) PTE LTD</u> 有效期 Expiry date:<u>220215</u>
装运期 Latest shipment date:<u>211215</u>
金额 Amount:<u>USD 235 000</u>

请将上述信用证以□电讯□信函方式做如下修改：

Please amend the above credit by □ SWIFT or by □ AIRMAIL as follows：
最迟装运期展至 The latest shipment date extended to _____(mm) / _____(dd) / _____(yy)
有效期展至 The expiry date extended to _____(mm) / _____(dd) / _____(yy)
金额增加/减少 Increase/Decrease the amount by _____ 到 to _____
其他 Other terms：<u>Please amend 46A "＋AIR WAYBILL SHOWING 'REIGHT PREPAID' NOTIFYING APPLICANT INDICATING FREIGHT AMOUNT AND CONSIGNED TO APPLICANT IN THREE ORIGINALS." to "＋ AIR WAYBILL SHOWING 'FREIGHT PREPAID' NOTIFYING APPLICANT INDICATING FREIGHT AMOUNT AND CONSIGNED TO APPLICANT IN 1 ORIGINAL & 2 COPIES."</u>

银行费用 Banking charges by：□受益人负担 Beneficiary； □申请人负担 Applicant。
信用证其他各项条款保持不变。
All other terms and conditions of the L/C remain unchanged.
除本申请书另有约定外，申请人和银行间的权利义务仍按原申请书(编号_____)执行。
Except as otherwise expressly stated herein, the right(s) and obligation(s) between the Applicant and the Issuing bank are still subject to the application(No._____)

申请人(公章)
法定代表人或授权代表(签字或盖章)
(Stamp and) Signature of Applicant
____月(mm) ____日(dd) ____年(yy)

操作训练

根据以下合同内容审核信用证，找出不符点并进行修改。

大连进出口贸易公司
DALIAN IMPORT & EXPORT TRADE CORPORATION.
231 XISHAN ROAD DALIAN, CHINA
SALES CONTRACT

TEL:65788877   S/C NO:HX050264
FAX:65788876   DATE::Jan.11,2022
TO MESSRE::TKAMLA CORPORATION
            6—7, KAWARA MACH
            OSAKA, JAPAN

Dear Sirs,
　We hereby confirm having sold to you the following goods on terms and conditions as specified below:

DESCRIPTIONS OF GOODS	QUANTITY	U/ PRICE	AMOUNT
COTTON DISHCLOTH			
ART NO.HX80		CFR OSAKA	
ART NO.HE27	5 000 PCS	USD 5.20	USD 2 6 000.00
Packed in 250 cartons	5 000 PCS	USD 5.00	USD 2 5 000.00

LOADING PORT: DALIAN
DESTINATION: OSAKA PORT
PARTIAL SHIPMENT: PROHIBITED
TRANSHIPMENT: PROHIBITED
PAYMENT: IRREVOCABLE LETTER OF CREDIT AT SIGHT
TIME OF SHIPMENT: LATEST DATE OF SHIPMENT APR.16, 2022

THE BUYER: THE SELLER:
KAMLA CORPORATION   DALIAN IMPORT & EXPORT TRADE CORPORATION
高田一郎

B. 信用证
SEQUENCE OF TOTAL   * 27: 1 / 1
FORM OF DOC.CREDIT   * 40 A: IRREVOCABLE
DOC. CREDIT NUMBER   * 20: 33416852
DATE OF ISSUE   31 C: 220105
DATE AND PLACE OF EXPIRY * 31 D: DATE 220418 PLACE IN THE COUNTRY OF
                                  BENEFICIARY
APPLICANT   * 50: FUJI BANK LTD
                               1013, SAKULA
                               TOKYO, JAPAN
ISSUING BANK   52A: FUJI BANK LTD
                               1013, SAKULA
                               TOKYO, JAPAN
BENEFICIARY   * 59: DALIAN IMPORT & EXPORT TRADE CORPORATION.
                               231XISHAN ROAD DALIAN, CHINA
AMOUNT   * 32 B: CURRENCY USD AMOUNT 5 100.00
AVAILABLE WITH /BY   * 41 D: ANY BANK IN CHINA
                                  BY NEGOTIATION

DRAFTS AT…	42 C: DRAFTS AT 15 DAYS AFTER SIGHT FOR FULL INVOICE COST
DRAWEE	42 A: FUJI BANK LTD
PARTIAL SHIPMENTS	43 P: ALLOWED
TRANSSHIPMENT	43 T: PROHIBITED
LOADING ON BOARD	44 A: SHANGHAI
FOR TRANSPORTATION TO…	44 B: OSAKA PORT
LATEST DATE OF SHIPMENT	44 C: MAY.16, 2022
DESCRIPT OF GOODS	45 A: COTTON DISHCLOTH ART NO.HX80　5 000PCS　USD 5.20/PC ART NO.HE27　5 000PCS　USD 5.00/PC CFR DALIAN
DOCUMENTS REQUIRED	46 A: + SIGNED COMMERCIAL INVOICE IN TRIPLICATE. + PACKING LIST IN TRIPLICATE + CERTIFICATE OF ORIGIN GSP CHINA FORM A, ISSUED BY THE CHAMBER OF COMMERCE OR OTHER AUTHORITY DULY ENTITLED FOR THIS PURPOSE. + 3/2 SET OF CLEAN ON BOARD OCEAN BILLS OF LADING, MADE OUT TO ORDER OF SHIPPER AND BLANK ENDORSED AND MARKED "FREIGHT PREPAID" AND NOTIFY APPLICANT. + FULL SET OF NEGOTIABLE INSURANCE POLICY OR CERTIFICATE BLANK ENDORSED FOR 110 PCT OF INVOICE VALUE COVERING ALL RISKS
CHARGES	71 B: ALL BANKING CHARGES OUTSIDE JAPAN ARE FOR ACCOUNT OF BENEFICIARY.
PERIOD FOR PRESENTATION	48: DOCUMENTS MUST BE PRESENTED WITHIN 15 DAYS AFTER THE DATE OF SHIPMENT BUT WITHIN THE VALIDITY OF THE CREDIT.

根据销售合同的内容审核题中信用证,找出信用证中的不符点,并在下面详细列出:

1. _____

2. _____

3. _____

4. _____

5. _____

6. _____

7. _____

8. _____

模块三
交易磋商中的单据

典型工作任务	1. 国际贸易销售合同的订立。 2. 形式发票的制作
主要学习目标	1. 掌握合同的形式、成立条件及其内容。 2. 掌握形式发票的要素、作用
工作操作技能	1. 能够根据业务资料,正确认识和订立国际贸易销售合同。 2. 能够正确认识形式发票的格式与内容

交易磋商是指买卖双方就交易条件进行协商,协调双方的经济利益,求得一致,达成交易。在国际贸易中,交易磋商有明确的内容和规范的程序。买卖双方交易磋商的程序,一般从询盘开始,经过发盘、还盘、接受几个环节,最后以交易达成而告终。交易磋商的过程,就是双方通过要约(发盘)和承诺(接受)确立契约关系的过程。

依法成立的合同,具有法律约束力,合同自成立时生效。但在这里要说明的是,合同成立与合同生效是两个不同的概念。合同成立的判断依据是接受是否生效;而合同生效是指合同是否具有法律上的效力。

典型工作任务一 订立合同

一、合同的形式

在国际贸易中,订立合同的形式有三种:书面形式;口头形式;以行为表示。随着国际贸易的迅速发展和国际通信技术的不断改进,当前国际货物买卖合同一般都是通过现代化的通信方法达成的。根据国际贸易的一般惯做法,交易双方通过口头或来往函电磋商达成协议后,多数情况下还签订一定格式的正式书面合同。这是因为通过签订合同,把往来函电中有所变更的条件,最终归纳于一份规范的合同文本中,并由双方签署。这样的合同,既是一份完整、有效的法律文件,也是一份完整、明确的履约依据。

在国际贸易中,书面合同的形式和内容,并无统一规定。从格式的繁简来看,通常把繁式的称为合同(Contract),而把简式的称为确认书(Confirmation),但无实质性的区别。此外还有备忘录(Memo)、协议书(Agreement)等名称。

二、合同有效成立的条件

(1) 当事人必须具有订立合同的行为能力。
(2) 合同须有对价或约因(或互为有偿)。
(3) 合同的内容必须合法。
(4) 必须符合法律规定的形式。
(5) 当事人的意思表示必须真实。

三、合同的内容

合同的内容通常包括三个部分。

(1) 约首(Preamble)。包括合同名称、编号以及双方当事人名称、地址、电传或传真号码等。

(2) 本文(Body)。合同条款，即对各项交易条件的具体规定，包括品名品质、数量、包装、价格、运输、支付等六个必要条款以及保险、检验、索赔、不可抗力和仲裁等条款。

(3) 约尾(End)。订约日期、地点和双方有权签字人的签署。

合同样本如表3-1所示。

表3-1 合同样本

售货合同
SALES CONTRACT

合同编号(Contract No.)：
签约时间(Signing Date)：
签约地点(Signing Place)：

卖方(The Seller)：
地址(Address)：
电话(Tel)：　　　　　　　传真(Fax)：

买方(The Buyer)：
地址(Address)：
电话(Tel)：　　　　　　　传真(Fax)：

卖方与买方经协商同意签订本合同，按如下条款由买方购进卖方售出以下商品：
The Seller agrees to sell and The Buyer agrees to buy the under-mentioned goods on terms and conditions as stipulated below:

1. 商品描述(Goods of description)：

序　号 No.	商品名称及规格 Name of Commodity & Specification	数量/重量 Quantity/ Weight	单　价 Unit Price	总　价 Total Price

合计金额(Total Value)：

注：允许　％的溢短装。
Note：overweight or underweight within ％ of the total contract weight shall be permitted.
本合同使用的 FOB,CFR,CIF 等术语，除另有规定外，均遵行国际商会 2000 年制定的《国际贸易术语解释通则》。
The terms FOB，CFR，CIF etc. in the Contract shall subject to INCOTERMS 2000 provided by the International Chamber of Commerce unless otherwise stipulated herein.

2. 包装(Packing)：

3. 装运唛头(Shipping Mark)：

4. 保险(Insurance)：
　　　　方应按发票金额的 110％投保　　　　险。附加险包括：　　　　。
Insurance shall be procured by _____ for 110％ of the invoice value against _____. Additional insurance shall include：_____.

5. 装运港(Port of Shipment)：

6. 目的港(Port of Destination)：

7. 装运期限(Time of Shipment)：

8. 付款条件(Terms of Payment)：
□买方应于装运期前_____天内通过卖方同意的银行开出以卖方为受益人的全额的、保兑的、不可撤销的、无追索的、允许转船和分批装运的、可转让和分割的即期(或_____天远期)信用证，并在装运期后 21 天内保留结汇有效。如卖方因故不能按上述装运期出运，则有关信用证的装运期和有效期将自动延长 15 天。
□By full amount, confirmed, irrevocable, without recourse, allowing transshipment and partial shipment, transferable and divisible Letter of Credit to be available by sight draft (or at _____ days sight draft) to reach The seller_____ days before shipment and to remain valid for negotiation in China until the 21st day after the aforesaid time of shipment. In case shipment is not effected within the specified time of shipment, an automatic extension of 15 days shall be allowed both for the time of shipment and the expiration of the relevant L/C.

□装运前电汇。

☐By T/T before shipment.
☐见票付款交单。
☐By D/P at sight.

9. 装船条件(Terms of Shipment)：_____

10. 商品检验及索赔(Inspection and Claim)：

10.1 双方同意，货物的质量及数量或重量以国家出入境检验检疫局或生产者验证为准。如果买方对所运货物质量有异议时，可以在货到目的港 30 天内向卖方提出索赔。如果买方对所运货物数量或重量有异议时，可以在货到目的港 15 天内向卖方提出索赔。买方向卖方索赔时，应提供卖方同意的检验机构出具的检验报告。卖方对于由于自然原因或属于保险公司、船公司、其他运输机构或邮局责任造成的损失，不承担任何责任。

The two parties agree that the inspection on quality & quantity/weight will be based on Inspection Certificate issued by The State Administration For Entry-Exit Inspection And Quarantine Of The People's Republic Of China (SAIQ) or the Manufacturers with their standards. In case of a quality discrepancy, The Buyer, shall within 30 days after arrival of the goods at the port of destination, lodge against The Seller a claim. In case of a quantity/weight discrepancy, The Buyer shall, within 15 days after arrival of the goods at the port of the destination, lodge against The Seller a claim. The claim(s) should be supported by Inspection Certificate issued by a public surveyor approved by The Seller. It is understood that The Seller shall not be liable for any discrepancy of the goods shipped due to natural causes, or causes falling within the responsibilities of the insurance company, shipping company, other transportation organization or post office.

10.2 买方有义务根据需要取得进口许可证，并安排开立信用证并/或按合同要求付款。如果买方不能在合同规定期限内将信用证开到卖方或按合同规定付款或开来的信用证不符合合同规定，而在接到卖方通知后 10 天内仍不能及时办妥修正，则卖方有权撤销合同或延期交货，并有权提出索赔。

The Buyer shall undertake to take the necessary steps to obtain import license if required and to arrange the opening of L/C and/or effect remittances as required in this contract. In case the Letter of Credit or the remittances dose not reach The Seller within the time stipulated in this contract, or the Letter of Credit opened by The Buyer does not correspond to the stipulations of this contract and The Buyer fails to amend thereafter its terms within 10 days after the receipt of notification from The Seller, The Seller shall have the right to terminate the contract or to postpone the delivery of the goods and shall have also the right to lodge a claim for compensation.

11. 不可抗力(Force Majeure)：

11.1 合同任何一方因不可抗力事件不能履行合同的全部或部分义务时，不承担任何责任。

Non-performance by a party is excused if that party proves that the non-performance was due to "Force Majeure".

11.2 本合同所称不可抗力事件是指合同双方在订立合同时不能预见、对其发生和后果不能避免并不能克服的事件，如战争、火灾、地震、政策变化等。

"Force Majeure" in this contract refers to an impediment beyond control and that it could not reasonably be expected to have taken the impediment into account at the time of the conclusion of the contract or to have avoided or overcome it or its consequences. Such impediment includes war, fire, earthquake and governmental order or regulation, etc.

11.3 遭受不可抗力的一方必须在事故发生时立即电告另一方并在事故发生后 15 天内将事故发生地相关机构出具的事故证明书用航空邮寄另一方为证。

The party who fails to perform must notify the other party by cable within the shortest possible time of the occurrence of the Force Majeure and within 15 days therein send by registered airmail to the other party a Certificate as evidence issued by the relevant authorities of the place where the accident occurs for confirmation by the other party.

12. 仲裁(Arbitration):
一切因本合同而发生的或与本合同有关的争议均应提交北京中国国际经济贸易仲裁委员会,并根据该会的仲裁规则进行仲裁,该仲裁的裁决为终局裁决,对双方均有约束力。
Any dispute arising from or in connection with this Contract shall be submitted to China International Economic and Trade Arbitration Commission in Beijing for arbitration which shall be conducted in accordance with the Commission's arbitration rules in effect at the time of applying for arbitration. The arbitral award is final and binding upon both parties.

13. 其他(Miscellaneous):(备选条款 For Choice)
如果由买方提供商标和包装设计方案,买方应在装船期前60天将经确认的设计样本及其他相关材料的最后确认以快件寄送卖方。如发生违反有关专利、商标法律的情况,由买方承担责任。
If the trademark and the design for packing are provided by The Buyer, the approved design and final clarification of all relative details shall be sent by express mail to The Seller and reaching The Seller 60 days before the time of shipment. The Buyer will be held responsible for violation, if any, of the laws in regard to patent design and trademark.

14. 合同效力(Effectiveness of Contract):
14.1 本合同以中文书就正本两份,双方各执一份。本合同自双方代表签字之日起生效。
This contract shall be written in English with two originals and one copy for each party. This contract shall come into effect immediately after being signed by the representatives of both parties.

14.2 买方应在收到合同书后的7个工作日内将其中一份经签署且无任何修改的合同书寄送卖方。
The Buyer should sign one copy and return it without any modification to The Seller within 7 days after receipt.

14.3 本合同共_____页,双方代表须在每一页上签字。
There are totally _____ pages in this contract, and signatures of the representatives on behalf of the two parties are required on each page.

买方   卖方
The Seller   The Buyer
_____   _____

注:
1. 在外贸合同中,如卖方以代理人的名义签订外贸合同的,外贸合同中可规定以下内容:
(1) 合同前言中应规定"卖方作为_____指定的出口代理人,本合同的一切权利义务均由委托人_____享有或承担"(英文:"appointed as export agent of _____, the principal will undertake all rights and duties of the contract.")
(2) 合同的末尾签字处应写明"(卖方)on behalf of the seller(国内用户)",并取得国内用户的授权书;或国内客户在本合同中同时签字;
2. 本合同第12条仲裁条款,在签订时应争取注明"本合同一切争议的解决按照中国法"(英文:"All disputes of the contract should be solved according to Chinese law.")

成交确认书样本如表 3-2 所示。

表 3-2 成交确认书样本

成交确认书
SALES CONFIRMATION

S/C NO.：

DATE：

The Seller：
Address：

The Buyer：
Address：

No.	Commodity & Specification	Quantity	Unit Price	Amount
Total Value：				

Loading port and Destination：
Time of Delivery：
Terms of Payment：
Insurance：
Packing：

Shipping Mark：

Others

买方 卖方
The Seller The Buyer
_____ _____

典型工作任务二　制作形式发票

一、形式发票的含义

形式发票是指出口商应进口商的要求，发出一份列有出售货物的名称、规格、单价等非正式参考性发票，以供进口商向其本国贸易管理当局即海关部门或外汇管理当局申请进口许可证或批准给予外汇等之用。形式发票属非正式发票，没有约束力，不能用于托收和议付，它所列的单价等，也仅仅是进口商根据当时情况所做的估计，对双方都无最终的约束力，所以说形式发票只是一种估价单，正式成交发货后还要另外重新缮制商业发票。

形式发票的英文是 PROFORMA INVOICE，"Proforma"是拉丁文，它的意思是"纯为形式的"，所以单从字面来理解 Proforma Invoice 是指纯为形式的、无实际意义的发票。这种发票本来是卖方在推销货物时，为了供买方估计进口成本，假定交易已经成立所签发的一种发票。实际上，并没有发出货物的事实，正因为如此，在日本这种发票也被称之为"试算发票"。

二、形式发票的要素

形式发票最主要的要列清楚以下几个要素：货物品名；数量；成交价格方式，是 FOB、CFR，还是 CIF 等；装运期；运输方式；付款方式；公司的详细资料（包括名称、地等）。

一般小额贸易，国外客户是很少签正式出口合同的，形式发票往往就起着约定合同基本内容以实现交易的作用，所以有必要的话要将可能产生分歧的条款一一详列清楚，要买方签回确认条款，以后真正执行合同时便可有所依据。如果是形式发票被利用来开立信用证，信用证上的条款便应与形式发票上的一致。

三、形式发票的作用

(1) 货物估价。

(2) 销售确认。

(3) 作为买方，凭此申请：输入许可、外汇许可、开立信用证。

在实务上，倘若 Proforma Invoice 具备报价单的内容而构成法律上的要约（Offer），则可以用来替代报价单，甚至可以作销售确认书（Sales Confirmation）。

形式发票样本如表 3-3 所示。

表3-3 形式发票样本

形式发票
PROFORMA INVOICE

P/I NO.:
DATE:

The Seller:
Address:

The Buyer:
Address:

No.	Commodity & Specification	Quantity	Unit Price	Amount
Total Value:				

Loading port and Destination:
Time of Delivery:
Terms of Payment:
Insurance:
Packing:

Shipping Mark:

Others

买方
The Seller
_____

卖方
The Buyer
_____

操作训练

一、说明售货合同、成交确认书及形式发票的异同。

二、根据下面的信用证各制作一份完整的售货合同、成交确认书及形式发票。

FROM：HONGKONG AND SHANGHAI BANKING CORP.，HONGKONG

TO：BANK OF CHINA，XIAMEN BRANCH，XIAMEN CHINA

TEST：12345 DD. 010705 BETWEEN YOUR HEAD OFFICE AND US. PLEASE CONTACT YOUR NO. FOR VERIFICATION.

WE HEREBY ISSUED AN IRREVOCABLE LETTER OF CREDIT

NO. HKH123123 FOR USD 8 440.00，DATED 040705.

APPLICANT：PROSPERITY INDUSTRIAL CO. LTD.

342-3 FLYING BUILDING KINGDOM STREET HONGKONG

BENEFICIARY：XIAMEN TAIXIANG IMP. AND EXP. CO. LTD.

NO. 88 YILA ROAD 13/F XIANG YE BLOOK RONG HUA BUILDING，XIAMEN，CHINA

THIS L/C IS AVAILABLE WITH BENEFICIARY'S DRAFT AT 30 DAYS AFTER SIGHT DRAWN ON US ACCOMPANIED BY THE FOLLOWING DOCUMENTS：

1. SIGNED COMMERCIAL INVOICE IN TRIPLICATE.

2. PACKING LIST IN TRIPLICATE INDICATING ALL PACKAGE MUST BE PACKED IN CARTON/ NEW IRON DRUM SUITABLE FOR LONG DISTANCE OCEAN TRANSPORTATION.

3. CERTIFICATE OF CHINESE ORIGIN IN DUPLICATE.

4. FULL SET OF CLEAN ON BOARD OCEAN MARINE BILL OF LADING MADE OUT TO ORDER AND BLANK ENDORSED MARKED "FREIGHT PREPAID" AND NOTIFY APPLICANT.

5. INSURANCE POLICY OR CERTIFICATE IN DUPLICATE ENDORSED IN BLANK FOR THE VALUE OF 110 PERCENT OF THE INVOICE COVERING FPA/WA/ALL RISKS AND WAR RISK AS PER CIC DATED 1/1/1981.

6. BENEFICIARY'S CERTIFICATE CERTIFYING THAT ONE FULL SET OF N/N COPIES OF DOCUMENTS HAS BEEN SENT TO APPLICANT BY FAX WITHIN 2 DAYS AFTER SHIPMENT DATE.

SHIPMENT FROM：XIAMEN，CHINA. SHIPMENT TO：HONGKONG

LATEST SHIPMENT 31 AUGUST 2022

PARTIAL SHIPMENT IS ALLOWED，TRANSSHIPMENT IS NOT ALLOWED.

COVERING SHIPMENT OF：

COMMODITY AND SPECIFICATIONS   QUANTITY   UNIT PRICE   AMOUNT

		CIF	HONGKONG
1625/3D GLASS MARBLE	2 000 BOXES	USD 2.39/BOX	USD 4 780.00
1641/3D GLASS MARBLE	1 000 BOXES	USD 1.81/BOX	USD 1 810.00
2506D GLASS MARBLE	1 000 BOXES	USD 1.85/BOX	USD 1 850.00

SHIPPING MARK: P.7.
　　　　　　　　HONGKONG
　　　　　　　　NO. 1-400

ADDITIONAL CONDITIONS:

5 PERCENT MORE OR LESS BOTH IN QUANTITY AND AMOUNT IS ALLOWED.

ALL BANKING CHARGES OUTSIDE ISSUING BANK ARE FOR ACCOUNT OF BENEFICIARY.

DOCUMENTS TO BE PRESENTED WITHIN 15 DAYS AFTER THE DATE OF ISSUANCE OF THE SHIPPING DOCUMENT BUT WITHIN THE VALIDITY OF THE CREDIT.

INSTRUCTIONS:

NEGOTIATING BANK IS TO SEND DOCUMENTS TO US IN ONE LOT BY DHL.

UPON RECEIPT OF THE DOCUMENTS IN ORDER WE WILL COVER YOU AS PER YOUR INSTRUCTIONS.

L/C EXPIRATION: 15 SEP. 2022.

THIS L/C IS SUBJECT TO UNIFORM CUSTOMS AND PRACTICE FOR DOCUMENTARY CREDITS (1993 REVISION) INTERNATIONAL CHAMBER OF COMMERCE PUBLICATION NO. 500.

PLEASE ADVISE THIS L/C TO THE BENEFICIARY WITHOUT ADDING YOUR CONFIRMATION.

THIS TELEX IS THE OPERATIVE INSTRUMENT AND NO MAIL CONFIRMATION WILL BE FOLLOWED.

+++++

补充资料:

Invoice no.: PL001

Invoice date: 2022年8月6日

商品情况：

	G.W	N.W	MEAS
1625/3D GLASS MARBLE 10 BOXES/CTN	10 kgs/ctn	8 kgs/ctn	0.2 CBM/CTN
1641/3D GLASS MARBLE 10 BOXES/CTN	12 kgs/ctn	10 kgs/ctn	0.2 CBM/CTN
2506D GLASS MARBLE 10 BOXES/CTN	12 kgs/ctn	10 kgs/ctn	0.2 CBM/CTN

船名、航次：XM123　V.34

提单号：CAG14253

提单日期：2022年8月20日

集装箱：CAU10235　SEAL 05465

S/O NO.：B45475

模块四
缮制出口单据

典型工作任务	1. 制单的基本要求。 2. 汇票、商业发票、装箱单、海运提单、保险单、原产地证书、附属单据的缮制
主要学习目标	1. 熟知制单的基本要求和相关注意事项。 2. 分别掌握汇票、商业发票、装箱单、海运提单、保险单、原产地证书、附属单据的概念、作用及缮制方法
工作操作技能	能够根据业务资料,分别正确使用和缮制汇票、商业发票、装箱单、海运提单、保险单、原产地证书、附属单据等相关单据

制单结汇是指出口货物装出之后,出口企业即应按照信用证或合同的规定,正确缮制各种单据。在信用证规定的交单有效期内,递交银行办理议付结汇手续。

《UCP 600》规定,银行必须合理小心地审核信用证规定的一切单据,以确定是否表面与信用证条款相符,如单据表面与信用证条款不符,银行可以拒绝接受。因此,对各种结汇单据的缮制是否正确完备,对安全迅速收汇有着特别重要的意义。

典型工作任务一 制单基本要求

一、对结汇单据的基本要求

对出口结汇单据,要求做到"正确、完整、及时、简明、整洁"。

(1)正确。制作的单据只有正确,才能够保证及时收汇。单据应做到"单、证相符"和"单、单相符",即单据与信用证一致、单据与单据一致。这样单据才能真实地代表货物,以免发生错装错运事故。

(2)完整。必须按照信用证的规定提供各项单据,不能短少。单据的份数和单据本身的项目必须完整,不能短缺或漏列,单据的手续也要完整。

(3)及时。制作单据必须及时,应在 L/C 规定的有效期内到银行议付。在可能的情况下,最好在货物装运前,先将有关单据送银行预审,以便有较充裕的时间检查和改正交易可能出现的差错,如发现重大问题,也可及早通知开证人修改信用证,避免在货物出口后,因单证不符不能收汇,造成被动和损失。

(4)简明。单据的内容,应按信用证要求和国际惯例填写,力求简明,切勿列出不必要的内容,以免弄巧成拙。

(5) 整洁。单据布局要美观、大方,缮写或打印的字迹要清楚,表面要洁净,修改的地方要另盖校对章,文字要注意规范化。有些重要项目,如提单、汇票等的金额、数量、件数、重量等,不宜更改。

二、把握单据的前后签发日期

各种结汇单据的前后签发日期应逐一加以把握,使得各种单据的签发日期应符合逻辑性和国际惯例。通常,提单日期是确定各单据日期的关键。各单据日期关系如下:

(1) 发票日期应在各单据日期之首;
(2) 提单日不能超过L/C规定的装运期,也不得早于L/C规定的最早装运期;
(3) 保险单的签发日应早于或等于提单日期(一般早于提单2天),不能早于发票;
(4) 装箱单应等于或迟于发票日期,但必须在提单日之前;
(5) 产地证不早于发票日期,不迟于提单日;
(6) 商检证日期不晚于提单日期,但也不能过分早于提单日,尤其是鲜货,容易变质的商品;
(7) 受益人证明等于或晚于提单日;
(8) 装船通知等于或晚于提单日后3天内;
(9) 船公司证明等于或早于提单日;
(10) 汇票日期应晚于提单、发票等其他单据的日期,但不能晚于L/C的有效期。

典型工作任务二　汇票的缮制

汇票(Bill of Exchange/Draft)是一种支付工具,多作为国际结算、押汇工具,也可以作为信贷工具。在以信用证为支付方式下,一般用汇票作为主要的支付工具,通常使用的是随附单据的"跟单汇票"。

一、缮制汇票时应注意的问题

(1) 付款人。采用信用证支付方式时,汇票的付款人应按信用证的规定填写,一般是开证行或付款行。信用证规定付款人的专业术语为"Drawn on×××",意为"以×××为付款人",所以介词on后的宾语即为付款人。《UCP 600》规定:"信用证不得规定汇票以开证申请人为付款人。"这个规定使得开证行信用证下第一性付款责任与其最终汇票付款人地位更为一致。

(2) 受款人。受款人也称为抬头。通常采用指示性抬头,如"付给背书人(卖方)或其指定人"(Pay to the order of×××)。

(3) 出票依据。也就是汇票的"出票条款"(Drawn Clause)。如属于信用证方式,应按照来证的规定文句填写。如信用证内没有规定具体文句,可在汇票上注明开证行名称、地点、信用证号码及开证日期。例如,"凭××银行×××号×年×月×日不可撤销信用证开立"(Drawn Under ×××Bank Irrevocable L/C NO. ×××DATED ××××)。如属于托收方式,汇票上应注明有关买卖合同号码。

(4) 汇票到期日无论用 after 还是 from,一律从第二天起算;而以运输单据日(有装运日记载的依记载,没有记载的依出单日)为依据计算交单日,用 from 的从当天起算。汇票中以运输单据日为基准日按规定天数计算汇票到期日的,不管用 from 还是 after 均从第二天起算。

(5) 汇票一般开具一式两份,两份具有同等效力,其中一份付讫,另一份自动失效。

汇票的样式如表 4-1 所示。

表 4-1 汇票的样式

- 凭 Drawn under _____(1)_____
- 信用证　　第　　号
- L/C　　　　NO. _____(2)_____
- 日期　　年　月　日
- Dated _____(3)_____
- 按　　　息　　　　　　付　款
- Payable with interest @ _____% per annum
- 号码　　汇票金额　　中国,　杭州　年 月 日
- No. _____ **Exchange** ___(4)___ Hangzhou, china. _____ 19 _____
- 见票　　　日　后(本　汇　票　之　副　本　未　付)付
- At _____(5)_____ sight of this **FIRST** of Exchange (Second of exchange being unpaid)
- pay to the order of _____(6)_____ 或其指定人
- 金　　额
- the sum of _____(7)_____
- 此致
- To _____(8)_____ _____(9)_____

二、信用证汇票条款示例

(1) Drafts to be drawn at 30 days' sight on us for 100% of invoice value.

汇票按发票金额的 100%做成以我行为付款人的 30 天远期汇票。

(2) You are authorized to draw on Royal Bank of Canada, Vancouver at sight for a sum not exceeding USD 120 000.

授权你方开立以加拿大温哥华皇家银行为付款人的即期汇票,金额不超过 120 000 美元。

(3) Drafts in duplicate at sight bearing the clause Drawn under City Bank Singapore Documentary Credit No.742562 dated January 25th, 2022.

汇票一式两份即期付款,注明"依据花旗银行新加坡分行 2022 年 1 月 25 日所开立

的742562号跟单信用证出票"。

(4) We open this Irrevocable Documentary Credit favoring yourselves for 95% of the invoice value available against your draft at sight by negotiation on us.

兹开立以你方为受益人的不可撤销跟单信用证,凭你方按发票金额的95%开立的以我行为付款人的即期汇票议付货款。

(5) This credit is available with any bank by negotiation of Beneficiary's Drafts at 60 days date drawn on Issuing bank.

本证凭受益人开立的以开证行为付款人的出票后60天的远期汇票,在任何银行议付。

三、汇票缮制

(一) 出票根据

出票根据(DRAWN UNDER)包括三项内容:开证行名称(APPLICANT BANK)(写在"DRAWN UNDER"之后)、信用证号码(L/C NO.)和开证日期(Dated)

(二) 年息

若合同没有规定,该项留空。

(三) 号码

一般留空不填。

(四) 金额

金额(Amount)的大小写必须一致。

例如,小写金额为:USD 25 530.80——填在"Exchange for(第4项)"下

大写金额为:UNITED STATES DOLLARS TWENTY FIVE THOUSAND FIVE HUNDRED THIRTY CENTS EIGHTY ONLY.——填在"the sum of(第7项)"下面。

(五) 付款期限(AT sight of...)

(1) 如是即期汇票:在"AT ＿＿＿＿＿＿ sight of..."横线部分打上"＊＊＊"

(2) 如是远期汇票:应在"AT"后面打印上期限。例如,AT 90 days。

具体可以参考"AVAILABLE WITH/BY"或"DRAFTS AT..."中的内容提示。

(六) 受款人

受款人(Pay to the order...)是汇票的抬头人,也就是收款人。

受款人有三种填法:

(1) 限制性抬头:pay to A Com. only.

(2) 来人抬头:pay to the bearer.

(3) 指示性抬头:pay to the order of A Com.

在实务操作过程中,常见的填法是:Pay to the order of ×××bank。

在我国对外贸易中,汇票的受款人一般都是以银行为指示性抬头,如来证规定由中

国银行指定或来证对汇票的受款人未做明确规定。通常,汇票的受款人应打印上:"pay to the order of bank of China"。

(七) 付款人及付款地点(TO)

填付款人名称。付款人是汇票的受票人,也称为致票人。

在汇票中表示为"此致……"(to...)证内通常都有指定付款人(DRAWEE),若没有指定付款人,即没有出现"DRAWEE"这个字眼,则在该项之后填开证行的名称和地址。

(八) 出票人及出票地点(第9项)

此栏通常打上出口公司的全称,并由公司负责人签署并盖上印章。

典型工作任务三　商业发票的缮制

一、概述

(一) 含义

商业发票(Commercial Invoice)是指卖方开立的载有货物名称、数量、价格等内容的清单,作为买卖双方交接货物和结算货款的主要单证,也是进出口申报关税必不可少的单证之一,它是货物总说明书,是所有单据的核心单据。

我国各进出口公司的商业发票没有统一格式,但主要项目基本相同,主要包括发票编号、填制日期、数量、单价、总值和支付方式等项内容。

商业发票的主要作用:① 是买卖双方收付货款和记账的依据;② 是买卖双方报关、纳税和计算佣金的依据;③ 是全套结汇单据的核心,是缮制其他出口单据的主要依据。

(二)《UCP 600》对商业发票的规定

《UCP 600》第18条规定:

a. 商业发票:

ⅰ. 必须看似由受益人出具;

ⅱ. 必须出具成申请人为抬头;

ⅲ. 必须与信用证的货币相同;

ⅳ. 无须签字。

b. 按指定行事的指定银行、保兑行(如有的话)或开证行以接受金额大于信用证允许金额的商业发票,其决定对有关各方均有约束力,只要该银行对超过信用证允许金额的部分未作承付或者议付。

c. 商业发票上的货物、服务或履约行为的描述应该与信用证中的描述一致。

二、格式

各家公司都有自己的发票格式,但都大同小异。商业发票样本如图4-1所示。

厦门××××××有限公司
XIAMEN ××××× CO., LTD.
No._____, XiaMen City, FuJian Province, P. R. China
Tel：+86-592-********　　　　Fax：+86-592-********

商业发票
COMMERCIAL INVOICE

INVOICE No.：　　　　　　　　　　　　INVOICE Date：
L/C NO.：　　　　　　　　　　　　　　L/C DATE：
Buyers(Messrs)：　　　　　　　　　　　Sellers(Exporters)：
From：　　　　　To：　　　　　　　　Terms of payment：

唛头 MARKS & NOS	品名及规格 DESCRIPTION OF GOODS & SPECIFICATION	单价及术语 UNIT PRICE & PRICE TERMS	数量 QUANTITY	金额 AMOUNT

TOTAL：
Seller：（signature）

图 4-1　商业发票样本

三、缮制

(1) 商业发票(COMMERCIAL INVOICE)。

文本约首应醒目注明"COMMERCIAL INVOICE"字样,且在 COMMERCIAL INVOICE 之前加上出口公司名称或是公司的标志等。

(2) 发票号(INVOICE NO)。

此栏填发票的编号。一般来说每个公司都有自己的系列编号,以便存储归档管理之用,如 PI0005。

(3) 发票日期(INVOICE DATE)。

发票日期应早于提单日期和汇票日期,在所有的结汇单据中,发票日期是最早签发的日期。

(4) 合同号或信用证号码(S/C NO or L/C NO)：参照合同和信用证进行填写。

(5) 信用证开证日期(L/C DATE)。

(6) 卖方(SELLERS)。

此栏填写：卖方的全称；地址(ADDRESS)。此处为卖方公司详细地址,如已更改,注意使用新的地址；如在 L/C 下,即为"Beneficiary"的内容。

(7) 买方 BUYERS。

此栏填写：买方名称；地址(ADDRESS)。

如在 L/C 下,即为"Applicant"的内容。

(8) 运输路线(FROM... TO... BY...)。

FROM +装运港名称,TO+目的港名称,BY+运输方式。

(9) 付款方式(TERMS OF PAYMENT)。

例如,by L/C 或 by T/T 等。

(10) 唛头(MARKS & NOS)。

此项信息一般由客人提供。

(11) 品名及规格(DESCRIPTION OF GOODS & SPECIFICATIONS)。

此栏应详细填明各项商品的名称及规格。如在 L/C 下,品名必须和 L/C 中所规定的品名一致。否则,将会影响到结汇。

(12) 单价(UNIT PRICE & PRICE TERMS)。

一般单价由四部分构成,如＄50OFOB 大连 PER M/T,缺一不可。注意此栏应与品名栏目每一项商品相对应。

(13) 数量(QUANTITY)。

此栏为计价的数量,其单位与单价中的计量单位一致。

(14) 金额及术语(AMOUNT)。

此项商品为每一项商品的累计金额。

例如,如果一份合同有两种商品(化工原料 A、陶瓷制品 B),则 A 的总额、B 的总额分别与前面一一对应列明。即:

　　　　化工原料 A…………A 的总额
　　　　陶瓷制品 B…………B 的总额

(15) 总计(TOTAL)。

分别计算 QTY 和 Amount 的总和。

(16) 卖方的签章[Seller:(signature)]。

公司负责人的签名及公司公章。

四、其他发票

(一) 形式发票

出口商有时应进口商的要求,签署一份列有出售货物的名称、规格、单价等非正式的参考性发票,供进口商向其本国贸易管理当局或外汇管理当局等申请进口许可证或批准给予外汇等事项之用,这种发票称作形式发票(Proforma Invoice)或预开发票。

形式发票不是正式发票,其中的价格仅为估计价,不能用于托收和议付。正式交易还需另开发票。

假如信用证来证附有形式发票,则形式发票构成信用证的组成部分,制单时要按形式发票内容全部打上。

(二) 领事发票

有些国家法令规定,进口货物必须领取进口国在出口国或其邻近地区的使、领馆认证的发票,交进口商作为有关货物报关和缴纳关税的前提条件之一。这种发票称为领事发票(Consular Invoice)。

领事发票和商业发票是平行的单据。领事发票是一份官方的单证,有些国家规定了领事发票的固定格式,这种格式可以从使馆、领馆获得。

典型工作任务四 装箱单的缮制

一、概述

(一) 含义

装箱单(Packing List)是发票的补充单据,它列明了信用证(或合同)中买卖双方约定的有关包装事宜的细节,便于国外买方在货物到达目的港时供海关检查和核对货物,通常可以将其有关内容加列在商业发票上,但是在信用证有明确要求时,就必须严格按信用证约定制作。

(二) 注意事项

(1) 装箱单的内容要与发票的内容相一致;

(2) 装箱单一般不显示货物的单价、总价以及收货人(进口商);

(3) 装箱单的品名可以用统称;

(4) 如在 L/C 下,一定要认真分析完单据条款后,方可动手制作。

二、格式

装箱单样本如图 4-2 所示。

厦门××××××有限公司
XIAMEN ×××××× CO., LTD.
No._____, XiaMen City, FuJian Province, P. R. China
Tel:+86-592-********   Fax:+86-592-********

装箱单(包装清单)
PACKING LIST

Exporters:
INVOICE No.:   INVOICE Date:
L/C NO.:   S/C NO.:
From: To: Shipped per:

唛头 MARKS & NOS	品名 DESCRIPTION OF GOODS	数量 QUANTITY	件数 NO. OF PACKAGES	毛重 G. W (kgs)	净重 N. W (kgs)	尺码 MEAS (CBMS)

TOTAL:
Seller:(signature)

图 4-2 装箱单样本

三、缮制

(1) 装箱单(PACKING LIST)。

文本约首应醒目注明"PACKING LIST"字样,且在 PACKING LIST 之前加上出口公司名称或是公司的标志(LOG)等。

(2) 卖方(EXPORTERS)。

此栏填写:卖方的全称;地址(ADDRESS)。此处为卖方公司详细地址,如已更改,注意使用新的地址;如在 L/C 下,即为"Beneficiary"的内容。

(3) 发票号(INVOICE NO)。

此栏填发票的编号。

(4) 发票日期(INVOICE DATE)。

(5) 合同号或信用证号码(S/C NO or L/C NO)。

参照合同和信用证进行填写。

(6) 运输路线(FROM... TO...BY...)。

FROM ＋装运港名称,TO＋目的港名称,BY＋运输方式。

(7) 船名、航次(SHIPPED PER)。

在实务中获得此项信息的方法:咨询货代公司;从提单中提取。

(8) 唛头(MARKS & NOS)。

此项信息由客人提供;如在 L/C 下,则在 L/C 中要体现出来。

(9) 品名(DESCRIPTION OF GOODS)。

此栏可以只填写货物的统称。

(10) 数量(QUANTITY)。

此栏为计价的数量,其单位与单价中的计量单位一致。

(11) 件数(NO. OF PACKAGES)。

运输包装数(最大外包装数),如箱数。

(12) 毛重(G.W)。

分别填写每种商品的总毛重。

(13) 净重(N.W)。

分别填写每种商品的总净重。

(14) 总体积(MEAS)。

分别填写每种商品的总体积。

(15) 总计(TOTAL)。

分别计算 QTY、CTNS、G.W、N.W 和 Meas 的总和。

典型工作任务五 海运提单的缮制

一、概述

(一) 含义

海运提单(Ocean Bill of Lading)是外贸单证工作中最重要的单据之一,是出口商按规定要求装运货物后,承运人或其代理人签发的一种书面凭证;是承运人确认已收到托运人的货物,并已装船或待以装船,而签发给托运人的收据。它由承运人单方面签发,所以是托运人与承运人之间运输合同的证明,有物权凭证的作用,卖方可通过掌握海运提单来控制货物。提单是由船务公司的单证员缮制的,也是外贸单证员必须掌握的。

(二)《UCP 600》第二十条对海运提单的重要规定

a. 提单,无论其称谓如何,必须表面上看来:

ⅰ. 表明承运人名称并由下列人员签署:

承运人或其具名代理人,或船长或其具名代理人。

承运人、船长或代理人的任何签字必须分别标明其承运人、船长或代理人的身份。

代理人的任何签字必须标明其系代表承运人还是船长签字。

ⅱ. 通过下述方式表明货物已在信用证规定的装运港装上具名船只:

预先印就的文字,或注明货物已装船并有装船日期的批注。

提单的出具日期将被视为装运日期,除非提单包含注明装运日期的装船批注,在此情况下,已装船批注中显示的日期将被视为装运日期。

如果提单包含"预期船只"字样或类似有关限定船只的词语时,装上具名船只必须由注明装运日期以及实际装运船只名称的装船批注来证实。

ⅲ. 标明装运从信用证中规定的装运港至卸运港。

如果提单未注明以信用证中规定的装运港作为装运港,或包含"预期"或类似有关限定装货港的标注者,则需要提供注明信用证中规定的装货港、装运日期以及船名的装船批注。即使提单上已注明印就的"已装船"或"已装具名船只"措辞,本规定仍然适用。

ⅳ. 系仅有的一份正本提单,或者如果以多份正本出具,为提单中显示的全套正本。

ⅴ. 未注明运输单据受租船合约约束。

b. 就本条款而言,转运意指在信用证规定的装货港到卸货港之间的海运过程中,将货物由一艘船卸下再装上另一艘船的运输。

c. ⅰ. 只要同一提单包括运输全程,则提单可以注明货物将被转运或可被转运。

ⅱ. 即使信用证禁止转运,注明将要或可能发生转运的提单仍可接受,只要其表明货物由集装箱、拖船或母子船运输。

d. 对于提单中包含的声明承运人保留转运权利的条款,银行将不予置理。

对于第ii条,简言之,真正被禁止的转运,仅指海运中港至港,非集装箱货物运输的转运。

二、格式

图 4-3 是一份通用的格式,以中远集团的格式为例,每家船公司均有自己的格式,但都大同小异。

SHIPPER：		B/L NO.：	
CONSIGNEE：		**COSCO**	
NOTIFY：		*OCEAN BILL OF LADING*	
PRE CARRIAGE BY	PORT OF LOADING		PORT OF RECEIPT
OCEAN VESSEL / VOYAGE NO.	PORT OF DISCHARGE		PLACE OF DELIVERY
MKS & NOS. CONTAINER NO. SEAL NUMBER	NOS AND KIND OF PKGS	DESCRIPTION OF GOODS	GROSS WEIGHT	MEASURE-MENT

TOTAL NO. OF CONTAINERS OR PACKAGES (IN WORDS)：		
OVERSEA OFFICE OR DESTINATION PORT AGENT	NO. OF ORIGINAL B/Ls	FREIGHT PAYBALE AT
	ON BOARD DATE	PLACE & DATE OF ISSUE
	SIGNED BY： AS AGENT FOR THE CARRIER	

图 4-3 海运提单样本

三、缮制

提单是代表货物所有权的凭证，也是进出口业务中最重要的单据。

提单的缮制中，最关键的是提单的抬头即收货人（Consignee）的填制，关系到提单所有权的转让方式，在信用证中都会有明确的规定。

此外，提单的各项内容（如提单的种类、收货人、货物的名称和件数、目的港、有关收取运费的记载、提单的份数等）一定要与信用证相符。但其中货物的描述只要与信用证的货物描述不抵触，可使用统称。

提单的签发份数。根据《UCP 600》规定，银行接受全套正本仅有一份的正本提单，或一份以上正本提单。如提单正本有几份，每份正本提单的效力是相同的，但是，只要其中一份凭以提货，其他各份立即失效。因此，合同或信用证中规定要求出口人提供"全套提单"（Full Set or Complete Set B/L），就是指承运人在签发的提单上所注明的全部正本份数。

提单的运费项目，在 CIF、CFR、CPT、CIP 条件下，应注明"运费已付"（Freight Prepaid）；如为 FOB、FCA 条件，则应注明"运费到付"（Freight to Collect）。除信用证另有规定外，不必列出运费的具体金额。具体的填写如下：

（1）承运人（CARRIER）。

提单上必须表明以轮船公司身份注册的承运人，以防欺诈，否则银行不予接受。

（2）托运人（SHIPPER）。

即发货人，信用证方式下为信用证受益人（Beneficiary），托收方式下为托收的委托人。

（3）收货人（CONSIGNEE）。

提单的收货人又称提单的抬头人，其决定了海运提单的性质和货权的归属。在进出口贸易中多使用指示性抬头，以便单据可以通过背书进行转让。

按规定填写。记名提单直接填收货人，不记名提单填"TO BEARER"，指示提单填"TO ORDER"或"TO THE ORDER OF ×××"。凡指示提单都需进行背书才能有效转让。如在 L/C 方式下，此栏的填写应以 L/C 的单据条款为依据，可以从单据条款中找"TO ORDER"字眼作为提示。

例如，来证规定："…made out to order and endorsed to abc bank…"。则此栏填写：To order。

又如，来证规定："…made out to order of shipper and endorsed to abc bank…"。则此栏填写：To order of shipper。

再如，来证规定："…made out to order of ABC bank and endorsed blank…"。则此栏填写：To order of ABC bank。

（4）被通知人（NOTIFY PARTY）。

信用证方式下按单据条款规定填写，可以从单据条款中找"notify"字眼作为提示。该栏必须要有详细的名称和地址。

(5) 船名、港口。

提单项目	转船	直达
PRE-CARRIAGE BY：	第一程船船名	空白
PLACE OF RECEIPT：	船方收货的港口	空白
OCEAN VESSEL VOY. NO.：	第二程船船名	船名
PORT OF LOADING：	转运港	装运港
PORT OF DISCHARGE(DESTINATION)：	卸货港	卸货港
PLACE OF DELIVERY：	最终目的地	与卸货港同则空白

(6) 唛头(MARKS & NOS)和集装箱号码(CONTAINER NO.)。

若信用证规定了唛头,则按其规定;若未规定则按双方约定或由卖方自定。无唛头则填"N/M"。集装箱货物要注明集装箱号码。

(7) 包装与件数(NO.& KIND OF PACKAGES)。

指最大外包装数。单位件数与包装都要与实际货物相符,并在大写合计数内填写英文大写文字数目,若有两种以上不同包装单位,应分别填写,再合计。散装货,只填 IN BULK。

(8) 商品名称(DESCRIPTION OF GOODS)。

按信用证规定,并与发票等单据一致,若货物品名较多,可用统称。

(9) 毛重和体积(GW & MEAS)。

若信用证无特别规定,则只填总毛重和总体积。若为集装箱货,毛重包括货物的毛重和集装箱的皮重,体积则按集装箱计,一般一个20尺的集装箱体积为33.2 CBM。

(10) 运费支付(FREIGHT & CHARGES)。

一般有两种:PREPAID 或 COLLECT 方式下。在 L/C,在其单据条款中有指明。

(11) 签发地点与日期(PLACE AND DATE OF ISSUE)。

地点一般在装运港所在地,日期按信用证要求,一般要早于或与装运期为同一天,要避免倒签提单和预借提单。

(12) 承运人签章。

提单必须由承运人或其代理人签字才有效。若信用证要求手签,也须照办。

(13) 提单签发份数(NO. S OF ORIGINAL B/L)。

信用证方式下按信用证规定,一般都是三份。

(14) 提单号码(B/L NO.)。

在提单右上角,主要是为了便于联系工作和核查。

(15) 其他。

提单上还应注明 ON BOARD 字样,正本要注明 ORIGINAL,有时还要注明货物的交接方式,如 CY-CY,CFS-CY 等等。

四、其他相关单据

(一) 定舱委托书或订舱单

定舱委托书或订舱单(Booking Note)是出口企业在报关前向船方代理申请订舱的一

张单据。该单据一经承运人确认,便作为承、托双方订舱的凭证。主要内容一般包括 SHIPPER,CONSIGNEE,NOTIFY PARTY,货物的数量,唛头,件数,体积,品名,起运港口,目的港口(中转港口),运费支付方式(FREIGHT PREPAID,FREIGHT COLLECT),货物装运方式(是送仓库还是门对门做箱),运输方式(整箱还是拼箱),船期,船公司,货备妥日期等。

订舱委托书一般格式如图4-4所示。

	厦门XX进出口有限公司 XIAMEN ××××××　CO.,LTD.	
公司编号(一般填商业发票的号码)	订舱委托书	日期

1) 发货人(shipper)	4) 信用证号码 5) 开证银行 6) 合同号码 8) 装运口岸	7) 成交金额 9) 目的港
2) 收货人(consignee)	10) 转船运输 12) 信用证效期 14) 运费 16) 公司联系人	11) 分批装运 13) 装船期限 15) 成交条件 17) 电话/传真
3) 通知人(notify)	18) 发票号	19) 运输方式
20) 标记唛码　21) 货号规格　22) 包装件数　23) 毛重　24) 净重　25) 数量 26) 单价　　　27) 总价　　　28) 总件数　　29) 总毛重　30) 总净重　31) 总尺码 32) 总金额　　33) 特殊条款		

图4-4　订舱委托书样本

其填写与B/L基本一致,在此就不再赘述。

(二) 装货单

装货单(Shipping Order,S/O)也称落货纸,是接受了托运人提出装运申请的船公司,签发给托运人的用以命令船长将承运的货物装船的单据。它既能用作装船的依据,又是货主用以向海关办理出口货物申报手续的主要单据之一,所以又叫关单。对于托运人来讲,它是办妥货物托运的证明。对船公司或其代理来讲是通知船方接受装运该批货物的指示文件。S/O也是订舱后的拖柜纸,用这个才能去码头拖到集装箱。而调箱司机带来的叫回箱单,一般都是把回箱单收回复印留底后交给会计,做退税时有用。

一般船公司都有自己的固定格式,但所包含的内容基本一致。

其填写与B/L基本一致,在此就不再赘述。

(三) 提单补料

提单补料(Shipping Instruction,S/I)也称为提单补充资料,就是在装柜后把具体的件、重、尺等订舱时无法提供完整的信息以传真或邮件方式提供给货代,然后货代拿这个补料来做正本提单。如果在规定的时间内(这个时间段货代会提醒你)没提交补料的话,就会有改单费产生。

补料无固定格式,但都包括以下内容:客人资料(shipper,consignee,notify party),柜号,封铅号,毛重,总立方数,唛头,货物描述,总数量,舱单号(S/O NO.)。

一般格式:

提单补料

TO(填承运方的具体经办人):

FM(填托运方的具体经办人):

SHIPPER:

CONSIGNEE:

NOTIFY:

PORT OF LOADING:

PORT OF DELIVERY:

MARKS:

DESCRIPTION:

NO. OF PKGS:

GROSS WEIGHT(KGS):

MEASUREMENT(CBM):

CONTAINER NO.:

SEAL NO.:

S/O NO.:

典型工作任务六 保险单的缮制

一、概述

保险单(Insurance Policy/Certificate)是保险人(承保人)与被保险人(投保人或要保人)之间订立的保险合同的凭证,是当事人索、理赔的依据,在 CIF/CIP 合同中,出口商提交符合规定的保险单据是必不可少的义务。一旦发生保险责任范围内损失,它就是被保险人要求赔偿的法律依据,在国际贸易中,保险单经背书后可以随货物所有权的转移而转让。

其业务做法是投保人根据合同或 L/C 规定向保险机构提出投保要求(以传真等形式发送投保单、发票、货物明细单等),保险机构或其代理同意后出具正式单据,一般为三正两副。除 L/C 另有规定,保险单据一般应做成可转让的形式,以受益人为投保人并由其背书。保险单(大保单)、保险凭证(小保单)、预约保险单(开口保险 Open Cover)、保险批单(Endorsement)和暂保单/承保条(Cover Note/slip)是较常见的种类。

保险合同的当事人有保险人、被保险人、保险经纪人、保险代理人、勘验人、赔付代理人等。

二、格式

货物运输保险单如图4-5所示。

中国平安保险股份有限公司
PING AN INSURANCE COMPANY OF CHINA, LTD.

NO. 1000005959

货物运输保险单
CARGO TRANPORTATION INSURANCE POLICY

被保险人：
Insured：

中国平安保险股份有限公司根据被保险人的要求及其所交付约定的保险费,按照本保险单背面所载条款与下列特款,承保下述货物运输保险,特立本保险单。

This Policy of Insurance witnesses that PING AN INSURANCE COMPANY OF CHINA, LTD., at the request of the Insured and in consideration of the agreed premium paid by the Insured, undertakes to insure the undermentioned goods in transportation subject to the conditions of Policy as per the clauses printed overleaf and other special clauses attached hereon.

保单号   赔款偿付地点
Policy No.   Claim Payable at

发票或提单号
Invoice No. or B/L No.

运输工具   查勘代理人：
per conveyance S.S.   Survey By：

开航日期
Slg. on or abt.

港口   自   至
(Port)   From   To

保险金额
Amount Insured

保费
Premium

保险货物项目、标记、数量及包装：   承保条件：
Description, Marks, Quantity & Packing of Goods：   Conditions：

签单日期：
Date：

                                            For and on behalf of
PING AN INSURANCE COMPANY OF CHINA, LTD.
                                            authorized signature

图4-5 货物运输保险单样本

三、缮制

保险单的填写，具体说明如下：

不同保险公司出具保险单据内容大同小异，多以英国劳合社船货保险单(S.G.Policy)为蓝本。

(1) 被保险人(Insured)。

被保险人(Insured)即保险单的抬头，正常情况下应是 L/C 的受益人；按照习惯，被保险人一栏中填写出口公司的名称。但如 L/C 规定保单为 To order of ××× bank 或 In favor of ××× bank，应填写"受益人名称＋held to order of ××× bank 或 in favor of ××× bank"；如 L/C 要求所有单据以××为抬头人，保单中应照录；如 L/C 要求中性抬头(third party 或 in neutral form)，填写"To whom it may concern"；如要求保单 made out to order and endorsed in blank，填写"受益人名称 to order"；L/C 对保单无特殊规定或只要求"endorsed in blank"或"in assignable/negotiable form"，填受益人名称。

(2) 保险单号(Policy Number)。

由保险公司编制。

(3) 发票或提单号(Invoice No. or B/L No.)。

填写投保货物的商业发票号或提单号。

(4) 运输方面的要求。

开航日期(Date of Commencement)通常填提单上的装运日，也可填"As Per B/L"或"As per Transportation Documents"；起运地(From)、目的地(To)、运输工具(Per Conveyance)的填写与提单上的操作相同。

(5) 保险金额(Amount Insured)。

保险金额是所保险的货物发生损失时保险公司给予的最高赔偿限额，一般按 CIF/CIP 发票金额的 110% 投保；加成如超出 10%，超过部分的保险费由买方承担可以办理，L/C 项下的保单必须符合 L/C 规定，如发票价包含佣金和折扣，应先扣除折扣再加成投保，被保险人不可能获得超过实际损失的赔付，保险金额的大小写应一致，保额尾数通常要"进位取整"或"进一取整"，即不管小数部分数字是多少，一律舍去并在整数部分加"1"。

(6) 保费(Premium)。

通常事先印就"As Arranged"(按约定)字样，除非 L/C 另有规定，两者在保单上可以不具体显示。保险费通常占货价的比例为 1~3 左右，险别不同，费率不一（水渍险的费率约相当于一切险的 1/2，平安险约相当于 1/3；保一切险，欧美等发达国家费率可能是 0.5，亚洲国家是 1.5，非洲国家则会高达 3 以上）。

(7) 保险货物项目(Description of Goods)、唛头(Mark of Goods)、包装及数量(Quantity)。

这些项目应与提单保持一致，即品名与提单的相同，填写货物的总称；数量与提单的相同，填写最大外包装数。

（8）承保险别（Conditions）。

出口公司只需在副本上填写这一栏目的内容。承保险别是保险单的核心内容，填写时应与 L/C 规定的条款、险别等要求严格一致；在 L/C 无规定或只规定"Marine/Fire/Loss Risk""Usual Risk"或"Transport Risk"等，可根据所买卖货物、交易双方、运输路线等情况投保 All Risks、WA 或 WPA、FPA 三种基本险中的任何一种；如 L/C 中规定使用中国保险条款（CIC）、伦敦协会货物条款（ICC）或美国协会货物条款（AICC），应按 L/C 规定投保、填制，所投保的险别除明确险别名称外，还应注明险别适用的文本及日期；某些货物的保单上可能出现 IOP（不考虑损失程度/无免赔率）的规定；目前许多合同或 L/C 都要求在基本险的基础上加保 War Risks 和 SRCC（罢工、暴动、民变险）等附加险；集装箱或甲板货的保单上可能会显示 JWOB（抛弃、浪击落海）险；货物运往偷盗现象严重的地区/港口的保单上频现 TPND（偷窃、提货不着险）。

（9）赔付地点（Claim Payable At/In）。

此栏按合同或 L/C 单据条款中的要求填制。如 L/C 中并未明确，一般将目的港/地作为赔付地点。

（10）日期（Date）。

日期指保单的签发日期。由于保险公司提供仓至仓（W/W）服务，所以出口方应在货物离开本国仓库前办结手续，保单的出单时间应是货物离开出口方仓库前的日期或船舶开航前或运输工具开行前。除另有规定，保单的签发日期必须在运输单据的签发日期之前。

（11）签章（Authorized Signature）。

由保险公司签字或盖章以示保险单正式生效。单据的签发人必须是保险公司/承保人或他们的代理人，在保险经纪人的信笺上出具的保险单据，只要该保险单据是由保险公司或其代理人，或由承保人或其代理人签署的可以接受；UCP 规定除非 L/C 有特别授权，否则银行不接受由保险经纪人签发的暂保单。

（12）保单的背书。

保单的背书分为空白背书（只注明被保险人名称）、记名背书（业务中使用较少）和记名指示背书（在保单背面打上"To Order of ×××"和被保险人的名称）三种。保单做成空白背书意味着被保险人或任何保单持有人在被保货物出险后享有向保险公司或其代理人索赔的权利并得到合理的补偿，做成记名背书则意味着保单的受让人在被保货物出险后享有向保险公司或其代理人索赔的权利。在货物出险时，只有同时掌握提单和保单才能真正掌握货权。

（13）保单的份数。

当 L/C 没有特别说明保单份数时，出口公司一般提交一套完整的保险单；如有具体份数要求，应按规定提交，注意提交单据的正（Original）、副本（Copy）不同要求。

（14）保单的其他规定。

投保及索赔币种以 L/C 规定为准，投保地点一般为装运港/地的名称；如 L/C 或合同对保单有特殊要求，也应在单据的适当位置加以明确。

典型工作任务七　原产地证书的缮制

一、概述

(一) 含义

产地证(Certificate of Origin, CO)是最常用的商检证书,是证明出口货物确系出口国生产、制造或加工的证明文件。其作用在于供出口国海关实行差别关税,采取不同的国别政策,或对某些国家采取控制进口配额的依据。

在进口国与出口国之间订有关税互惠协定时,则必须提交出口国的产地证。这是进口商要求出口商提交产地证的原来目的。但近年来也有为其他目的要求提交产地证的。由出口单位自行填制,然后由贸促会或出入境检验检疫局审核后签发。

在我国,原产地证书可由国家出入境检验检疫局或贸促会签发。

(二) 种类

原产地证书主要分为一般原产地证书和普惠制原产地证书。

一般原产地证书(Certificate of Origin of The Republic of China),简称"C/O原产地证书",又称为"普通产地证书",简称"原产地证"。

(1) 一般产地证是证明本批出口商品的生产或制造符合《中华人民共和国出口货物原产地规则》的一种法律文件,是由商务部统一规定格式并印制。通常用于不使用海关发票或领事发票的国家或地区,以确认对货物征税的税率。

(2) 普惠制原产地证书(Generalized System of Preferences, GSP),普惠制是工业发达国家对来自发展中国家的某些产品,特别是工业制成品和半制成品,给予一种普遍的、非互惠的、非歧视的关税减免优惠制度。向给惠国出口货物,必须申请提供普惠制产地证,作为进口国海关减免关税的依据。

二、缮制

(一) 一般产地证

一般产地证样本如图4-6所示。

1. Exporter	Certificate No.

续 图

2. Consignee	CERTIFICATE OF ORIGIN OF THE PEOPLE'S REPUBLIC OF CHINA			
3. Means of transport and route	5. For certifying authority use only			
4. Country/region of destination				
6. Marks and numbers	7. Number and kind of packages; description of goods	8. H.S code	9. Quantity	10. Number and date of invoices
11. Declaration by the exporter 　　The undersigned hereby declares that the above details and statements are correct; that all the goods were produced in china and that they comply with the rules of origin of the people's republic of china. Place and date, signature and stamp of certifying authority	12. Certification 　　It is hereby certified that the declaration by the exporter is correct. Place and date, signature and stamp of certifying authority			

图 4－6　一般产地证样本

(1) Exporter 出口方。

填注出口商的名称、地址和国别。

(2) Consignee 收货方。

填注进口商的名称、地址和国别。通常是外贸合同中的买方或信用证上规定的提单通知人。要注意与提单中的"consignee"区分开。

(3) Means of transport and route 运输方式和路线。

填写装运港和目的港和运输方式。例如，From XiaMen to HongKong by vessel.

(4) Country/region of destination 目的地国家(地区)。

填写目的地国家(地区)。一般填写最终目的港名称。

(5) For certifying authority use only 签证机构用栏。

一般情况下,该栏不填。

(6) Marks and numbers 唛头。

填写唛头,应与发票上的一致。

(7) Number and kind of packages; description of goods 品名及包装数量。

填写件数(最大外包装数),包装种类与品名。此栏的品名不得用统称,应与商业发票上的品名相一致;包装数量应在阿拉伯数字后加注英文表述。例如,100 箱童装,应填写"ONE HUNDRED(100) CARTONS OF CHILDREN'S GARMENTS"。

填写格式:件数(英文和阿拉伯数字)＋包装＋OF＋品名。

当有多个品名时,还应分别写出。

(8) H.S code 商品编号。

填写 HS 编号,可查表。

(9) Quantity 量值。

填写出口货物的计价数量,有多个商品时还应分别写出。

(10) Number and date of invoices 发票号及日期。

填写申请出口货物的发票号码与日期。关于日期,月份一律用英文表述,如 2021 年 8 月 10 日,应表述为:Aug.10,2021

(11) Declaration by the exporter 出口商申明。

填写出口人名称及声明的时间与地点并签章。

(12) Certification 由签证机构签章。

填写签证人地址、日期,并由签证机构审核后签章。

(二) 普惠制产地证

普惠制产地证样本如图 4-7 所示。

普惠制产地证
ORIGINAL

1. Goods consigned from (Exporter's business name, address, country)	Reference No.: **GENERALIZED SYSTEM OF PREFERENCES** **CERTIFICATE OF ORIGIN** **(Combined declaration and certificate)** **FORM A** **Issued in THE PEOPLE'S REPUBLIC OF CHINA**
2. Goods consigned to (Consignee's name, address, country)	(country) See Notes, overleaf
3. Means of transport and route (as far as known)	4. For official use

5. Item Number	6. Marks and numbers of packages	7. Number and kind of packages; description of goods	8. Origin criterion (see notes overleaf)	9. Gross weight or other quantity	10. Number and date of invoices

11. Certification It is hereby certified, on the basis of control carried out, that the declaration by the exporter is correct. 中华人民共和国 福建出入境检验检疫局 （盖章）	12. Declaration by the exporter The undersigned hereby declares that the above details and statements are correct; that all the goods were produced in .... (country) and that they comply with the origin requirements specified for those goods in the Generalized System of Preferences for goods exported to .... (importing country) XIAMEN JIFA IMPORT & EXPORT CO., LTD
Place and date, signature and stamp of certifying authority	Place and date, signature of authorized signatory

图 4-7 普惠制产地证样本

（1）Goods Consigned from (Exporter's Business Name, Address, Country) 发货人（出口商名称、详细地址和国别）。

按实际情况详细填写，若属信用证项下，应与规定的受益人名称、地址和国别一致。

（2）Goods Consigned to (Consignee's Name, Address, Country) 收货人（收货人名称、详细地址和国别）。

填写实际给惠国的最终目的地收货人名称、详细地址和国别，不得填中间商的名址，而且填写时必须注意：

① 信用证无其他规定时，收货人一般即是开证申请人。

② 若信用证申请人不是实际收货人，而又无法明确实际收货人时，可以以提单的被通知人作为收货人。

③ 如果进口国为欧共体成员国，本栏允许不填。

（3）Means of Transport and Route (as far as known) 运输方式和路线。

要求填列运输工具、起运港和目的地（目的港），应注意与其他单据保持一致；如需中途转运,也应注明。

(4) For Official Use 供官方使用。

即由进出口商检局填注。正常情况下,此栏空白。商检局主要在两种情况下填注:一是后补证书,则加盖"Issued Retrospectively"(后发)的红色印章;二是原证丢失,该证系补签,则此栏要加盖"Duplicate"并声明原证作废。但需注意的是,日本一般不接受后发证书。

(5) Item Number 项目号。

填列商品项目,有几项则填几项。如果只有单项商品,仍要列明项目"1";如果商品品名有多项,则必须按"1、2、3……"分行列出。

(6) Marks and Numbers of Packages 唛头及包装号码。

应注意与发票、提单、保险单等单据保持一致。即使没有唛头,也应注明"N/M",不得留空。

(7) Number and kind of Packages, Description of Goods 包装数量、种类和商品名称。

应填写三项内容:

① 最大包装件数,包括大、小写两种方式。

② 商品名称。最大包装件数与商品名称用"of"连接,如"Forty Seven(47)Cartons of Frozen Prawn"。

③ 使用"＊＊＊"将上述内容的下一行填满,以防伪加其他内容。填写此栏时应注意与发票保持一致。

(8) Origin Criterion (see notes overleaf) 原产地标准。

填写货物原料成分代号,即"P""W""F"等。一般而言,货物完全是本国产品,无进口成分的,填"P";含有进口成分的,填"W";对加拿大出口时,含进口成分占产品出厂价40%以内者,填"F";出口至澳大利亚、新西兰的货物,此栏可留空不填。(具体情况在填列时应仔细参照证书背面注释)

(9) Gross Weight or Other Quantity 毛重或其他数量。

填列实际毛重与提单上毛重保持一致。其他数量是指本栏可加填货物的数量。一般以毛重计量的货物填毛重即可;如果只有净重的,也可以填净重,但必须注明"N.W."

(10) Number and Date of Invoices 发票号码及日期。

按发票上的实际号码及日期填列保持完全一致。日期中月份要求用缩写,不能用阿拉伯数字表示月份,以免混淆。

(11) Certification 签证当局证明。

此栏由签发此证的商检局盖章、授权人手签,并填列出证日期和地点。注意日期不得早于第10栏的发票日期和第12栏的申请日期,也不得晚于提单的装运日期。盖章与手签两者不得重叠。本证书只在正本上签章。

(12) Declaration by the Exporter 出口商声明。

需填列三个项目:① 生产国别;② 进口国别;③ 出口商申请日期、地点及签章。

对欧共体国家出口,信用证明确最终进口国别时,欧洲联盟(European Union),简称欧盟(EU)。

此外,所有正副本证书,出口商都要在此栏盖章、签字(不得重叠),并填上地点和日期(不得早于发票日期)。

典型工作任务八　附属单据的缮制

一、受益人证明

受益人证明(Beneficiary's Certificate)是一种由受益人自己出具的证明,以便证明自己履行了信用证规定的任务或证明自己按信用证的要求办事,如证明按要求寄单、证明所交货物的品质、证明运输包装的处理等。一般无固定格式,内容多种多样,以英文制作,通常签发一份。

"证明按要求寄单"是最常见的一种,通常是受益人根据信用证规定,在货物装运前后一定时期内,邮寄/传真/快递给收件人全套或部分副本单据,并将证明随附其他单据提交银行议付。

例如,信用证做出规定,受益人需要证明按要求寄单。

CERTIFICATE FROM THE BENEFICIARY STATING THAT ONE COPY OF THE DOCUMENTS CALLED FOR UNDER THE LC HAS BEEN DISPATCHED BY COURIER SERVICE DIRECT TO THE APPLICANT WITHIN 3 DAYS AFTER SHIPMENT.

(一)缮制受益人证明的注意事项

(1)单据名称。这种单据的名称因所证明事项不同而略异,可能是寄单证明、寄样证明(船样、样卡和码样等)、取样证明、证明货物产地、品质、唛头、包装和标签情况、电抄形式的装运通知、证明产品生产过程、证明商品业已检验、环保人权方面的证明(非童工、非狱工制造)等。

(2)证明上通常会显示发票号、合同号或信用证号以表明与其他单据的关系。

(3)证明的内容应严格与合同或信用证规定相符。

(4)因属于证明性质,按有关规定证明人(受益人)必须签字。

(5)单据一般都应在规定的时间内做出,不能迟于信用证规定的日期,一般可与提单日相同。

(6)一般的行文规则是以信用证所提要求为准直接照搬照抄;但有时也需要灵活,做出必要的修改。

例如,信用证规定"BENEFICIARY'S CERTIFICATE EVIDENCING THAT TWO COPIES OF NON-NEGOTIABLE B/L WILL BE DESPATCHED TO APPLICANT WITHIN TWO DAYS AFTER SHIPMENT",在具体制作单据时应将要求

里的"WILL BE DESPATCHED"改为"HAVE BEEN DESPATCHED";再比如对"BENEFICIARY'S CERTIFICATE STATING THAT CERTIFICATE OF MANUFACTURING PROCESS AND OF INGREDIENTS ISSUED BY ABC CO SHOULD BE SENT TO SUMITOMO CORP"的要求,"SHOULD BE SENT"最好改为"HAD/HAS BEEN SENT"。

(二)主要内容

受益人证明书无固定的格式,但都包括以下内容:

(1) 受益人名称和地址(Name and address of beneficiary)。
(2) 单据名称(Name):Beneficiary's certificate/ statement。
(3) 发票号码(Invoice No.)。
(4) 信用证号码(L/C No.)。
(5) 出证日期(Issuing Date)。
(6) 证明内容(Contents):此项可以参考 L/C 中的单据条款。

常用的句型:"We hereby certify that+所需证明的内容(源于 L/C 单据条款中关于受益人证明书的内容要求)"。

(7) 受益人名称及负责人签字(Name& signature)。

受益人证明样本如图 4-8 所示。

样单:

厦门轻工进出口有限公司
XIAMEN ×××××× CO., LTD.
No._____ , XiaMen City, FuJian Province, P. R. China
Tel:+86—592—*******　　　　Fax:+86—592—*******

Beneficiary's certificate

　　　　　　　　　　　　　　　　　　　　　　　Date:Aug.24th, 2006

Invoice No.:EQQOW2284　　　　　　　　　　　L/C No.TR7456G9C

To whom it may concern:敬启者:
　　We hereby certify that all drums are neutral packing;No Chinese words or any hints to show the products made in China.

　　　　　　　　　　　　　　　　　　　　　　　　　　　　　　Signature

图 4-8　受益人证明样本

二、电放保函

一般正常的情况下,货物到港后,收货人要凭发货人寄给他的正本提单去提货,而有的时候船到港的时间比邮寄提单的时间短,寄提单就来不及或有其他原因需电放的,这时就需要发货人出一份放单保函,让船公司在要求的港口放单,一切责任由发货人自己负责。

在讲述电放保函之前,我们先来了解一下什么是电放。

电放[Telex Release(TLX RLS)或 Surrender],即托运人(发货人)将货物装船后将承运人(或其代理人)所签发的全套正本提单交回承运人(或其代理人),同时指定收货人(非记名提单的情况下);承运人授权(通常是以电传、电报等通信方式通知)其在卸货港的代理人,在收货人不出具正本提单(已收回)的情况下交付货物的一种方式。这是在客户着急提货的情况下的一种处理方法。那么电放保函(Letter of Guarantee,L/G)就是在承运人做完电放之后所发生的一切责任和费用由发货人自己负责的书面保证文件。只有在发货人向承运出示电放保函后,承运人才会执行电放动作。

(一) 样式

电放保函

致:(承运人)

就以下所述货物:
VSL(船名):_____ VOY(航次):_____ B/L NO.:_____
POL(装运港):_____
POD(卸货港):_____
SHIPPER(发货人):_____
CNEE (OR RCVR)(收货人):_____
DESCRIPTION OF GOODS(品名):

我司在此向贵司呈交该货物的全套正本提单,保证提单的背书全部连续有效,并申请贵司无正本提单放货给以上收货人,我将承担无正本提单放货产生的一切风险、责任和损失,包括但不限于:

(1) 赔偿并承担贵公司以及贵公司雇员或代理因此遭受的一切损失和承担的一切责任。

(2) 如贵公司因此被卷入诉讼、仲裁或者其他司法程序,我司负责提供充分、及时的法律费用,其中包括律师费、司法费用、差旅费以及其他相关费用。

(3) 如贵公司的船舶或者其他财产因此遭受扣押、滞留、查封、冻结或类似行为,或者受到此种威胁,我司保证及时为贵公司提供所需的担保金或者其他形式的有效担保,以保障贵公司的权益不受损害;此外,不论前述扣押、滞留等行为是否合理,我司都保证承担贵公司因此遭受的任何损失及相关费用。

(4) 我司在收到贵公司的损失及费用清单后 30 天内,保证向贵司偿清所有损失和费用。

(5) 本保函应根据中国有关法律进行解释,任何与本保函有关的纠纷均应提交中华人民共和国有管辖权的海事法院解决。

发货人签字(公司盖章):_____
日期(DATE):_____年_____月_____日
发货人(SHIPPER):_____
电话(TEL):_____ 传真(FAX):_____

(二) 填写

电放保函无固定的格式,但所包括内容的大致相同。"电放"保函的内容除了受托人(××船公司)、船名、航次、提单号、装卸港外,主要应明确"We herewith surrender the full set of OB/L for this cargo with firm guarantee that the endorsement(s) on the B/L is all continuously valid and you are kindly requested to release this cargo to a/m cnee. All risks, losses and liabilities in connection with the releasing or arising thereafter will be borne by us. Any dispute arising out to maritime arbitration in accordance with the existing arbitration rules of the commission. The arbitration award shall be final and binding upon the parties"等类似的责任语句。

要特别注意的是：最好是在确定客户的信誉度良好，或在公司领导层的指示下去做。不然，万一发生事情会是很严重的，因为电放后的风险是由发货人自己承担的。

关于电放保函的填写，可以参照提单里的内容。只需从提单中把相关的内容对号入座填入保函中相应的栏目即可。

三、装船通知

装船通知（Shipping Advice）也叫装运通知，主要指的是出口商在货物装船后发给进口方的包括货物详细装运情况的通知，其目的在于让进口商做好筹措资金、付款和接货的准备；如成交条件为 FOB/FCA、CFR/CPT 等，还需要向进口国保险公司发出该通知以便其为进口商办理货物保险手续。出口装船通知应按合同或信用证规定的时间发出，该通知副本（Copy of Telex/Fax）常作为向银行交单议付的单据之一。在进口方派船接货的交易条件下，进口商为了使船、货衔接得当也会向出口方发出有关通知。通知以英文制作，无统一格式，内容一定要符合信用证的规定，一般只提供一份。

（一）装船通知的主要内容及其缮制

（1）单据名称。主要体现为：Shipping/Shipment Advice，Advice of Shipment 等，也有人将其称为 Shipping Statement/Declaration，如信用证有具体要求，从其规定。

（2）通知对象。应按信用证规定，具体讲可以是开证申请人、申请人的指定人或保险公司等。

（3）通知内容。主要包括所发运货物的合同号或信用证号、品名、数量、金额、运输工具名称、开航日期、启运地和目的地、提运单号码、运输标志等，并且与其他相关单据保持一致，如信用证提出具体项目要求，应严格按规定出单。此外通知中还可能出现包装说明、ETD（船舶预离港时间）、ETA（船舶预抵港时间）、ETC（预计开始装船时间）等内容。

（4）制作和发出日期。日期不能超过信用证约定的时间，常见的有以小时为准（Within 24/48 hours）和以天（Within 2 Days after Shipment Date）为准两种情形。信用证没有规定时应在装船后立即发出，如信用证规定"Immediately after shipment"（装船后立即通知），应在提单后三天之内发出。

（5）签署。一般可以不签署，如信用证要求"certified copy of shipping advice"，通常加盖受益人条形章。

（二）缮制装船通知应注意的事项

（1）CFR/CPT 交易条件下拍发装运通知的必要性。因货物运输和保险分别由不同的当事人操作,所以受益人有义务向申请人对货物装运情况给予及时、充分的通知,以便进口商保险,否则如漏发通知,则货物越过船舷后的风险仍由受益人承担。

(2)通知应按规定的方式、时间、内容、份数发出。

(3)几个近似概念的区别。Shipping Advice(装运通知)是由出口商(受益人)发给进口商(申请人)的;Shipping Instructions 意思是"装运须知",一般是进口商发给出口商的;Shipping Note/ Bill 指装货通知单/船货清单;Shipping Order 简称 S/O,含义是装货单/关单/下货纸(是海关放行和命令船方在单据上载明的货物装船的文件)。

装船通知样本如图4-9所示。

格式:

厦门轻工进出口有限公司

XIAMEN ××××× CO., LTD.

No._____, XiaMen City, FuJian Province, P. R. China

Tel:+86—592—*******   Fax:+86—592—*******

To(填写客人名称):

From(填写卖方经办人姓名):

Shipping Advice

Date:

L/C No._____

Contract No. _____

Commodity _____

Packing _____

Quantity _____

Gross weight _____

Net weight _____

Total value _____

Shipping Marks _____

Please be informed that these goods have been shipped from ××× to ××× with MV ×××

Shipment date

B/L No.

Beneficiary's signature

图4-9 装船通知样本

操 作 训 练

请根据下列资料制作相关单据。

SEQUENCE OF TOTAL   *27:1/1

FORM OF DOC. CREDIT   *40A:IRREVOCABLE

DOC. CREDIT NUMBER	*20: DC LDI300954
DATE OF ISSUE	31C: 220624
EXPIRY	*31D: DATE 220915 PLACE IN COUNTRY OF BENEFICIARY
ISSUING BANK *LONDON	51D: HSBC BANK PLC
APPLICANT	*50: VIRSONS LIMITED

23 COSGROVE WAY
LUTON, BEDFORDSHIRE
LU1 1XL, U.K.

BENEFICIARY	*59: HANGZHOU WANSHILI IMP. & EXP. CO., LTD.

309 JICHANG ROAD,
HANGZHOU,
CHINA

AMOUNT	*32B: CURRENCY USD AMOUNT 74,150.00
AVAILABLE WITH/BY BY NEGOTIATION	*41D: BANK OF CHINA, ZHEJIANG BRANCH
DRAFT AT...	42C: AT SIGHT
DRAWEE	*42D: *DROWN ON OURSELVES FOR FULL INVOICE VALUE
PARTIAL SHIPMENT	43P: ALLOWED
TRANSSHIPMENT	43T: NOT ALLOWED
LOADING IN CHARGE	44A: CHINA
FOR TRANSPORT TO....	44B: FELIXSTOWE PORT
LATEST DATE OF SHIP.	44C: 220831
DESCRIPT. OF GOODS	45A:

CUSHION COVERS AND RUGS AS PER VIRSONS ORDER NO. RAP-599/2009.

CIF FELIXSTOWE PORT

DOCUMENTS REQUIRED 46A:

　　+ ORIGINAL SIGNED INVOICE PLUS THREE COPIES.

　　+ FULL SET OF ORIGINAL CLEAN ON BOARD MARINE BILL OF LADING MADE OUT TO ORDER OF SHIPPER AND BLANK ENDORSED, MARKED FREIGHT PREPAID AND NOTIFY APPLICANT QUOTING FULL NAME AND ADDRESS.

　　　　　　　　　　　　　+ORIGINAL PACKING LIST PLUS THREE COPIES INDICATING DETAILED PACKING OF EACH CARTON.
　　　　　　　　　　　　　+MARINE INSURANCE POLICY FOR 110PCT OF INVOICE VALUE, BLANK ENDORSED, COVERING ALL RISKS AND WAR RISK, CLAIMS PAYABLE AT DESTINATION.
　　　　　　　　　　　　　+ORIGINAL CERTIFICATE OF ORIGIN PLUS ONE COPY ISSUED BY CHAMBER OF COMMERCE.
ADDITIONAL COND.　　　47A：+UNLESS OTHERWISE EXPRESSLY STATE, ALL DOCUMENTS MUST BE IN ENGLISH.
　　　　　　　　　　　　　+VIRSONS ORDER NUMBER MUST BE QUOTED ON ALL DOCUMENTS.
　　　　　　　　　　　　　+EXCEPT SO FAR AS OTHERWISE EXPRESSLY STATE, THIS DOCUMENTARY CREDIT IS SUBJECT TO UNIFORM CUSTOMS AND PRACTICE FOR DOCUMENTARY CREDIT ICC PUBLICATION NO.600.
　　　　　　　　　　　　　+ALL BANK CHARGES IN CONNECTION WITH THIS DOCUMENTARY CREDIT EXCEPT ISSUING BANK'S OPENING COMMISSION AND TRANSMISSION COSTS ARE FOR THE BENEFICIARY'S A/C.
　　PRESENTATION PERIOD 48：WITHIN 15 DAYS AFTER THE DATE OF SHIPMENT BUT WITHIN THE VALIDITY OF THE CREDIT.
　　CONFIRMATION　　　　*49：WITHOUT
　　INSTRUCTION　　　　　78：ON RECEIPT OF DOCUMENTS CONFIRMING TO THE TERMS OF THIS DOCUMENTARY CREDIT, WE UNDERTAKE TO REIMBURSE YOU IN THE CURRENCY OF THE CREDIT IN ACCORDANCE WITH YOUR INSTRUCTIONS, WHICH SHOULD INCLUDE YOUR UID NUMBER AND THE ABA CODE OF THE RECEIVING BANK.

有关资料：
提单号码：SD1750416270　　　提单日期：2022年8月31日
集装箱号码：TGHU4693235　　集装箱封号：29733851x40'FCL，CY/CY
船名：HAN JIANG HE　　　　　航次：V.331E
装运港：SHANGHAI
CUSHION COVER：坐垫套，H. S. CODE（税则号）：6 304.939 0
规格：45 cm×45 cm
数量：20 000个，USD 2.20/个，100 PCS/箱，纸箱尺码：50 cm×40 cm×40 cm
毛重：22 KGS/箱，净重：20 KGS/箱。

唛头：

VIRSONS

RAP-599/2009

FELIXSTOWE

NO. 1-200

RUG：挂毯，H. S. CODE(税则号)：5 803.001 0

规格：149 cm×139 cm，

数量：4 500个，USD6.70/个，30 pcs/箱，纸箱尺码：150 cm×15 cm×140 cm

毛重：20 KGS/箱， 净重：18 KGS/箱

唛头：

VIRSONS

RAP-599/2009

FELIXSTOWE

NO.201-350

模块五 关检融合与单一窗口

典型工作任务	1. 关检融合的认知。 2. 关检融合、统一申报业务准备。 3. 关检融合、单一窗口报关单的填制
主要学习目标	1. 理解关检融合和单一窗口的概念。 2. 掌握"整合申报项目"的主要内容和单一窗口系统功能与操作
工作操作技能	能够根据业务资料,正确使用"单一窗口"系统

典型工作任务一 关检融合的认知

一、关检融合介绍

为了认真贯彻执行党中央国务院下发的《有关深化党和国家机构改革方案》,海关总署制定了《全国通关一体化关检业务全面融合框架方案》,明确了海关、原国检申报系统及数据合并整合,目标做到五个统一:申报统一、系统统一、风控统一、指令下达统一、现场执法统一,并于2018年8月1日实施。拓宽申报前监管,出口申报由信息化系统自动核对出口检验检疫电子底账数据,取消"入境/出境货物通关单""入境/出境货物报检单",实现单证统一、代码规范、申报系统整合,是关检业务深度融合的重要一步。中国国际贸易单一窗口全面支持关检融合变化。

二、"整合申报项目"主要内容

关检业务融合方案明确决定整合申报项目。整合申报项目主要是对海关原报关单申报项目和检验检疫原报检单申报项目进行梳理,报关报检面向企业端整合形成"四个一",即"一张报关单、一套随附单证、一组参数代码、一个申报系统"。同步编写并对外发布《进出口货物报关单填制规范》(2018年60号)、《进出口货物报关单和进出境货物备案清单格式》(2018年61号)、《进出口货物报关单申报电子报文格式》(2018年67号)等公告。

(一)整合原报关、报检申报数据项

在前期征求各部委、报关协会、部分报关企业的基础上,按照"依法依规、去繁就简"原则,对海关原报关单和检验检疫原报检单申报项目进行梳理整合,通过合并共有项、删除极少使用项,将原报关、报检单合计 229 个货物申报数据项精简到 105 个,大幅减少企业申报项目。

(二) 原报关报检单整合形成为一张报关单

整合后的新版报关单以原报关单 48 个项目为基础,增加部分原报检内容,形成了具有 56 个项目的新报关单打印格式。此次整合对进口、出口货物报关单和进境、出境货物备案清单布局结构进行优化,版式由竖版改为横版,与国际推荐的报关单样式更加接近,纸质单证全部采用普通打印方式,取消套打,不再印制空白格式单证。修改后的进口、出口货物报关单和进境、出境货物备案清单格式自 2018 年 8 月 1 日起启用,原报关单、备案清单同时废止,原入境、出境货物报检单同时停止使用。

(三) 原报关报检单据单证整合为一套随附单证

整合简化申报随附单证,对企业原报关、报检所需随附单证进行梳理,整理随附单证类别代码及申报要求,整合原报关、报检重复提交的随附单据和相关单证,形成统一的随附单证申报规范。

(四) 原报关报检参数整合为一组参数代码

对原报关、报检项目涉及的参数代码进行梳理,参照国际标准,实现现有参数代码的标准化。梳理整合后,统一了 8 个原报关、报检共有项的代码,包括国别(地区)代码、港口代码、币制代码、运输方式代码、监管方式代码、计量单位代码、包装种类代码、集装箱规格代码等。具体参数代码详见:海关总署门户网站→在线服务→通关参数→关检融合部分通关参数查询及下载。

(五) 原报关报检申报系统整合为一个申报系统

在申报项目整合的基础上,将原报关报检的申报系统进行整合,形成一个统一的申报系统。用户由"互联网+海关"、国际贸易"单一窗口"接入。新系统按照整合申报内容对原有报关、报检的申报数据项、参数、随附单据等都进行了调整。

三、整合原则

全面贯彻中央关于深化党和国家机构改革的部署,按照在全国通关一体化框架下实现关检业务全面融合的要求,遵循全面融合与平稳过渡相结合、强化监管与简化手续相结合、维护安全与促进便利相结合、防范风险与提升获得感相结合的原则,在企业申报环节以流程整合优化为主线,以信息系统一体化为支撑,以便利企业为目的进一步精简申报项目,参照国际标准,尊重惯例,实现单证统一、代码规范、申报系统整合。

典型工作任务二　关检融合、统一申报业务准备

一、"单一窗口"的概念

单一窗口(Single Window、Sole Window),简单介绍就是贸易商能够通过一个入

口,向各相关政府机构,提交货物进出口或转运所需要的单证或电子数据。如果按照联合国贸易便利化和电子业务中心33号建议书做出的解释,单一窗口大概是这样一个概念:它是指参与国际贸易和运输的各方,通过单一的平台提交标准化的信息和单证以满足相关法律法规及管理的要求。

二、"单一窗口"系统

(一)业务准备——用户(注册)管理

进入"单一窗口"标准版门户网站(https://www.singlewindow.cn),在页面右上角点击"注册"字样。"单一窗口"用户注册包括创建用户名/密码,企业/操作员基本资料、手机号码等。

企业用户注册如图5-1～图5-3所示。

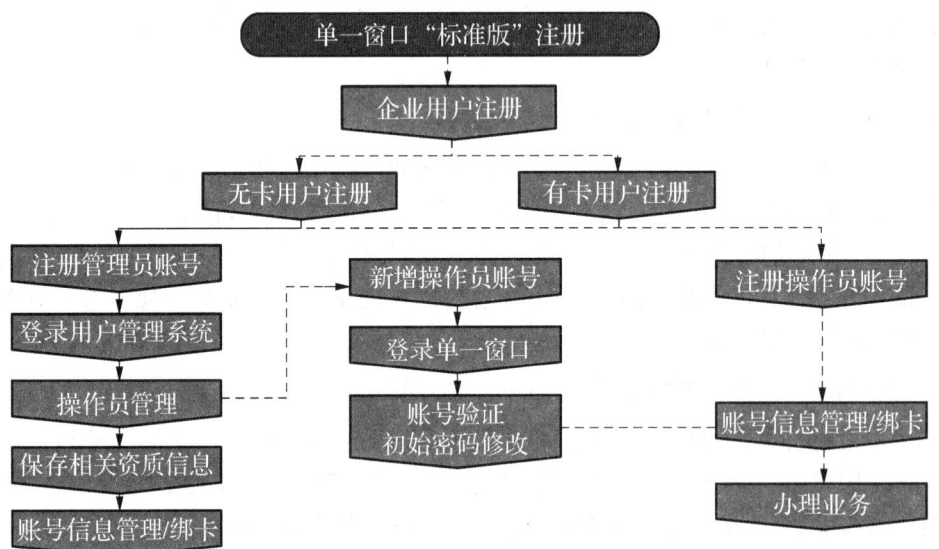

图5-1 单一窗口"标准版"注册流程

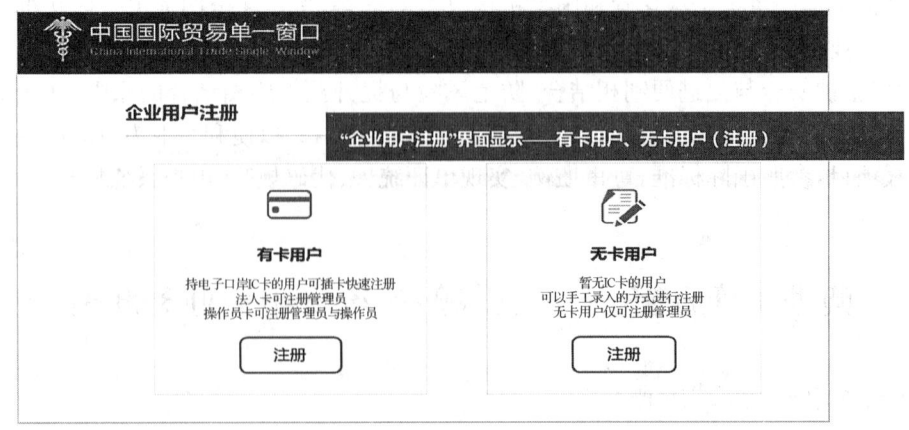

图5-2 "企业用户注册"界面

图 5-3 有卡用户注册

管理员账号注册如图 5-4 所示。

图 5-4 管理员账号注册

然后点击"新增无卡操作员",如图5-5所示。

图5-5 新增无卡操作员

(二) 业务准备——企业资质

企业处理方式:新企业一次注册报关报检备案,存量单一资质企业补全资质备案,如图5-6所示。(法律依据:海关总署2018年第28号)

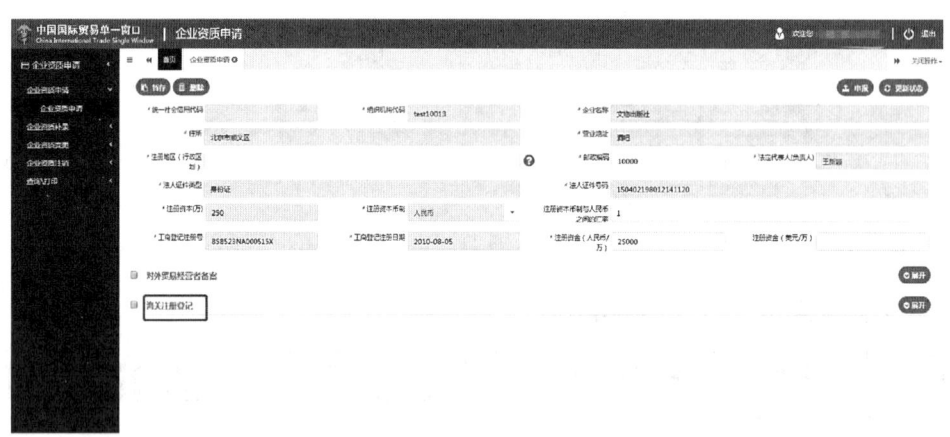

图5-6 企业资质申请

(三) 业务准备——办理卡介质

电子口岸卡类型有法人卡和操作员卡两种。

法人卡:用于对本企业操作员卡操作业务权限的管理,必须由企业法人或者指定的代理人亲自领取,指定专人妥善保管并明确规定使用管理制度。

操作员卡:用于证明使用人的身份和进行数字签名,其持有者经法人卡申请和主管部门批准后,可以在中国电子口岸执法系统进行具体业务(见图5-7)。

图 5-7

(四) 业务准备——新报关单的两种进入方式

从"单一窗口"标准版门户网站(https://www.singlewindow.cn)进入登录界面(见图 5-8),也可通过"互联网+海关"门户(http://online.customs.gov.cn/)选择"进出口货物申报"(见图 5-9)。

图 5-8 标准版门户网站登录

图 5-9 进出口货物申报

典型工作任务三 关检融合、单一窗口报关单的填制

一、填制基本要求

申报人在填写报关单时,应当依法向海关申报,并对申报内容的真实性、准确性、完整性和规范性承担相应的法律责任。

二、检验检疫主动触发申报栏目

当进出口货物检验属于实施检验检疫的进出境商品目录内货物和其他按照有关法律、法规须实施检验检疫的情况时,系统会自动触发以下(18项)检验检疫申报栏目。

(1) 检验检疫受理机关。

填报提交报关单和随附单据的检验检疫机关。

(2) 企业资质类别及编号。

选择填报货物的生产商/进出口商/代理商必须取得的资质类别。

(3) 领证机关。

填报领取证单的检验检疫机关。

(4) 口岸检验检疫机关。

填报口岸检验检疫机关。

入境:入境第一口岸所在地检疫机关。运往陆港或入境转关货物,选择陆港或指运地对应的机关。

出境:离境口岸的检疫机关。运往陆港或出境转关货物,选择陆港或启运地对应的机关。

(5) 启运日期。

装载入境货物的运输工具离开启运口岸的日期。

(6) B/L号。

填报入境货物的承运人开出的提单/运单号的总单号或直单号。项目不得为空,如空时系统自动提取提运单号返填。

(7) 目的地检验检疫机关。

填报的相应检验检疫机关的名称及代码,需要在目的地实施检验检疫的,填报对应的检验检疫机关。

(8) 关联号码及理由。

若货物不涉及检验检疫,免填报。若有关联报关单时,在本栏目中填报关联报关单号码,并在下拉菜单中选择关联报关单的关联理由。

(9) 使用单位联系人及使用单位联系电话。

本栏目为选填项目。填报进境涉检货物销售、使用单位联系人名字和电话。

(10) 原箱运输。

本栏目为选填项目。申报使用集装箱的涉检货物根据是否是原集装箱运输勾选是或否。

(11) 特殊业务标志。

本栏目为选填项目。属于国际赛事等特殊业务,报关人员根据实际情况勾选。

(12) 所需单证。

本栏目为选填项目。根据相关需要,勾选需要检疫部门出具的检疫单证类型。

(13) 检验检疫签证申报要素。

报关人员在确认境内收发货人名称(外文)、境外收发货人名称(中文)、境外收发货人地址、卸毕日期和商品英文名称后,根据现行相关规定和实际需要,勾选申请单证类型,确认申请单证正本数和申请单证副本数后保存数据。

(14) 检验检疫货物规格。

申请检验检疫商品时,在检验检疫货物规格项下,填报"成分/原料/组分""产品有效期""产品保质期""境外生产企业""货物规格""货物型号""货物品牌""生产日期""生产批次"和"生产单位代码"等栏目。

(15) 产品资质。

对国家实施进出口许可/审批/备案等管理的进出境货物,填写本项货物必须取得的许可/审批/备案名称、编号,需要核销的须填写核销货物序号、核销数量、核销数量单位。

(16) 货物属性。

根据进出口货物的商品编码和货物的实际情况,按照海关规定的货物属性代码表,在本栏目下拉菜单中勾选货物属性的对应代码,有多种属性的要同时选择。

(17) 用途。

根据进出境货物的使用范围或目的,按照海关规定的货物用途代码表在本栏目下拉菜单中填报。

(18) 危险货物信息。

危险货物信息申报项目为项目组。申报商品编号涉及危险品时为必填。危险货物按照系统提示填写 UN 编码、危险货物名称、危包类别及包装规格。

三、进出口报关单界面

单一窗口报关单按照"依法依规、去繁就简"的原则,进行优化整合。各部分内容如图 5-10~图 5-13 所示。

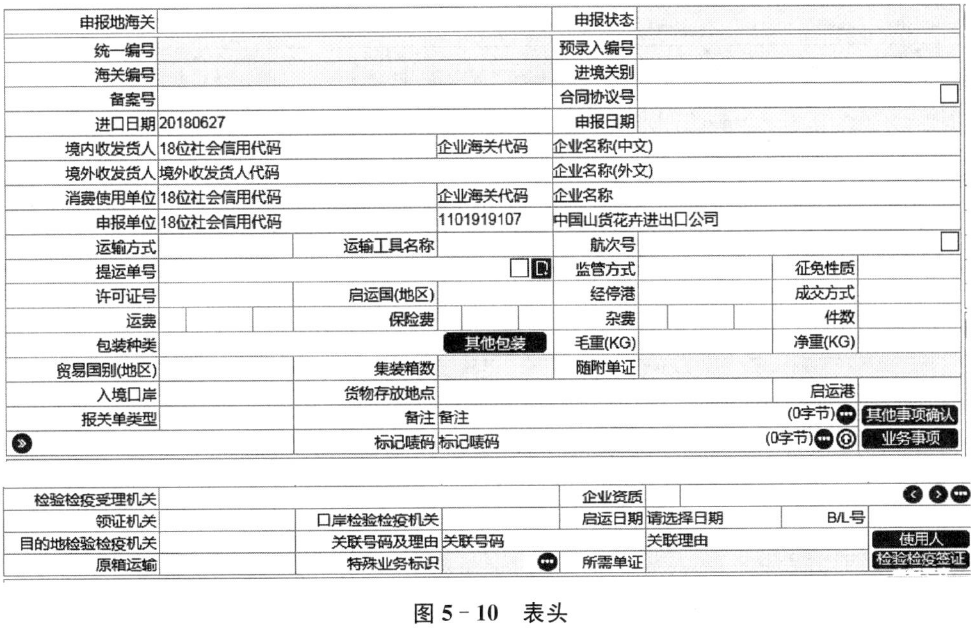

图 5-10 表头

项号		备案序号		商品编号	8536909000		检验检疫编码	999	
商品名称	连接头			规格型号					
成交数量	1200	成交计量单位	个	单价	0.0833	总价 100		币制	美元
法定第一数量	20	法定第一计量单位		加工成品单耗版本号		货号		最终目的国(地区)	中国
法定第二数量		法定第二计量单位		原产国(地区)				原产地区	
		境内目的地	大连大窑湾保税区		目的地代码			征免方式	照章征税

项号	1	备案序号		商品编号			检验检疫编码		
商品名称				规格型号					
成交数量		成交计量单位		单价		总价		币制	
法定第一数量		法定第一计量单位		加工成品单耗版本号		货号		最终目的国(地区)	中国
法定第二数量		法定第二计量单位		原产国(地区)				原产地区	
		境内目的地	境内目的地代码		目的地代码			征免方式	
检验检疫货物规格								产品资质	
		货物属性				用途		危险货物信息	

图 5-11 表体

集装箱号	
集装箱规格	
拼箱标识	
商品项号关系	
集装箱货重(KG)	

图 5-12 集装箱表体

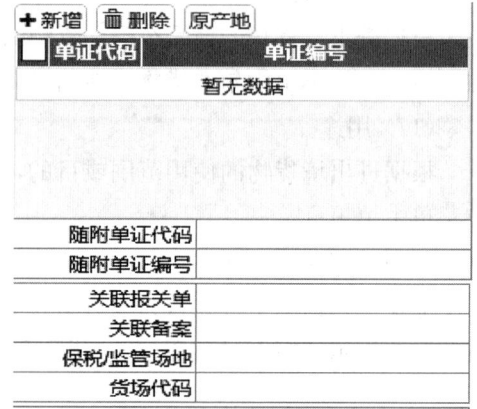

图 5-13 随附单证

中国海关出口货物报关单样本,如图 5-14 所示。

出口货物报关单

预录入编号:	020000032		海关编号:					页码/页数:	
境内发货人	澳大利亚爱美嘉进出口贸易有限公司 91332001001249290		出境关别 墨尔本海关		出口日期 2018-08-20		申报日期 2018-08-20	备案号	
境外收货人	Brian Trading Company		运输方式 江海运输		运输工具名称及航次号 TBA 002T		提运单号		
生产销售单位	澳大利亚爱美嘉进出口贸易有限公司 91332001001249290		监管方式 一般贸易(0110)		征免性质 一般征税(101)		许可证号		
合同协议号 0001			贸易国(地区) 巴西(410)		运抵国(地区) 巴西(410)		指运港 里约热内卢(2762)	离境口岸 墨尔本(3242)	
包装种类 纸箱			件数 1000	毛重(千克) 22440	净重(千克) 20400	成交方式 CIF	运费 [502]/[1577]/[3	保费] [601]/[140.3]/[3]	杂费 [ ]/[ ]/[ ]
随附单据及编码									
标记唛码及备注	BRIANCO 0001 Rio De Janero 1/1000								

项号	商品编号	商品名称及规格型号	数量及单位	单价	总价	币制	原产国(地区)	最终目的国(地区)	境内货源地	征免
1	2008991000	荔枝罐头 每箱24听,每听850克	1000 箱	15	15000	美元(502)	澳大利亚(601)	巴西(410)	墨尔本(3242)	照章征税

报关人员		报关人员证号	电话	兹申明以上内容担如实申报、依法纳税之法律责任	海关批注及签章
申报单位	澳大利亚爱美嘉进出口贸易有限公司 91332001001249290			申报单位(签章)	

图 5-14 中国海关出口货物报关单样本

四、主要项目填制规范

(1) 预录入编号：预录入单位预录入报关单的编号，用于申报单位与海关之间引用其申报后尚未接受申报的报关单。

注意：一份报关单对应一个预录入编号，由系统自动生成。

(2) 海关编号：海关编号指海关接受申报时给予报关单的编号。

海关编号应标示在报关单的每一联上。一份报关单对应一个海关编号(18位)

例如，5302 2019 0 029886456。

罗湖海关2019年出口报关单第029886456号。

(3) 境内发货人：填报在海关备案的对外签订并执行进出口贸易合同的中国境内法人、其他组织名称及编码。

注意：可填报18位法人和其他组织统一社会信用代码，没有统一社会信用代码的，填报其在海关的备案编码。

境内发货人栏目分为四格：18位社会信用代码、10位海关编码、10位检疫编码、企业名称(中文)，报关人员可以录入以上任一信息。

(4) 进境关别/出境关别：填报货物实际进/出我国关境口岸的海关名称及代码。

注意：本栏目应根据货物实际进出境的口岸海关，填报海关规定的《关区代码表》中相应口岸海关的名称及代码。

(5) 进/出口日期：以海关接受申报的日期为准。

进口日期：填报运载进口货物的运输工具申报进境的日期。

出口日期：填报运载出口货物的运输工具办结出境手续的日期，供海关签发打印报关单证明联用，申报时免予填报。

无实际进出境：填报海关接受申报的日期。

本栏目为8位数字，顺序为年(4位)、月(2位)、日(2位)。

(6) 申报日期：海关接受进出口货物收发货人、报关企业申报数据的日期。

电子数据申报：海关计算机系统接受申报数据时记录的日期。

纸质方式申报：海关接受纸质报关单并对报关单进行登记处理的日期。

申报日期为8位数字：年(4位)、月(2位)、日(2位)。

(7) 备案号：填报进出口货物收发货人在海关办理加工贸易合同备案或征、减、免税备案审批等手续时，海关核发的《加工贸易手册》《征免税证明》或其他备案审批文件的编号。

注意：一份报关单只允许填报一个备案号。

(8) 境外收发货人。

境外收货人：签订并执行出口贸易合同中的买方或合同指定的收货人。

境外发货人：签订并执行进口贸易合同中的卖方。

分两栏录入：企业名称(外文)、境外收发货人代码。

在"企业名称(外文)"中录入英文全称，在"境外收发货人代码"中录入国家(地区)

代码+海关编码。如果境外收发货人不是 AEO 认证企业或其所在国未与中国海关 AEO 互认,可以为空。

(9) 运输方式。

运输方式包括实际运输方式和海关规定的特殊运输方式。

实际运输方式指货物实际进出境的运输方式,按所使用的运输工具分类;特殊运输方式指货物无实际进出境的运输方式,按货物在境内的流向分类。

本栏目根据货物实际进出境的运输方式或货物在境内流向的类别,按照海关规定的《运输方式代码表》选择填报相应的运输方式。

(10) 运输工具名称及般次号:填报载运货物进出境的运输工具的名称或运输工具编号及航次号。

分"运输工具名称"与"航次号"两个栏目,需要分开录入。所填报的内容应该与舱单系统中的进出境运输工具信息一致。

(11) 提运单号:填报进出口货物提单或运单的编号。

该编号必须与运输部门向海关提供的载货清单所列内容相一致(包括数码、英文大小写、符号、空格等)。填报内容应与运输部门向海关申报的载货清单所列相应内容一致。一份报关单只允许填报一个提运单号,一票货物对应多个提运单时,应分单填报。

(12) 货物存入地点:填报货物进境后存放的场所或地点。

地点场所包括海关监管作业场所、分拨仓库、定点加工厂、隔离检疫场、企业自有仓库等。

(13) 消费使用单位/生产销售单位。

填报已知的进口货物在境内的最终消费使用单位/生产销售单位的名称,包括自行进口货物的单位和委托进出口企业进口货物的单位。

该栏目分为三个:18 位社会信用代码、10 位海关编码、10 位检验检疫码,报关人员录入以上任一种信息,系统可以识别并补全另外两项信息。

(14) 监管方式。

监管方式是以国际贸易中进出口货物的交易方式为基础,结合海关对进出口货物的征税、统计及监管条件综合设定的海关对进出口货物的管理方式。代码由 4 位数字构成:1~2 位按照海关监管要求和计算机管理需要划分的分类代码,3~4 位参照国际标准编制的贸易方式代码。

本栏根据实际对外贸易情况按海关规定的"监管方式代码表"选择填。

注意:一份报关单只允许填报一种监管方式。

(15) 征免性质。它是是海关对进出口货物实施征、减、免税管理的性质类别。

填报方式:根据实际情况按海关规定的《征免性质代码表》选填。

持有海关核发《征免税证明》的,按照《征免税证明》中批注的征免性质填报。加工贸易货物报关单,按照加工贸易手册中批注的征免性质简称及代码填报。

特殊情况填报要求如下：
① 加工贸易转内销货物：按实际情况填报（如一般征税、科教用品、其他法定等）。
② 料件退运出口、成品退运进口货物：填"其他法定"（代码299）。
③ 加工贸易结转货物，免予填报。

（16）许可证号。

本栏目填报进出口许可证的编号，免税品经营单位经营出口退税商品的，免填。

非许可证管理商品，此栏目为空。

（17）启运港。

填报进口货物在运抵我国关境前的第一个境外装运港。

按《港口代码表》选填相应的港口名称及代码，未在《港口代码表》列明的，填报相应的国家名称及代码。特殊监管区域或保税监管场所运至境内区外的，填《港口代码表》中相应海关特殊监管区域或保税监管场所的名称及代码，未在《港口代码表》中列明的，填报"未列出的特殊监管区"及代码。其他无实际进境的货物，填报"中国境内"及代码。

（18）合同协议号。

填报进出口货物合同（包括协议或订单）编号。未发生商业性交易的免予填报。

（19）贸易国（地区）。

填报对外贸易中与境内企业签订贸易合同的外方所属的国家（地区）。进口填报购自国，出口填报售予国。

（20）启运国（地区）/运抵国（地区）。

启运国（地区）填报：进口货物启始发出直接运抵我国或者在运输中转国（地区）未发生任何商业性交易的情况下运抵我国的国家（地区）。

运抵国（地区）填报：出口货物离开我国关境直接运抵或者在运输中转国（地区）未发生任何商业性交易的情况下最后运抵的国家（地区）。

（21）经停港/指运港。

经停港填报进口货物在运抵我国关境前的最后一个境外装运港；指运港填报出口货物运往境外的最终目的港。

报关人员可录入中文，系统全自动匹配经停港/指运港信息，具体可在本栏目下拉菜单中选择经停港/指运港，或参考港口代码表录入中文、代码，如"KOR018仁川（韩国）"。

（22）入境口岸/离境口岸。

入境口岸/离境口岸类型：港口、码头、机场、机场货运通道、边境口岸、火车站、车辆装卸点、车检场、陆路港、坐落在口岸的海关特殊监管区域等。按海关规定的《国内口岸编码表》选择填报相应的境内口岸名称及代码。

（23）包装种类。

运输过程中货物外表所呈现出的状态，也就是货物运输外包装的种类。

本栏目分为包装种类和其他包装两部分，依据包装种类代码表，报关人员可在"包装种类"栏目录入代码，或在下拉菜单中选择包装种类。

进口货物若有其他包装,点击"其他包装",在下拉菜单中选择包装种类;若没有其他包装,可以不填报"其他包装"栏目。

(24) 件数。

填报进出口货物运输包装的件数(按运输包装计)。

特殊情况填报要求如下:舱单件数为集装箱的,填报集装箱个数。舱单件数为托盘的,填报托盘数。

(25) 毛重(千克)。

货物及其包装材料的重量之和。

报关人员依据毛重的数量直接录入本栏目。该栏目整数部分最多录入14位数字,小数点部分最多支持录入5位数字。

(26) 净重(千克)。

本栏目填报进出口货物的毛重减去外包装材料后的重量,即货物本身的实际重量,计量单位为千克,不足1千克的填报为"1"。本栏目填报货物的实际净重,不得为空。

(27) 成交方式。

定义:在进出口贸易中进出口商品的价格构成和买卖双方各自应承担的责任、费用和风险,以及货物所有权转移的界限。

根据进出口货物实际成交价格条款,按海关规定的《成交方式代码表》选择填报相应的成交方式代码。无实际进出境的报关单,进口填报CIF,出口填报FOB。

(28) 运费。

填报方法:进口货物运抵我国境内输入地点起卸前的运输费用,出口货物运至我国境内输出地点装载后的运输费用。

运费可按运费单价、总价或运费率三种方式之一填报,注明运费标记("1"表示运费率,"2"表示每吨货物的运费单价,"3"表示运费总价),并按海关规定的《货币代码表》选择填报相应的币种代码。

(29) 保费。

保费可按保险费总价或保险费率两种方式之一填报。注明保险费标记("1"表示保险费率,"2"每吨货物的运输单价,"3"保险费总价),并按海关规定的《货币代码表》选择填报相应的币种代码。

保费率:直接填报保费率的数值,如5‰的保险费率填报为0.5。

(30) 杂费。

本栏目填报成交价格以外的、按照《进出口关税条例》相关规定应计入完税价格或应从完税价格中扣除的费用。

按杂费总价或杂费率两种方式之一填报,同时,注明杂费标记("1"表示杂费率,"3"表示杂费总价),并按海关规定的《货币代码表》选填相应的币种代码。应计入完税价格的杂费填报为正值或正率,应从完税价格中扣除的杂费填报为负值或负率。

(31) 随附单证及编号。

本栏目分两栏录入:随附单证代码和随附单证编码,同时,报关人员在选择通关无纸化申报后，须向海关上传发票、箱单、合同、提运单等单证。

单证上传后，将在本栏目显示上传资料名称。

① 随附单证代码。

当进出口货物涉及海关监管证件时，系统将在随附单证代码中提示通关所需监管证件代码；当进出口货物涉及优惠原产地证、加工贸易通关需要的单证时，系统不会做出提示，报关人员需要在"随附单证代码"中录入代码或在下拉菜单中选择。

② 随附单证编号。

按照相关证件号码，直接录入。

(32) 标记唛码及备注。

分四部分录入：标记唛码、备注、报关单及关联备案、集装箱项目。

① 标记唛码。

本栏目录入除图形以外的文字、数字，无标记唛码的录入"N/M"，最多录入400字节。

② 备注。

发生备注情况时，填报备注，如受外商企业委托代理进口投资设备、物品的企业名称，直接退运通知书编号、监管场所代码、暂时进出口货物相关内容、修理物品、预裁定决定书编号等。本栏目最多可录入400位字节。

③ 报关单及关联、备案。

保税间流转、加工贸易结转、直接退运、减免保税货物结转业务，需要填报关联报关单、备案。本栏目最多可录入18位字节。

④ 集装箱项目。

申报使用集装箱装载进出口货物的情况时，必须填报；未使用集装箱装载进出口货物的情况时，无须填报。本项目录入分5栏：集装箱号、集装箱规格、自重、拼箱标志、商品项号关系。

- 集装箱号：录入集装箱两侧标示的全球唯一的编号。
- 集装箱规格：根据运单确认集装箱规格，按照集装箱规格代码表选报集装箱规格，或下拉菜单中选择。
- 自重：录入集装箱箱体的重量（千克），本栏目为选填项。
- 拼箱标志：进出口货物为集装箱拼箱货物时，在本栏目下拉菜单中选择"是"或"否"。
- 商品项号关系：确认每个集装箱和货物的对应关系，填报时在本栏的下拉菜单中选择单个集装箱对应的商品项号，同一个集装箱对应多个商品项号时，应根据实际情况多选填报。该项目在完成货物表体部分后填报。

(33) 项号：同一票货物在报关单中的商品排列号和在备案文件上的商品序号。

一般贸易项下的货物，系统按照录入顺序自动排序，无须录入。

加工贸易项下的货物，加工贸易手册或账册的备案项号，需要报关人员确认手册项号，再录入。

(34) 商品编号：按商品分类编码规则确定的进出口货物的商品编号。

一般贸易通关货物,报关人员录入编号后,系统会提示税则号列的商品编码的归类数据,为报关人员核对提供参考。

加工贸易、征免税证明表项下进出口货物,系统会根据备案号、备案序号,识别、更新已备案的商品编号。

(35) 检验检疫名称。

涉及检验检疫的进出口货物,须填报本栏目。

报关人员点击按钮,系统会提示已填报的 HS.CODE 相近的检验检疫编码列表,报关人员选择与进出口货物相符的名称即可。

(36) 商品名称、规格型号。

商品名称:所申报的进出口商品的规范的中文名称。

规格型号:反映商品性能、品质和规格的一系列指标。

在商品名称栏目录入文本内容,此栏目最多可录入 255 位字节。在录入商品编号后,系统弹出"商品规范申报-商品申报要素"表,根据要求录入完成后,系统将申报要素更新为"规格型号"栏内容。品牌类型与出口享惠情况,报关人员可依照代码录入。

(37) 数量及单位:进出口商品的实际数量及计量单位。

① 数量及单位的录入顺序:按照系统提示顺序,依次录入成交数量、成交计量单位、法定第一数量、法定第二数量。

② 成交单位:可以在下拉菜单中选择货物实际成交所用的计量单位。加工贸易项下,录入"备案号""备案项号"后,"成交单位"栏会显示为加工贸易手册备案计量单位。

(38) 单价。

本栏目填报同一项号下进出口货物实际成交的商品单位价格。一份报关单中有多项商品时,每个单价只对应一个项号下的商品。无实际成交价格的,本栏目填报货值。

(39) 总价:进出口货物实际成交的商品总价。

注意:在报关单中总价和单价是相对应的,单价和其对应的数量相乘就等于总价。

(40) 币制:进出口货物实际成交价格的币种。

按海关规定的《货币代码表》选择相应的货币名称及代码填报。

(41) 原产国(地区)。

原产国是进口货物的生产、开采或加工制造国家(地区)。

本栏目:依据《进出口货物原产地条例》以及海关总署原产地管理规章规定的原产地确定标准填报。

(42) 最终目的国(地区)。

已知的出口货物的最终实际消费、使用或进一步加工制造的国家(地区)。

本栏目:按海关规定的《国别(地区)代码表》选择填报相应的国家(地区)名称及代码。

(43) 境内目的地/境内货源地。

境内目的地:进口货物须在"境内目的地代码"和"目的地代码"两个栏目录入相应的国内地区和县级行政区名称及代码。

境内货源地：出口货物须在"境内货源地代码"和"产地代码"两个栏目录入相应的国内地区和县级行政区名称及代码。

境内目的地/境内货源地代码由5位数字组成，目的地/产地代码由6位数字组成。

(44) 征免：海关对进出口货物进行征税、减税、免税或特案处理的实际操作方式。

按照海关核发的《征免税证明》或有关政策规定，对报关单所列每项商品选择海关规定的《征减免税方式代码表》中相应的征减免税方式填报。

(45) 原产地区。

填报入境货物在原产国（地区）内的生产区域，如洲、省等。本栏目为选填项目。

报关人员依照原产地区代码表填报，或在下拉菜单中选择。原产地区代码由6位数字组成，前3位为国别代码，后3位为地区代码。

(46) 特殊关系确认。

进出口行为中买卖双方是否存在特殊关系。

报关人员点击"其他事项确认"，系统弹出"特殊关系确认""价格影响确认""与货物有关的特许权使用费支付确认"三个信息的确认界面。报关人员与委托单位的确认结果，在"特殊关系确认"栏中录入"是"或"否"。

(47) 价格影响确认。

买卖双方存在的特殊关系是否影响成交价格。

报关人员点击"其他事项确认"，系统弹出"特殊关系确认""价格影响确认""与货物有关的特许权使用费支付确认"三个信息的确认界面。报关人员与委托单位的确认结果，在"价格影响确认"栏中录入"是"或"否"。

(48) 支持特许权使用费用。

与货物有关的特许权使用费支付确认。

特许权使用费：买方为取得知识产权权利人及权利人有效授权人关于专利权、商标权、专有技术、著作权、分销权或者销售权的许可或者转让而支付的费用。

如果买方存在向卖方或者有关方直接或者间接支付特许权使用费的，本栏目应填报"是"；反之，则填报"否"。

(49) 自报自缴。

进出口企业、单位采用"自主申报、自行缴税"（自报自缴）模式向海关申报时，填报"是"；反之，则填报"否"。

(50) 申报单位。

申报单位指对申报内容的真实性直接向海关负责的企业或单位。

自理报关的，填报进出口企业的名称及编码；委托代理报关的，填报报关企业名称及编码。编码填报18位法人和其他组织统一社会信用代码。

(51) 海关批注及签单。

本栏目供海关作业时签注。

注意： 本规范所述尖括号（〈〉）、逗号（,）、连接符（—）、冒号（:）等标点符号及数字，填报时都必须使用非中文状态下的半角字符。

操作训练

一、无锡A汽车配件有限公司(320392××××)委托无锡B国际贸易有限公司(320231××××)向海关申报出口汽车发动机零件一批。"境内发货人"栏、"生产销售单位"栏和"境内货源地"如何填报？

二、发票显示：Invoice No.82N3430213 To：PAN－CHEM
COMPOVNDS SINGAPORE LTD. Shipped from DALIAN to
SINGAPORE. Shipping Mark：SINGAPORE FOR
TRANSSHIPMENT TO CHITTAGONG，BANGLADESH。
"运抵国"栏、"指运港"栏和"最终目的国"栏如何填报？

三、PACKING LIST 上显示：PACKING：270KGS NET
IN GALVAN-IZED IRON DRUMS；QUANTITY：680 DRUMS
IN 170 PALLETS；共10个集装箱。"件数"与"包装种类"栏目如何填报？

四、中国A钢铁有限公司(110891××××)订购进口一批热拔合金钢无缝锅炉管(属法定检验检疫和自动进口许可管理商品)委托辽宁抚顺B锅炉厂(210491××××)制造出口锅炉。辽宁C国际货运公司(210298××××)持加工贸易手册向海关申报货物进口。"随附单证"栏和"备注"栏如何填报？

五、某企业在对口合同项下进口蓝湿牛皮，法定计量单位为千克，
GR WEIGHT 17 520.000 TARE 270，Quantity：48 004.50 Square
feet，Unit Price：USD 1.09/sq.ft，Amount：USD 52 324. 91 Price
terms：CFR Shanghai，China。"数量及单位"栏如何填报？

六、根据下列信息填制报关单。

上海友谊服装进出口公司(海关代码3121676554)出口一批男士贝雷帽和女式长筒棉袜[男士贝雷帽2 000顶(10美元/顶)；女式长筒棉袜1 500双(20美元/双)，照章征税]到美国纽约。2021年10月31日该企业报关员向上海黄埔海关(2203)办理出口报关业务。合同项下包含有如下内容：

运输方式：江海运输；运输工具名称：CONFIDENCE/025E；提单运号：HIFLA3321；贸易方式：一般贸易；征免方式：法定征税；结汇方式：信用证；运抵国：美国；指运港：纽约；境内货源地：上海；批准文号：964113267；成交方式：FOB；合同号：07-02-418；包装种类和数量：纸箱150；毛重：1 200千克；净重：1 000千克；集装箱号：WESU765889/20/2250；原产地证：Y;〈09〉；生产厂家：上海友谊服装进出口公司。

标记唛码及备注：
07－02－418
NEW YORK.
USA CTN. 1～150
MADE IN CHINA

模块六
出口收汇核销与退税

典型工作任务	1. 出口收汇操作。 2. 出口核销操作。 3. 出口退税操作
主要学习目标	1. 掌握电汇、托收的含义与流程。 2. 掌握出口核销的含义与程序。 3. 掌握出口退税的概念、分类、制度及一般程序
工作操作技能	1. 能够根据业务资料,正确使用电汇和托收的操作。 2. 能够根据业务资料,正确操作出口核销与退税

出口收汇,是指企业在货物出口后的一定期限内向当地外汇管理部门办理收汇核销,证实该笔出口价款已经收回或按规定使用。

出口收汇有汇付、托收和信用证等三种支付方式。信用证在本书模块二已经做了详细介绍,本模块主要介绍汇付和托收。汇付与托收都是买卖双方根据贸易合同互相提供信用,故属于商业信用。

典型工作任务一 出口收汇操作

汇付(Remittance)是指付款人主动通过银行或其他途径将款项汇交收款人。

国际贸易货款采用汇付,一般是由买方按合同约定条件(如收到单据或货物)和时间,将货款通过银行汇交给卖方。

一、电汇

(一) 电汇含义

电汇(Telegraphic Transfer,T/T)指汇出行应汇款人的申请,拍发加押电报或电传(目前世界各国银行都以 SWIFT 方式电汇)给在另一个国家的分行或代理行(汇入行),指示解付一定金额给收款人的付款方式。

"SWIFT"是环球银行金融电讯协会(Society for Worldwide Interbank Financial Telecommunication)的简称。电汇申请人在电汇时填写收入行 SWIFT CODE 能保证汇款快速准确地到达收款人账户。电汇的速度快,但费用高,卖方能尽快收到货款,有利于卖方资金周转。

(二) 电汇业务流程

电汇是目前使用较多的一种汇款方式,其在实际工作中的业务流程是:先由汇款人填写电汇申请书并交款付费给汇出行,再由汇出行拍加押电报或电传给汇入行,汇入行给收款人电汇通知书,收款人接到通知后去银行兑付,银行进行解付,解付完毕汇入行发出借记通知书给汇出行,同时汇出行给汇款人电汇回执。具体如图 6-1 所示。

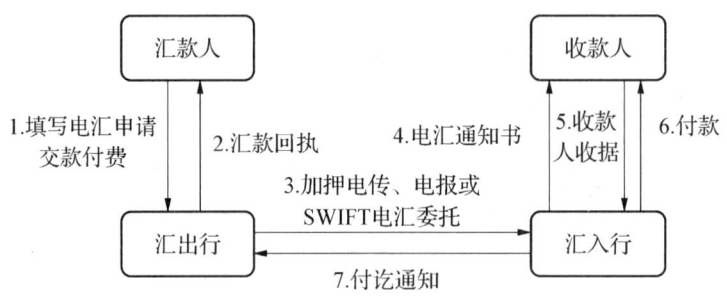

图 6-1 电汇业务流程

(三) T/T 结算方式在实际业务中的运用

1. 预付货款

预付货款(Payment in Advance),俗称"前 T/T",是指进口商将货款的全部或部分通过银行汇给出口商,出口商收到款项后,根据双方签订的合同,在约定时间内将货物运交进口商的结算方式。预付货款是对进口商而言,对出口商而言便是预收货款。

按照进口商预付货款具体时间的不同,"前 T/T"又可分为"装运前 T/T"和"装运后见提单传真件 T/T"。

(1)"装运前 T/T",是指进口商在出口装运前,便将货款通过银行汇给出口商,出口商收到款项后,根据双方签订的合同,在约定时间内将货物运交进口商的结算方式。

(2)"装运后见提单传真件 T/T",是指出口商在货物装运后把海运提单传真给进口商看,进口商即支付货款的结算方式。在"前 T/T"中,该方式较合理,所以较为常用。

预付货款对出口商很有利。对进口商而言则刚好相反,不仅要承担货物不能按时按量按质收到的风险,同时也要承担资金占用的压力和利息的损失。

所以,预付货款通常以进出口双方关系密切、相互信任为前提,特别是当出口货物紧俏,价格趋于上涨时,进口商可能会不惜预付货款以抢得商机。

2. 货到付款

货到付款(Payment after Arrival of the Goods),俗称"后 T/T",是指进口商在收到出口商发出的货物之后才按合同规定支付货款的方式。此方式本质是属于赊销交易

(Open Account Transaction，O/A)，或延期付款(Deferred Payment Transaction)。

很显然，货到付款对进口商有利。一是进口商在整个交易中占据主动地位，不用担当风险；二是进口商在收到货物后，甚至是售出货物后再付款给出口商，有利于资金周转和节约利息。这种付款方式在当今国际商品处于买方市场的大环境下，有不断扩大的趋势。一般出口商综合考虑和评价交易对象的关系性质和信誉程度、还款能力，再签订完善的对双方有制约能力的合同，给予进口商一定的放款额度，以求最大可能地占有进口国市场。我国三资企业在处理母、子公司款项往来上也多采用此种方式。

3. 30% 前 T/T，见提单传真件 70% 后 T/T

考虑到风险均等的原则，进出口商往往采用比较折中的方式：预付部分货款，货物出运后凭提单复印件付清余款。至于预付多少货款，主要根据一旦货物退回，出口商的往返运费损失、进口国码头费、海关费、货物转销第三方的可能性及损耗大小等来决定。常见的是 30% 货款预付，70% 货款见提单复印件后付。这种付款方式对买卖双方是比较公平的，因此是在实际电汇业务中采用最多的付款方式。

(四) 合同中的汇付支付条款

例1：The Buyer shall pay the total value to the Sellers in advance by T/T(M/T or D/D) not later than ×××. 买方应于×年×月×日前将全部货款用电汇(信汇/票汇)方式预付给卖方。

例2：The Buyers shall pay the Seller ××% of the contract price (USD ×××) in advance by T/T within thirty days after the signing this contract.

买方应于合同签署后30天内，以电汇方式预付给卖方合同价格××%(××××美元)。

例3：Payment by T/T：Payment to be effected by the Buyer shall in ×× days after receipt of the documents listed in the contract.

买方应在收到本合同所列单据后，于××天内电汇付款。

二、托收

(一) 托收含义

托收(Collection)是指债权人(卖方)出具汇票，委托银行向债务人(买方)收取货款的一种支付方式。

根据国际商会《托收统一规则》522号定义：托收是指由接到托收指示的银行根据所收到的指示处理金融单据以便取得付款或承兑或凭付款或承兑交货商业单据，或凭其他条款或条件交出单据。

(二) 托收的程序

在买卖合同中规定的支付方式用托收。卖方与所在地银行以托收委托书的形式签订的委托代理合同，约定由当地银行(托收行)通过其在进口国的往来银行(代收行)向买方收取货款,然后交单。

托收的程序(见图6-2)具体如下:① 买卖双方在国际货物买卖合同中约定以跟单托收作为付款方式,并约定卖方应提交的单据等事项;② 卖方按买卖合同的约定发货,取得运输单据,并按合同约定制备其他相关单据;③ 卖方将全套单据交给托收行(通常是卖方所在国家/地区的银行),委托托收行向买方收取货款后将单据交给买方;④ 托收行将全套单据寄给代收行,委托代收行(通常是买方所在国家/地区的银行)向买方收取货款后将单据交给买方;⑤ 代收行提示进口商付款/承兑;⑥ 买方付款/承兑赎单;⑦ 代收行把全套单据交付给进口商,并凭货运单据提取货物;⑧ 代收行将货款转给托收行;⑨ 托收行将货款支付给卖方。

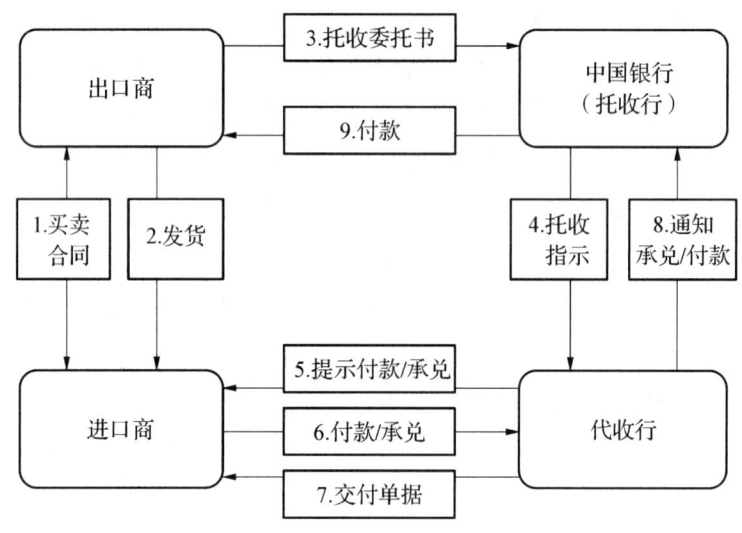

图6-2 托收程序

(三) 托收种类

跟单托收可分为付款交单和承兑交单两种。

1. 付款交单

付款交单(Documents against Payment,D/P)是指卖方的交单是以买方(进口人)的付款D/P为条件,先付款后交单,以付款为交单前提。国外代收行将托收行寄来的汇票和单据向进口人提示后,进口人必须先向代收行付款,付款后,代收行才可将单据交付进口人。

付款交单又可分为:

(1) 即期付款交单(D/P at Sight)。卖方装运后开具即期汇票,随附全套单据,通过银行向买方提示,买方见票后立即付款。买方付清货款后取得全套单据。以买方先付款为条件,银行向之交单。

(2) 远期付款交单(D/P after Sight)。卖方装运后开出远期汇票,随附商业单据,通过银行向买方提示,买方审核无误后,即在汇票上承兑,于汇票到期日付清货款后,银行向之交单。

以上说明,不论是即期付款交单还是远期付款交单,都是买方付清货款后才能取得代表货物所有权的单据,才能提货或转售货物。所以,相比汇付,托收的风险对卖方略小。

托收的付款方式,买方的付款都是等到货到后才履行。这样有利于买方资金融通。手续费低廉,程序简单,易为买方所接受。

在远期付款交单中,如果买方想提前取得单据,有两种做法:

① 付款到期日之前提前付款交单。

② 凭借信托收据(Trust Receipt,T/R)又称信托收据制度,是银行和进口商之间融资的最根本的依据,指进口商向银行提供不动产标的物的所有权作为债权的担保,银行向进口商提供资金融通服务,在交易未付清票款之前允许进口商凭借其所出具的信托收据先行领取单据提货以出售,然后以销售所得清偿票款,在付款前向银行借出单据。信托收据是一种书面信用担保文件,代收行以受托人的身份,应按照托收指示中的规定向买方提供单据。如代收行以信托收据的方式自行向买方借出单据,一旦买方不能付款,代收行承担赔偿责任。这种制度早期是以习惯法来处理,后来美国专门制定了 *Uniform Trust Receipt Act*,即通常所说的《统一信托收据法》,使该制度向法典化发展。

2. 承兑交单(Documents against Acceptance,D/A)

出口人的交单以进口人在汇票上承兑为条件。

承兑交单即卖方在装运后开出远期汇票,随附全套单据,通过银行向买方提示,买方承兑汇票后,代收行即将全套单据交给买方。在汇票到期后,买方再来履行付款义务。承兑交单实际上买方先取得货物所有权,将来以后再来付款。所以对卖方来说风险非常大。一旦买方到期不付款,卖方就会遭到货款两空的损失。

(四) 托收应注意的问题

(1) 银行及其指定人不应为收货人,银行只管单不发货。

(2) 银行不负责核实单据,只负责审核单据的所列份数是否与托收指示相符。

(3) 托收如被拒付,拒绝承兑,提示行应向托收行发出拒付通知。

(4) 在决定用托收付款方式前,卖方应对客户的资信做详细的调查和了解。确实资信可靠,才可采用。

(5) 对于某些外汇管制较严的进口国,不宜采用托收的方式。

(6) 要了解进口国的商业惯例,如某些拉美国家按当地的法律和习惯,对于远期付款交单,进口人承兑汇票后,即向买方交单。与 D/A 没有区别。对这些国家,我们不宜接受远期付款交单的方式。

(五) 合同中的托收条款

1. 即期付款交单

Upon first presentation the Buyers shall pay against documentary drawn by the

Sellers at sight. The shipping documents are to be delivered against payment only.

买方凭卖方开具的即期跟单汇票,于第一次见票时立即付款,付款后交单。

2. 远期付款交单

The buyers shall duly accept the documentary draft drawn by the Sellers at ××days sight upon first presentation and make payment on its maturity. The shipping documents are to be delivered against payment only.

买方对卖方开具的见票后××天付款的跟单汇票,于第一次提示时即予承兑,并应于汇票到期日即予付款,付款后交单。

3. 承兑交单

The buyers shall duly accept the documentary draft drawn by the sellers at ××days sight upon first presentation and make payment on its maturity. The shipping documents are to be delivered against acceptance.

买方对卖方开具的见票后××天付款跟单汇票,于第一次提示时即予承兑,并应于汇票到期日即付款,承兑后交单。

三、电汇成为我国当前国际贸易结算的主要形式

长期以来,一种广泛的共识是信用证是国际贸易支付的主要手段,也是最可靠的收汇方式。在改革开放后的相当一段时间内,信用证项下的贸易方式一直是我国对外贸易的主流方式,甚至有的企业规定,出口生意非信用证方式不做。新外贸从业人员也从许多教科书中接受了这一观点。但是,随着国际贸易的飞速增长,全球经济一体化趋势加速,我国与世界经济日益接轨,我国外贸支付方式随着外贸大环境的变化而变化,非信用证结算已成为当今我国外贸支付的主流形式。

(一)国际贸易环境的变化

国际贸易环境经历了战后最长时期的稳定发展,欧美等发达国家和较发达的发展中国家,包括中国,政治经济状况稳定,相关法律法规健全,为非信用证贸易方式提供了较安全的背景。这些国家的政府也把保护本国贸易商的正当利益,繁荣进出口贸易,促进国民经济发展作为一种政府的职责。因此,我们常看到某国大使馆出面交涉,为本国商社追讨欠款。目前的形势是:即使是对方同意采用非信用证贸易方式,我们也很难因为有正当理由拖欠或赖掉对方的货款,特别是某些国家(如美国、日本)的某些著名商社。一个典型案例是:前几年某国法院扣押了停留在某国机场上的我国民航班机,虽然这一班机并不是该国和我国贸易纠纷中的标的物,但某国法院认为这一班机是诉讼国的财产。

(二)一些发达国家真正建立起了商业信誉管理系统

在美国人的观念中,如在银行留有不良记录,就没有未来第二次的机会。比如,采用支票付款,在许多国家和地区是非常普遍的,但支票"跳票"(支票不能兑现)在我国港

澳台和大陆地区是经常发生的,而在美国,却绝少见到,因为在美国,不管是商社还是个人,都非常重视信誉,因为"没有第二次"。一些著名商社的品牌价值本身就是一种巨大的无形资产,在双方的贸易中,将恪守"重合同、守信用"的原则,维护品牌形象。在网络发达的今天,由于自己是知名商社,如拖欠一笔货款,到第二天可能全世界都知道了,大家都会讨论它的财务问题,这是这些商社所不愿见到的事情,所以绝不愿意因为拖欠一笔货款被曝光而陷入信誉危机,从而引起真正的财务危机,除非该商社经营发生重大失误,导致破产。那么,如果与这样的商社做生意有必要增加成本去开立信用证吗?例如,某上市公司长期供货给某日本商社,采用的付款方式就是"后 T/T45 天付款"(结算方式安全系数倒数第一),但几年来提单日(AFTER B/L DATE)后 45 天的上午 9:30 左右,该公司财务一定会接到开户银行日元到款报文。这是因为:① 东京时间比北京时间早一个小时;② 中国银行 RTS 系统(区域银行清算系统,由于银行开通这一系统,大大加快了跨国跨地区汇款的速度——可以用"即付即收"来形容);③ 日本大型商社不但信守付款承诺而且是用电脑管理付款的。即使遇到金融危机,该商社 2008 年亏损两千多亿日元,只要该商社有承诺,收款一般是有保障的。

在收汇安全上,必须综合考虑各种因素。经历了战后世界经济最长的繁荣期,国际商品市场早已转入买方市场,各国为本国经济的发展千方百计地增加出口。出口商在考虑如何保证安全收汇的问题上,已不仅仅是考虑选择哪一种付款方式,而是针对不同的贸易对象,综合考虑和评价与交易方的关系性质以及最大可能地为对方提供最具竞争力的贸易条件。

(三) 贸易主体的变化

随着改革开放的深入,我国对外贸易主体发生巨大变化,三资企业和民营企业(包括上市公司)成为我国对外贸易的主要力量,其经营方式给我国对外贸易经营方式特别是结算方式带来新的变化。三资企业总部设在海外,母、子公司之间的结算是不会用信用证的。而据统计,近几年的三资企业的进出口额每年都占全国进出口总额的一半多。这是当前我国信用证结算量下降的主要原因之一。此外,还有以下因素:

(1) 开立信用证手续繁杂,还要较长时间占用买方的资金和授信额度,信用证所产生的费用也降低了出口商和进口商的利润,特别是在目前外贸的微利时代,显得特别突出。

(2) 信用证付款的一个软肋是:银行付款的依据仅仅是凭单据和信用证的规定表面相符,这就给一些不法分子有机可乘。在当前金融危机时期,利用信用证谋利甚至诈骗越来越多,使人感觉信用证"不信用",从而使用更可靠的结算方式,如前 T/T 或定金加后 T/T。信用证方式实质上是一种"单据买卖",买卖双方依托银行信誉,或者说是在银行担保下履行买卖合同。只要"单单相符,单证相符",出口商如数收到货款是没有问题的,特别是经保兑的、即期的不可撤销的信用证。但信用证项下的贸易风险在不同的贸易环境下是不一样的。当世界经济深陷经济危机之时,一些不法分子或一些以前曾经有信誉的老客户,因自身的财务危机、经营困境或者进口国市场变化,钻信用证的空子,摆脱经营亏损的困境或以此谋利甚至不惜铤而走险进行诈骗,这样的情况屡屡发生。最常见的手段就是利用信用证上的软条款或单证上的不符点(实际上进口商要在单证上找一个不符点是件很容易的事,尤其是当进口商在开证时就有预谋)拒绝赎单(NOT ACCEPTANCE),让货物在目的港码头上产生一笔不少的滞港费。当出口商要找进口商协商时,出口商已处于被动局面,进口商往往漫天砍价,只肯出一半价钱甚至更低,让出口商没有退路往往只有妥协,有过这种经历的出口商往往不会再选择信用证方式。因此,在国际贸易行业,近年来形成这样的一种共识——把支付方式的安全系数分为以下等级,风险从小到大:

① 100%的预付货款(Payment in Advance),俗称"前 T/T",是指进口商在出口装运前,便将货款通过银行汇给出口商,出口商收到款项后,根据双方签订的合同,在约定时间内将货物运交进口商的结算方式,即出口商先收款后交货,收汇风险为零。这是当前国际商品买方市场条件下比较少见的最安全的收汇形式,采用这种支付方式的一般有以下几种情况:

a. 买卖双方首次的、小额的贸易;

b. 买卖双方多次合作,关系密切,相互信任,同时出口货物紧俏,出口方只接受预付款方式并根据来款先后发货的;

c. 出口货物价格趋于坚挺或上涨时,进口商可能会不惜预付货款以抢得商机。

② 30%的前 T/T 加凭提单传真件 70%后 T/T(T/T 30% Before Shipment and 70% at Sight the Copy of B/L),是指出口商在出口货物生产前就必须收到买方的30%的货款,以保证生产出来的出口商品有人要,因为这30%的前 T/T 款就是进口商的收货和付款的保证金,一旦由于进口国市场变化等原因进口商不想要货,进口商就会因首先违约而损失定金。当然,前 T/T 的"30%"不是绝对的,以够出口货物的来回运费和目的港海关费、码头费为准,并要考虑出口货值的大小。卖方出运后有保证收到全部货款,因此对卖方来说风险较小。对买方来说虽有一定风险,但只要支付部分定金,资金压力和风险压力不会太大,并且由于是见到提单复印件才付清全部货款,提单上的信息可以登录船公司网站进行比对,一般收货不会落空。这种方式比100%预付对买卖双方更加公平,因此采用这种支付方式越来越普遍,特别是在近年来我国对东南亚、南美、印巴、非洲和中东等国家和地区的出口贸易结算中最为流行。

③ 30%的前 T/T,加70%的即期的、保兑的不可撤销的信用证。同样是30%的前 T/T,余款采用信用证支付比凭提单传真件 T/T 支付风险大得多。这是因为:凭提单传真件 T/T 余款,出口商只要凭一张证明,证明货已交运,就可在较短的时间内取得余款,落袋为安,此后再交出"物权凭证"——提单或办理电放。而余款采用信用证支付,则要经过发运、交单才能办理议付,其间出口商单据如有不符点,就存在迟付、拒付的风险,一旦商品价格大落超过损失定金或进口国政策发生重大变化,客户就可能拒收货物,出口商就可能收不到余款。

④ 100%的、即期的、保兑的、不可撤销的信用证加 CIF 条款。这信用证前的4

个定语再加上 CIF 条款就是信用证收汇的 5 项保障。"加 CIF 条款"是指出口商采用信用证收汇方式,还必须掌握承运人,有效控制货物,避免钱货两空。国际贸易法赋予了出口商在不能正常收汇时,对货物的权利,这在英国《货物买卖法》的"中途停产权",以及《国际货物买卖合同公约》的"货物保全权"都有类似规定,因此一定要避免外商指定境外货贷安排运输。如果外商坚持 FOB 条款并指定船公司和货贷安排运输,出口商应指定境外货贷的提单必须委托经原外经贸部批准的货运代理企业签发,并掌握货物的控制权,同时由代理签发提单的货贷企业出具保函,承诺货到目的港后须凭信用证项下银行流转的正本提单提货。这样在信用证项下如单证无不符点,收款即有保证。

⑤ 100%的、即期的、保兑的、不可撤销的信用证加 FOB 条款。此条款存在的主要风险是:如果进口商坚持自己租船订舱,或指定货代,就有可能存在贻误船期,或可能出现进口商勾结不法船贷骗取货物的风险。

⑥ D/P 付款(付款交单),如果进口商不付款就不能取得单据提货和清关,这只能保证出口货物是安全的。它的主要风险存在于:由于进口商方面的原因,如进口国市场发生变化,如进口商资金短缺等造成进口商不赎单,出口货物就要退运,另找新买家,这样出口商不但赚不到钱,还要倒贴运杂费、码头费、货物改装费等,另外退运货物的清关、返(还退)税手续繁杂,这是出口商最不愿意碰到的事情。在当前经济低迷时期,也有一些进口商以不赎单来要求出口商降价或给折扣,使 D/P 付款的风险越来越大。

⑦ 其余收汇方式,如 D/A 付款(承兑交单)、记账付款(Open Account)、分期付款(Instalment)和寄售(Consignment)等为最不安全等级。这些仅凭商业信誉的收汇方式在当前金融危机时期存在着很大的收汇风险。

典型工作任务二　出口核销操作

一、出口收汇核销概述

出口收汇制度是国家在 1991 年 1 月 1 日起建立的,对企业出口、报关、收汇整个过程实行跟踪的监测管理制度。整个过程以核销单为主线。

出口收汇核销是指企业在货物出口后的一定期限内向当地外汇管理部门办理收汇核销,证实该笔出口价款已经收回或按规定使用。

二、出口收汇核销单

(一) 含义

出口收汇核销单是国家外汇管理局制发的,由出口企业、银行填写,(出口单位凭以向海关办理出口报关、向外汇指定银行办理出口收汇、向外汇管理局办理核销、向税务机关和外经贸委办理出口退税和出口贴息申报),海关凭以受理报关,外汇管理部门凭以核销外汇的有顺序号的凭证。

(二) 内容

出口收汇核销单(见图6-3)包括以下内容:① 出口单位名称;② 出口币种总价;③ 收汇方式;④ 预计收款日期;⑤ 报关日期;⑥ 报关单位备注。

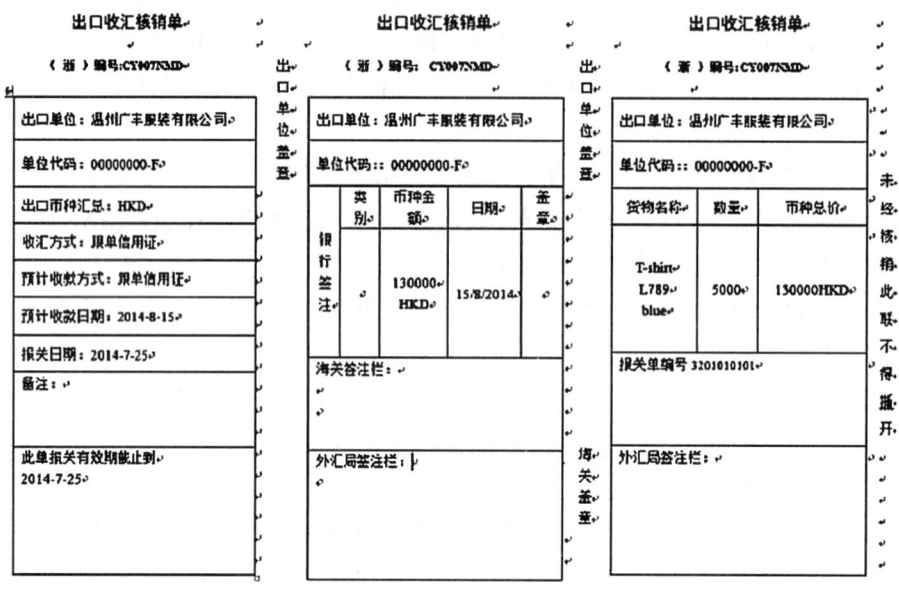

图6-3 出口收汇核销单

三、出口收汇核销的程序

(1) 申领空白核销单。

① 出口企业到外汇局领取核销单前,须上网向外汇局申请所需领用核销单份数;

② 外汇局确认出口企业已上网申领核销单后,凭出口企业核销员所持本人操作员IC卡、核销员证向该核销员发放核销单;

③ 外汇局根据出口企业网上申领的核销单份数和外汇局本地核销系统确认的出口企业可领单数两者中的较小数,向出口企业发放核销单;

初次申领出口收汇核销单(以下简称"核销单")前应当凭以下材料到外汇局办理登记,即开户:单位介绍信、申请书;外经贸部门批准经营进出口业务批件正本及复印件;工商营业执照副本及复印件;企业法人代码证书及复印件;海关注册登记证明书复印件;出口合同复印件。

外汇局对上述材料审核无误后为出口单位办理登记手续。

核销单自领单之日起两个月以内报关有效。出口单位应当在失效之日起一个月内将未用的核销单退回外汇局注销。出口单位填写的核销单应与出口货物报关单上记载的有关内容一致。

(2) 向海关报关。

① 出口企业到海关报关前,必须在网上向报关地海关进行核销单的口岸备案。未进行口岸备案的核销单不能用于出口报关,对已备案成功的核销单,还可变更备案。

② 出口企业应如实向海关申报成交方式(CIF/FOB),按成交方式申报成交总价、运费、保费等,以保证报关数据的真实性、完整性。外汇局根据实际成交方式及成交总价办理收汇核销手续。

③ 对于预计收汇日期超过报关日期90天以上(含90天)的远期收汇,出口企业应当在报关后60天之内进行网上交单,凭远期备案情况说明(说明远期合同号、出口核销单号、出口报关单号、报关单金额)、远期出口合同、核销单向外汇局备案,并应当在核销单的"收汇方式"栏注明预计远期收汇日期。

(3) 凭海关退回的核销单、报关单结汇联进行收汇。

(4) 出口单位应当在收到外汇之日起30天内凭核销单、银行出具的"出口收汇核销专用联"到外汇局办理出口收汇核销(在核销前要在网上再次进行交单)。

(5) 将核销单、报关单整理好,进行退税。

(6) 出口核销。

典型工作任务三　出口退税操作

一、出口货物退(免)税的概念

出口货物退(免)税,是指在国际贸易中货物输出国对输出境外的货物免征其在本国境内消费时应缴纳的税金或退还其按本国税法规定已缴纳的税金(增值税、消费税)。

这是国际贸易中通常采用的并为各国所接受的一种税收措施,目的在于鼓励各国出口货物进行公平竞争。根据国际社会通行的惯例和我国现阶段的国情,并参考国际上的通行做法,我国制定并实施了出口货物退(免)税制度以及管理办法。该办法明确规定:有出口经营权的企业出口的货物,除另有规定者外,可在货物报关出口并在财务上作销售后,凭有关凭证按月报送税务机关批准退还或免征增值税和消费税。

二、出口退税的基本制度

我国的出口货物退税制度是根据我国国情建立起来的、相对独立于其他国内税收管理的一种专项税收制度。1994年我国对工商税制进行了全面改革。根据改革的指导思想,国家税务总局先后制定并颁布了《出口货物退(免)税管理办法》《出口退税电子化管理办法》等规定,对退税范围、计算办法、常规管理、清算检查等做了具体规定。近年来,又根据实际情况进行了多次改革和完善。目前,我国出口退税制度的内容主要有以下几个方面:

(1)享有出口退税权的企业,是指经有关部门批准的、有进出口经营权的企业。主要是外贸公司和有进出口权的生产企业,包括外商投资企业;另外还有出口量较小的一些特殊企业,如外轮供应公司、免税品公司等。目前这类企业约为 10 万户。今后随着出口经营权的放开,办理出口退税的企业户数将逐渐增加。

(2) 享受退税的出口货物,除免税货物、禁止出口货物和明文规定不予退税货物外,其他货物都可享受退税政策。退税的税种为增值税和消费税。从 2004 年起,增值税的退税率共有 5 档,分别是 17%、13%、11%、8%、5%,平均退税率为 12% 左右。消费税的退税率按法定的征税率执行。

(3) 出口退税主要实行两种办法:一是对外贸企业出口货物实行免税和退税的办法,即对出口货物销售环节免征增值税,对出口货物在前各个生产流通环节已缴纳增值税予以退税;二是对生产企业自营或委托出口的货物实行免、抵、退税办法,对出口货物本道环节免征增值税,对出口货物所采购的原材料、包装物等所含的增值税允许抵减其内销货物的应缴税款,对未抵减完的部分再予以退税。

(4) 出口退税的税款实行计划管理。财政部每年在中央财政预算中安排出口退税计划,同国家税务总局分配下达给各省(区、市)执行。不允许超计划退税,当年的计划不得结转下年使用。

(5) 出口企业的出口退税全部实行计算机电子化管理。通过计算机申报、审核、审批,从 2003 年起启用了"口岸电子执法系统"出口退税子系统。对企业申报退税的报关单、外汇核销单等出口退税凭证,实现了与签发单证的政府机关信息对审的办法,确保了申报单据的真实性和准确性。

三、出口货物退(免)税的税种介绍

根据现行税制规定,我国出口货物退(免)税的税种是流转税(又称间接税)范围内的增值税、消费税两个税种。

出口货物退(免)税的税款是出口货物在国内生产、流通各个环节已缴纳的增值税和应缴纳的消费税。

流转税泛指所谓以商品为特征对象的税种。就我国现行的税制而言,流转税包括增值税、营业税、消费税、土地增值税、关税及一些地方性工商税种。

申请办理出口退税登记的条件:

(1) 必须经营出口产品业务,这是企业申办出口退税登记最基本的条件。

(2) 必须持有工商行政管理部门核发的营业执照。营业执照是企业得以从事合法经营,其经营行为受国家法律保护的证明。

(3) 必须是实行独立经济核算的企业单位,具有法人地位,有完整的会计工作体系,独立编制财务收支计划和资金平衡表,并在银行开设独立账户,可以对外办理购销业务和货款结算。

凡不同时具备上述条件的企业单位,一般不予以办理出口企业退税登记。

出口企业在办理出口退税时要特别注意申报程序,注意时间观念,以免造成损失。出口企业在办理出口退税时,应注意四个时限规定:

一是"30天"。外贸企业购进出口货物后,应及时向供货企业索取增值税专用发票或普通发票,属于防伪税税控增值税发票,必须在开票之日起30天内办理认证手续。

二是"90天"。外贸企业必须在货物报关出口之日起90天内办理出口退税申报手续,生产企业必须在货物报关出口之日起3个月后免抵退税申报期内办理免抵税申报手续。

三是"180天"。出口企业必须在货物报关出口之日起180天内,向所在地主管退税部门提供出口收汇核销单(远期收汇除外)。

四是"3个月"。出口企业出口货物纸质退税凭证丢失或内容填写有误,按有关规定可以补办或更改的,出口企业可在申报期限内向退税部门提出延期办理出口货物退(免)税申报的申请,经批准后,可延期3个月申报。

四、出口退税的一般程序及附送资料

(一) 出口退税登记的一般程序

1. 有关证件的送验及登记表的领取

企业在取得有关部门批准其经营出口产品业务的文件和工商行政管理部门核发的工商登记证明后,应于30日内办理出口企业退税登记。

2. 退税登记的申报和受理

企业领到"出口企业退税登记表"后,即按登记表及有关要求填写,加盖企业公章和有关人员印章后,连同出口产品经营权批准文件、工商登记证明等证明资料一起报送税务机关,税务机关经审核无误后,即受理登记。

3. 填发出口退税登记证

税务机关接到企业的正式申请,经审核无误并按规定的程序批准后,核发给企业"出口退税登记"。

4. 出口退税登记的变更或注销

当企业经营状况发生变化或某些退税政策发生变动时,应根据实际需要变更或注销退税登记。

(二) 出口退税附送材料

(1) 报关单。报关单是货物进口或出口时进出口企业向海关办理申报手续,以便海关凭此查验和验放而填具的单据。

(2) 出口销售发票。这是出口企业根据与出口购货方签订的销售合同填开的单证,是外商购货的主要凭证,也是出口企业财会部门凭此记账做出口产品销售收入的依据。

(3) 进货发票。提供进货发票主要是为了确定出口产品的供货单位、产品名称、计量单位、数量,是否是生产企业的销售价格,以便划分和计算确定其进货费用等。

(4) 结汇水单或收汇通知书。

(5) 属于生产企业直接出口或委托出口自制产品,凡以到岸价 CIF 结算的,还应附送出口货物运单和出口保险单。

(6) 有进料加工复出口产品业务的企业,还应向税务机关报送进口料、件的合同编号、日期、进口料件名称、数量、复出口产品名称,进料成本金额和实纳各种税金额等。

(7) 产品征税证明。

(8) 出口收汇已核销证明。

(9) 与出口退税有关的其他材料。

五、出口退税的范围

我国出口的产品,凡属于已征或应征产品税、增值税和特别消费税的产品,除国家明确规定不予退还已征税款或免征应征税款。

出口产品,一般应具备以下的 3 个条件:

(1) 必须是属于产品税、增值税和特别消费税范围的产品。

(2) 必须报关离境。所谓出口,即是输出关口。这是区分产品是否属于应退税出口产品的主要标准之一,以加盖海关验讫章的出口报关单和出口销售发票为准。

(3) 必须在财务上做出口销售。

一般来说,出口产品只有在同时具备上述 3 个条件的情况下才予以退税。但是,国家对退税的产品也做了特殊规定,特准某些产品视同出口产品予以退税。

特准退税的产品主要有:

(1) 外轮供应公司销售给外轮、远洋货轮和海员的产品;

(2) 对外修理、修配业务中所使用的零配件和原材料;

(3) 对外承包工程公司购买国内企业生产的,专门用于对外承包项目的机械设备和原材料,在运出境外后,凭承包单位出具的购货发票、报关单办理退税;

(4) 国际招标、国内中标的机电产品。

国家同时也明确规定了少数出口产品即使具备上述 3 个条件,也不予以退税:

国家明确不予退税的出口产品有:

(1) 出口的原油;

(2) 援外出口产品;

(3) 国家禁止出口的产品;

(4) 出口企业收购出口外商投资的产品;

(5) 来料加工、来料装配的出口产品;

(6) 军需工厂销售给军队系统的出口产品;

(7) 军工系统出口的企业范围;

(8) 对钻石加工企业用国产或进口原钻石加工的钻石直接出口或销售给外贸企业出口;

(9) 齐鲁、扬子、大庆三大乙烯工程生产的产品;

(10) 未含税的产品;

(11) 个人在国内购买、自带出境的商品暂不退税。

六、可以出口退税的企业

(1) 具有外贸出口经营权并承担国家出口创汇任务的企业,经过经贸主管部门批准,享有独立对外出口经营权的中央和地方外贸企业、工贸公司和部分工业生产企业。

(2) 委托出口的企业主要指具有出口经营权的企业代理出口,承担出口盈亏的企业。

七、计税依据

目前,外商投资企业出口货物退税办法包括"先征后退"和"免、抵、退"税。

"先征后退"是指生产企业自营出口或委托代理出口的货物,一律先按照增值税暂行条例规定的征税率征税,然后由主管出口退税业务的税务机关在国家出口退税计划内按规定的退税率审批退税。"先征后退"办法按照当期出口货物离岸价乘以外汇人民币牌价计算应退税额。

"离岸价"(英文编写为FOB价)是装运港船上交货价,但这个交货价属于象征性交货,即卖方将必要的装运单据交给买方按合同规定收取货款,买卖双方风险划分都是以货物装上船为界限。因此,FOB价是由买方负责租船订舱,办理保险,支付运保费。

最常用的FOB、CFR和CIF价的换算方法如下:

FOB价＝CFR价－运费＝CIF价×(1－投保加成×保险费率)－运费

因此,如果企业以到岸价格作为对外出口成交的,在货物离境后,应扣除发生的由企业负担的国外运费、保险费佣金和财务费用;以CFR价成交的,应扣除运费。

八、计算方法

当期应纳税额 ＝ 当期内销货物的销项税额 ＋ 当期出口货物离岸价 × 外汇人民币牌价 × 征税率 — 当期全部进项税额

当期应退税额 ＝ 出口货物离岸价格 × 外汇人民币牌价 × 退税税率

(1) 当期进项税额包括当期全部国内购料、水电费、允许抵扣的运输费、当期海关代征增值税等税法规定可以抵扣的进项税额。

(2) 外汇人民币牌价应按财务制度规定的两种办法确定,即国家公布的当日牌价或月初、月末牌价的平均价。计算方法一旦确定,企业在一个纳税年度内不得更改。

(3) 企业实际销售收入与出口货物报送单、外汇核销单上记载的金额不一致时,税务机关按金额大的征税,按出口货物报关单上记载的金额退税。

(4) 应纳税额小于零的,结转下期抵减应交税额。

操作训练

根据下列资料填制出口收汇核销单。

SEQUENCE OF TOTAL	*27：1/1
FORM OF DOC. CREDIT	*40A：IRREVOCABLE
DOC. CREDIT NUMBER	*20：DC LDI300954
DATE OF ISSUE	31C：220624
EXPIRY	*31D：DATE 220915 PLACE IN COUNTRY OF BENEFICIARY
ISSUING BANK	51D：HSBC BANK PLC
*LONDON	
APPLICANT	*50：VIRSONS LIMITED
23 COSGROVE WAY	
LUTON，BEDFORDSHIRE	
LU1 1XL，U.K.	
BENEFICIARY	*59：HANGZHOU WANSHILI IMP. & EXP. CO.，LTD.
309 JICHANG ROAD，	
HANGZHOU，	
CHINA	
AMOUNT	*32B：CURRENCY USD AMOUNT 74 150.00
AVAILABLE WITH/BY	*41D：BANK OF CHINA，ZHEJIANG BRANCH
BY NEGOTIATION	
DRAFT AT...	42C：AT SIGHT
DRAWEE	*42D：*DROWN ON OURSELVES FOR FULL INVOICE VALUE
PARTIAL SHIPMENT	43P：ALLOWED
TRANSSHIPMENT	43T：NOT ALLOWED
LOADING IN CHARGE	44A：CHINA
FOR TRANSPORT TO....	44B：FELIXSTOWE PORT
LATEST DATE OF SHIP.	44C：220831
DESCRIPT. OF GOODS	45A：

CUSHION COVERS AND RUGS AS PER VIRSONS ORDER NO. RAP-599/2009.

CIF FELIXSTOWE PORT

DOCUMENTS REQUIRED 46A：

+ORIGINAL SIGNED INVOICE PLUS THREE COPIES.

+FULL SET OF ORIGINAL CLEAN ON BOARD MARINE BILL OF LADING MADE OUT TO ORDER OF SHIPPER AND

BLANK ENDORSED, MARKED FREIGHT PREPAID AND NOTIFY APPLICANT QUOTING FULL NAME AND ADDRESS.
　　　　　　　　　　　　+ORIGINAL PACKING LIST PLUS THREE COPIES INDICATING DETAILED PACKING OF EACH CARTON.
　　　　　　　　　　　　+MARINE INSURANCE POLICY FOR 110PCT OF INVOICE VALUE, BLANK ENDORSED, COVERING ALL RISKS AND WAR RISK, CLAIMS PAYABLE AT DESTINATION.
　　　　　　　　　　　　+ORIGINAL CERTIFICATE OF ORIGIN PLUS ONE COPY ISSUED BY CHAMBER OF COMMERCE.
ADDITIONAL COND.　　　　47A:
　　　　　　　　　　　　+UNLESS OTHERWISE EXPRESSLY STATE, ALL DOCUMENTS MUST BE IN ENGLISH.
　　　　　　　　　　　　+VIRSONS ORDER NUMBER MUST BE QUOTED ON ALL DOCUMENTS.
　　　　　　　　　　　　+EXCEPT SO FAR AS OTHERWISE EXPRESSLY STATE, THIS DOCUMENTARY CREDIT IS SUBJECT TO UNIFORM CUSTOMS AND PRACTICE FOR DOCUMENTARY CREDIT ICC PUBLICATION NO.600.
　　　　　　　　　　　　+ALL BANK CHARGES IN CONNECTION WITH THIS DOCUMENTARY CREDIT EXCEPT ISSUING BANK'S OPENING COMMISSION AND TRANSMISSION COSTS ARE FOR THE BENEFICIARY'S A/C.
PRESENTATION PERIOD 48: WITHIN 15 DAYS AFTER THE DATE OF SHIPMENT BUT WITHIN THE VALIDITY OF THE CREDIT.
CONFIRMATION　　　　　*49: WITHOUT
INSTRUCTION　　　　　　78: ON RECEIPT OF DOCUMENTS CONFIRMING TO THE TERMS OF THIS DOCUMENTARY CREDIT, WE UNDERTAKE TO REIMBURSE YOU IN THE CURRENCY OF THE CREDIT IN ACCORDANCE WITH YOUR INSTRUCTIONS, WHICH SHOULD INCLUDE YOUR UID NUMBER AND THE ABA CODE OF THE RECEIVING BANK.

有关资料：
提单号：SD1750416270　　　　提单日期：2022年8月31日
集装箱号码：TGHU4693235　　集装箱封号：29733851x40'FCL, CY/CY
原产地证书号：HZ00121
船名：HAN JIANG HE　　　　　航次：V.331E
装运港：SHANGHAI

CUSHION COVER:坐垫套,H.S.CODE(税则号):6 304.939 0

规格:45 cm×45 cm,

数量:20 000个,USD 2.20/个,100 PCS/箱,纸箱尺码:50 cm×40 cm×40 cm

毛重:22 KGS/箱,净重:20 KGS/箱

唛头:

VIRSONS

RAP-599/2009

FELIXSTOWE

NO.1-200

RUG:挂毯,H. S. CODE(税则号):5 803.001 0

规格:149 cm×139 cm,

数量:4 500个,USD 6.70/个,30 pcs/箱,纸箱尺码:150 cm×15 cm×140 cm

毛重:20 KGS/箱,净重:18 KGS/箱

唛头:

VIRSONS

RAP-599/2009

FELIXSTOWE

NO.201-350

样单:

样例：

模块七
缮制进口单据

典型工作任务	1. 进口许可证的申领。 2. 进口订舱单、进口报关单、进口保险单、进口核销单的缮制
主要学习目标	1. 掌握进口许可证的定义与作用及申领程序。 2. 分别掌握进口订舱单、进口报关单、进口保险单、进口核销单的概念、作用及缮制要点。 3. 掌握审单的原则及基本方法
工作操作技能	1. 能够根据业务资料,正确申领进口许可证。 2. 能够根据业务资料,分别正确填制进口订舱单、进口报关单、进口保险单、进口核销单等相关单据。 3. 能够根据业务资料,熟练进行进口审单的操作

典型工作任务一 进口许可证的申领

一、进口许可证定义及作用

广义上,国家政府为了禁止、控制或统计某些进口商品的需要,规定只有从指定的政府机关申办并领取进口许可证,商品才允许进口。

进口许可证制度是进口国采用的行政管理手续,它要求进口商向有关行政管理机构呈交申请书或其他文件,作为货物进口至海关边境的先决条件。即进口商进口商品必须凭申请到的进口许可证进行,否则一律不予进口。

二、适用范围

进口许可证(Import License),是指商务部及其授权发证机构依法对实行数量限制或其他限制的进口货物颁发准予进口的许可证件。进口许可证监管证件代码为"1"。

国家规定有数量限制的进口货物,实行配额管理和出口配额招标管理,其他限制进口货物,实行许可证管理。

2011年实施进口许可证管理的商品为消耗臭氧层物质、重点旧机电产品2类132个10位HS编码。商务部配额许可证事务局负责签发重点旧机电产品的进口许可证,商务部授权的地方商务主管部门负责签发消耗臭氧层物质的进口许可证,在京中央管理企业的进口许可证由许可证局签发。

三、进口许可证的种类

(1) 按许可证有无限制,可分为公开一般许可证和特种进口许可证。

① 公开一般许可证(Open General Licence)。它对进口国别或地区没有限制,凡列明属于公开一般许可证的商品,进口商只要填写此证,即可获准进口。

② 特种进口许可证(Specific Licence)。进口商必须向政府有关当局提出申请,经政府有关当局逐笔审查批准后才能进口。

特种进口许可证是指为实施进口许可证制度需向有关行政部门递交申请书或其他文件(为了海关目的的要求除外),作为进口到该进口方海关管辖地区的先决条件的行政程序。发放进口许可证是实行进口许可证制度的一种措施。进口许可证是进口获得批准的证明文件之一。

(2) 进口许可证分为自动许可证和非自动许可证。自动许可证不限制商品进口,设立的目的也不是对付外来竞争,它的主要作用是进行进口统计。非自动许可证是须经主管行政当局个案审批才能取得的进口许可证,主要适用于需要严格数量质量控制的商品。非自动许可证的作用有管制配额项下商品的进口;连接外汇管制的进口管制;连接技术或卫生检疫管制的进口管制。只有取得配额、取得外汇或者通过技术检查和卫生检疫,才能取得许可。进口许可证极易被乱用而成为贸易壁垒。

(3) 根据进口许可证和进口配额的关系,进口许可证可分为有定额的进口许可证和无定额的进口许可证。

① 有定额的进口许可证,即先规定有关商品的配额,然后在配额的限度内根据商人申请发放许可证。

② 无定额的进口许可证,主要根据临时的、政治的或经济的需要发放。

四、申领流程

(1) 申请条件。

① 进口商需具备进出口经营资格;实行国营贸易的须具备国营贸易资格;某些货物进口须符合有关商会、行业协会的行业自律要求。

② 进口货物用途或者最终用户符合法律法规特定规定。

③ 法律法规规定的其他有关条件,如商务部公告第 62 号《2006 年原油、成品油非国营贸易进口允许量、分配依据和申请程序》。

(2) 申请材料。

① 进出口经营资格证书、备案登记表或外商投资企业批准证书(以上证书、文件仅限年内初次申领者提交)。

② 自动进口许可证申请表。

③ 货物进口合同(正本复印件)。

④ 属于委托代理进口的,应提交委托代理进口协议(正本复印件)。

⑤ 对进口货物用途或者最终用户法律法规有特定规定的,应当提交进口货物用途或者最终用户符合国家规定的证明材料。

⑥ 针对不同商品在《中华人民共和国海关进出口商品规范申报目录》中列明的应当提交的材料。

⑦ 商务部规定的其他应提交的材料。

⑧ 进口经营者公函(介绍信)原件。

⑨ 进口经营者领证人员的有效身份证明。

⑩ 如因异地申领等特殊情况,需要委托他人申领的,被委托人应提供进口经营者出具的委托公函(其中应注明委托理由和被委托人身份)原件和被委托人的有效身份证明。

(3) 书面申请。

进口经营者可以从配额许可证事务局网站下载《自动进口许可证申请表》(可复印)等有关材料,按要求如实填写,与本办法规定的其他材料一并递交商务部行政事务服务中心。

(4) 网上申请。

进口经营者在网上申请前应先申领用于企业身份认证的电子钥匙。申请时登录相关网站,进入相关申领系统,按要求如实在线填写《自动进口许可证申请表》等资料。在线查看《自动进口许可证申请表》状态,待复审通过后打印《自动进口许可证申请表》并加盖公章。持《自动进口许可证申请表》及相关材料到商务部行政事务服务中心领取自动进口许可证。

(5) 监管程序。

进口经营者可以通过书面或网上申请方式向商务部行政事务服务中心提出申请。

(6) 告知方式。

颁发《中华人民共和国自动进口许可证》。

(7) 承诺时限。

最长不超过十个工作日。

(8) 收费依据。

收费性质为国家行政事业性收费。根据国家物价局、财政部〔1992〕价费字401号、财政部(94)财预字第37号文件《进出口许可证收费财务管理办法》规定,每份证书收费人民币20元整。

进口许可证样本如图7-1所示。

中华人民共和国进口许可证

IIMPORT LICENCE OF THE PEOPLE'S REPUBLIC OF CHINA

No.

1. 进口商 Importer			3. 进口许可证号 Import licence No.		
2. 进口用户 Consignee			4. 进口许可证有效截止日期 Import licence expiry date		
5. 贸易方式 Terms of trade			8. 出口国（地区） Country/region of exportation		
6. 外汇来源 Terms of foreign exchange			9. 原产地国（地区） Country/Region of origin		
7. 报关口岸 Place of clearance			10. 商品用途 Use of goods		
11. 商品名称 Description of goods		商品编码（H.S.） Code of goods			设备状态 Status of
12. 规格、型号 Specification	13. 单位 Unit	14. 数量 Quantity	15. 单价（　） Unit Price	16. 总值（　） Amount	17. 总值折美元 Amount in USD
18. 总计 Total					
19. 备注 Supplementary details			20. 进口用户所在地区(部门)意见:(签章) Issuing authority's stamp & signature		
			21. 发证日期 License date		

对外贸易经济合作部监制

图 7-1 进口许可证样本

自动进口许可证目录—办理流程图(一)

适用商品:酒、烟草、二醋酸纤维丝束、肉鸡、石棉、塑料原料、合成橡胶、铜、铝、煤、对苯二甲酸、废钢、废纸。

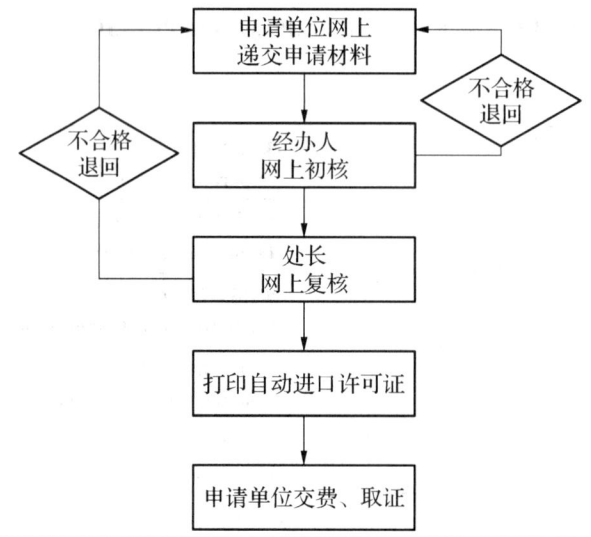

申请单位提交的书面材料包括:
(1) 自动进口许可证明申请表;
(2) 进口合同(正本复印件);
(3) 属于委托代理进口的,应提交委托代理进口协议(正本复印件);
(4) 进出口资格证书、备案登记表或外商投资企业批准证书(年内首次申请)。

图 7-2

典型工作任务二　进口订舱单的缮制

一、订舱的基本概念

我们通常所说的租船订舱是租船和订舱的合成词。在国际货物运输和交付的过程中,海运方式下,如货物的数量较大,可以洽租整船甚至多船来装运,这就是"租船"(Charter);如果货物量不大,则可以租赁部分舱位来装运,这就是"订舱"(Book Shipping Space)。订舱通常是班轮订舱,是货物托运人(Shipper)或其代理人根据其具体需要,选定适当的船舶向承运人(通常为班轮公司或它的营业机构)以口头或订舱函电进行预约洽订舱位装货、申请运输,承运人对这种申请给予承诺的行为。

在 CIF/CIP 或 CFR/CPT 条件下,订舱是卖方的主要职责之一;在 FOB/FCA 条件下,则由买方负责,当然买方也可委托卖方进行此项工作。当卖方收到国外开来的信用证,经过审核无误(信用证方式下),且完成备货后,能否做到船货衔接,按合同及信用证规定的时间及时将货物装运,主要取决于订舱这个环节。

二、订舱的程序

订舱通常由船舶代理机构办理,也可向船公司直接洽订。一般来说,当货方需要洽订整船舱位时,常以航次租船方式来完成货物的运输;其余情况下通常都选用班轮订舱的方式。班轮订舱的操作流程主要分为以下几个步骤:

(1) 询价。

货方首先需掌握发货港至各大洲、各大航线常用的及货主常需服务的港口,价格以及主要船公司的船期信息。

(2) 订舱。

货方经过比较之后选择合适的船公司,并根据合适的班轮船期向船方订舱,填写托运单。

(3) 接受订舱。

船方根据货方提供的载重量、货舱容积及订舱货载的具体特点,拟定合理装运方案,并通过代理与货方联系。

(4) 签发订舱单。

双方协商一致后,船方签发订舱单(Book Note;Berth Note)。

三、进口货物托运程序

在 FOB 术语下,由进口商负责办理货物运输和保险手续,在通常情况下,进口商委托货运代理公司办理租船订舱业务。

(1) 出口商须在合同规定的时间内备好货物,并在指定交货前的一定时间内,向进口商发出货物备妥通知,将货物备妥日期、货物名称和规格、毛重和体积等信息通知进口商(见图 7-2)。

进口订舱委托书

编号:CT8514895　　　　　　　　　　　　　　　　　　　　　　日期:2021 年 12 月 13 日

货名(英文)	AIR CONDITIONER		
重量	6 500 KG	尺码	43 m³
合同号	03TG28711	包装	纸箱
装卸港	大阪	交货期	2022 年 2 月 28 日
装货条款	从大阪运至上海,2022 年 2 月 28 日前,不准分批装运和转运		
发货人名称地址	上海朗明商贸有限公司 上海市天河路 267 号		
发货人电挂	电话:021-58693215		
订妥船名	KINSTAND	预抵港口	上海
备注		委托单位	上海朗明商贸有限公司 王明

图 7-2　进口订舱委托书

① 危险品须注明性能,重大物件须注明每件重量及尺码。
② 装货条款须详细注明。
(2) 进口商接到通知后,联系货代公司,确定装运港、目的港、预计装运时间、舱位等信息,并缮制进口订舱委托书,缮制订舱委托书时应写清楚发货人的公司名称、地址、电话、联系人,以便启运港船公司代理及时与出口商联系装运事宜,保证船货能够衔接。

典型工作任务三　进口报关单的填制

一、入境一般货物的报关流程

通常情况下,入境一般货物报关程序分为申报、查验、纳税及放行4步(见图7-3)。

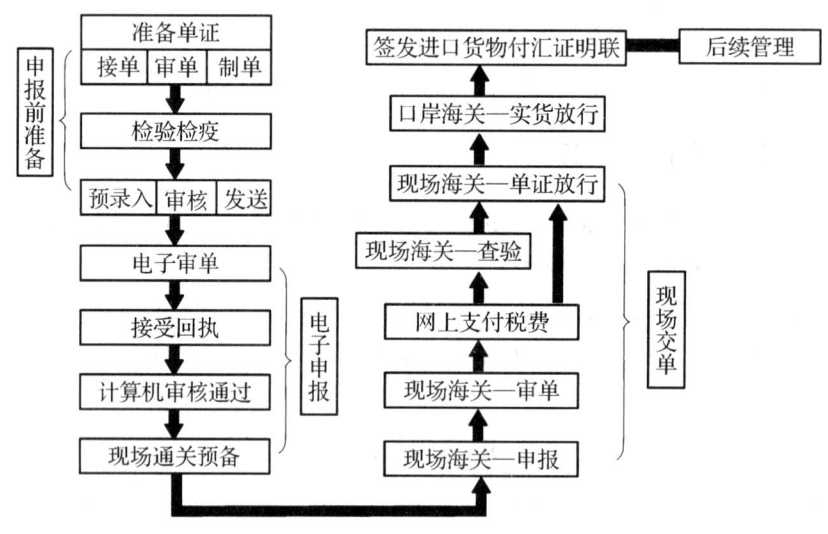

图7-3　入境一般货物报关流程

(一) 入境申报

入境申报是指入境货物的收货人或者其委托的代理人在进口货物时,在海关规定的期限内,以书面或电子数据交换(EDI)方式向海关报告其进口货物的情况,并随附有关货运和商业单证,申请海关审查放行,并对所报告内容的真实准确性承担法律责任的行为。

目前,海关接受申报的方式一般有3种:口头申报、书面申报及电子数据交换申报,其中以后两种申报形式为主。

按照我国《海关法》的规定,进口货物的申报期限为自运输工具进境之日起14日内,超过14日期限未向海关申报的,由海关按日征收进口货物CIF(或CIP)价格的0.5‰的滞报金。超过3个月未向海关申报的,除有特殊原因以外,由海关将货物提取变卖,所得价款在扣除运输、装卸、储存等费用和税款后尚有余款的,自货物变卖之日起 1 年内,经收货人申请,予以发还;逾期无人申请的,上缴国库。申报的具体手续是:进口货物到货后,申报人根据进口单据填写进口货物报关单向海关申报。

在报关时,报关人除填写进口货物报关单外,还必须向海关交验下列单证:提货单、装货单、运单、发票、装箱单、保险单、进口货物许可证。必要时,还应向海关交验订货合同、产地购运证明及其他文件。海关收到以上单证后,应进行认真审核,以检查所申报的进口货物是否符合国家的有关规定。

(二) 查验

查验是指海关在接受报关单位的申报后,依法为确定进境货物的性质、对原产地、货物状况、数量和价值是否与货物申报单上已填报的详细内容相符,对货物进行实际检查的行政执法行为。

(三) 纳税

进口货物的收货人或其代理人收到海关的税款缴纳证书后,应在规定的期限内缴纳进口税款。我国《海关法》对进口货物纳税期限的规定与出口货物的相同。进口货物以海关审定的正常 CIF 价格为完税价格。CIF 价格不能确定时,完税价格由海关估定。

计算进口关税税款的基本公式是:进口关税税额＝完税价格×关税税率。

在计算关税时应注意以下几点:

(1) 进口税款缴纳形式为人民币。进口货物以外币计价成交的,由海关按照签发税款缴纳证书之日国家外汇管理部门公布的人民币外汇牌价的买卖中间价折合人民币计征。人民币外汇牌价表未列入的外币,按国家外汇管理部门确定的汇率折合人民币。

(2) 完税价格计算到元为止,元以下四舍五入。关税税额计算到分为止,分以下四舍五入。

(3) 一票货物的关税税额在人民币 10 元以下的免税。

二、入境货物报关单的缮制

(一) 海关对报关单填制的要求

(1) 报关人按照《海关法》《中华人民共和国海关进出口货物管理规定》和《填制规范》的有关规定和要求,向海关如实申报。

(2) 填报必须真实,做到"两个相符"。

① 单证相符:报关单与合同、批文、发票、装箱单等相符。

② 单货相符:报关单所报内容与实际进出口货物的情况相符。

(3) 准确、齐全、完整、清楚。

不得用铅笔或红色复写纸填写,若有更正,需在更正项目上加盖校对章。为实行报关自动化的需要,申报单位除填写报关单上的有关项目内容外,还应填上有关项目的代码。

(4) 不同批文或合同的货物,同一批货物中不同贸易方式的货物,不同运输工具或相同运输方式但不同航次的货物,均应分别填写报关单。

(5) 已申报的报关单,在合理的理由下,可以申请更正,得到核准后,进行更改或撤销。

(二) 入境报关单的缮制要求

(1) 预录入编号：预录入编号指申报单位或预录入单位对该单位填制录入的报关单的编号，用于该单位与海关之间引用其申报后尚未批准放行的报关单。

(2) 海关编号。海关编号指海关接受申报时给予报关单的编号。

(3) 进口口岸。进口口岸指货物实际进我国关境口岸海关的名称。本栏目应根据货物实际进(出)口的口岸海关选择填报《关区代码表》中相应的口岸海关名称及代码。

(4) 备案号。备案号指进出口企业在海关办理加工贸易合同备案或征、减、免税审批备案等手续时，海关给予《进料加工登记手册》《来料加工及中小型补偿贸易登记手册》《外商投资企业履行产品出口合同进口料件及加工出口成品登记手册》《进出口货物征免税证明》或其他有关备案审批文件的编号。

(5) 进口日期。进口日期指运载所申报货物的运输工具申报进境的日期。本栏目填报的日期必须与相应的运输工具进境日期一致。

(6) 申报日期。申报日期指海关接受进口货物的收、发货人或其代理人申请办理货物进口手续的日期。

(7) 经营单位。经营单位指对外签订并执行进出口贸易合同的中国境内企业或单位。本栏目应填报经营单位中文名称及经营单位编码。

(8) 运输方式。运输方式指载运货物进入关境所使用的运输工具的分类。本栏目应根据实际运输方式，按海关规定的《运输方式代码表》选择填报相应的运输方式。

(9) 运输工具名称。运输工具名称指载运货物入境的运输工具的名称或运输工具编号。

(10) 提运单号。提运单号指进出口货物提单或运单的编号。

(11) 收货单位。收货单位指已知的进口货物在境内的最终消费、使用单位，包括自行从境外进口货物的单位、委托有外贸进出口经营权的企业进口货物的单位。

(12) 贸易方式。应根据实际情况，并按海关规定的《贸易方式代码表》选择填报相应的贸易方式简称或代码(见表7-1)。

表7-1 贸易方式代码表

代码	简称	代码	简称	代码	简称
0110	一般贸易	1110	对台贸易	3010	货样广告品A
0130	易货贸易	1233	保税仓库货物	3100	无代价抵偿
0214	来料加工	1200	保税间货物	3422	对外承包出口
0258	来料余料结转	1427	出料加工	3511	援助物资
0420	加工贸易设备	1523	租赁贸易	3612	捐资物资
0513	补偿贸易	1616	寄售代销	4039	对台小额
0615	进料加工	1741	免税品	9739	其他贸易
0654	进料深加工	1831	外汇商品		
0715	进料非对口	2025	合资合作设备		
0815	低值辅料	2225	外资设备物品		

(13) 征免性质。它是指海关对进出口货物实施征、减、免税管理的性质类别。

(14) 征税比例。征税比例仅用于"对口合同进料加工"贸易方式下(代码"0715")进口料、件的进口报关单,填报海关规定的实际应征税比率。

(15) 许可证号。应申领进口许可证的货物,必须在许可证号栏目填报外经贸部及其授权发证机关签发的进口货物许可证的编号,不得为空。

(16) 起运国(地区)。它是指进口货物直接运抵或者在运输中转国(地)未发生任何商业性交易的情况下运抵我国的起始发出的国家(地区)。

(17) 装货港。它是指进口货物在运抵我国关境前的最后一个境外装运港。

(18) 境内目的地。它是指已知的进口货物在国内的消费地、使用地或最终运抵地。

(19) 批准文号。进口报关单本栏目用于填报《进口付汇核销单》编号。

(20) 成交方式。应根据实际成交价格条款,按海关规定的《成交方式代码表》选择填报相应的成交方式代码。

(21) 运费。用于成交价格中不包含运费的进口货物,应填报该份报关单所含全部货物的国际运输费用。

(22) 保费。用于成交价格中不包含保险费的进口货物,应填报该份报关单所含全部货物国际运输的保险费用。

(23) 杂费。杂费指成交价格以外的,应计入完税价格或应从完税价格中扣除的费用,如手续费、佣金、回扣等。

(24) 合同协议号。应填报进口货物合同(协议)的全部字头和号码。

(25) 件数。应填报有外包装的进(出)口货物的实际件数。即货物可以单独计数的一外包装为一件。

(26) 包装种类。应填报进口货物的实际外包装种类,按海关规定的《包装种类代码表》选择填报相应的包装种类代码。

(27) 毛重(千克)。毛重指货物及其包装材料的重量之和。本栏目填报进(出)口货物实际毛重。

(28) 净重(千克)。净重指货物的毛重减去外包装材料后的重量,即商品本身的实际重量。

(29) 集装箱号。它是在每个集装箱箱体两侧标示的全球唯一的编号。

(30) 随附单据。随附单据指随进口货物报关单一并向海关递交的单证。合同、发票、装箱单、许可证等必备的随附单证不在本栏目填报。

(31) 用途。应根据进口货物的实际用途按海关规定的《用途代码表》选择填报相应的用途代码。

(32) 标记唛码及备注。标记唛码中除图形以外的文字、数字。

(33) 项号。项号指同一货物在报关单中的商品排列序号和在登记手册上的商品序号。

(34) 商品编号。商品编号指按海关规定的商品分类编码规则确定的进口货物的商品编号。

(35) 商品名称、规格型号。该栏目分两行填报及打印。第一行打印进(出)口货物规范的中文商品名称,必要时可加注原文。第二行打印规格型号,必要时可加注原文。

(36) 数量及单位。它是指进口商品的实际数量及计量单位。

(37) 原产国(地区)。它是指进口货物的生产、开采或加工制造的国家(地区)。

(38) 单价。应填报同一项号下进口货物实际成交的商品单位价格的金额。

(39) 总价。应填报同一项号下进口货物实际成交的商品总额。

(40) 币制。它是指进(出)口货物实际成交价格的币种。本栏目应根据实际成交情况,按海关规定的《货币代码表》选择填报相应的货币名称或代码。

(41) 征免。它是指海关依法对进口货物进行征税、减税、免税管理的性质类别。

(42) 税费征收情况。该栏目供海关批注进口货物税费征收及减免情况。

(43) 录入员。用于预录入和 EDI 报关单,打印录入人员的姓名。

(44) 申报单位。它是指报关单左下方用于填报申报单位有关情况的总栏目。自理报关的,应填报进(出)口货物的经营单位名称及代码;委托代理报关的,应填报经海关批准的专业或代理报关企业名称及代码。

典型工作任务四　进口保险单的填制

一、进口货运保险的投保方式

在以 FOB、CFR 等术语签订的进口合同中,由进口商负责办理进口货运保险事宜,进口商在向保险公司投保时,可以采用预约保险和逐笔投保两种方式。

(一) 预约保险

预约保险是指由进口商与保险公司签订预约保险合同(Open Policy),并在合同中对进口货物应投保的险别、保险费率、适用的保险条款、保险费及赔款的支付方式做出明确的规定。凡是属于预约保险合同规定范围内的进口货物,一经装船,保险公司即负有自动承保的责任。进口商在收到国外出口商的装运通知后,据此编制进口货物装船通知书,列明合同号、起运口岸、船名、起运日期、航线、货物名称、数量、金额等必要内容,递交保险公司作为投保凭证,即完成了投保手续。空运或邮包运输的货物,也需编制装运通知书并送交保险公司,作为办妥投保手续的证明。

分批交货的进口合同多采用这种投保方式,由我国进口商与保险公司签订运输货物的预约保险合同。

(二) 逐笔投保

逐笔投保是指进口商在收到出口商发来的装运通知后,直接向保险公司填写投保单,办理投保手续,保险公司接受投保后,即出具正式保险单给投保人。投保人缴付保险费后,保险单随即生效。

进口货物运输预约保险合同样本如图7-4所示。

进口货物运输预约保险合同

合同号 TT080156　　　　　　　　　　　　　　2021年12月17日

甲方:上海朗明商贸有限公司
乙方:中国人民保险公司　　　上海　分公司
双方就进口货物的运输预约保险拟定各条以资共同遵守:

一、保险范围

甲方从国外进口全部货物,不论运输方式,凡贸易条件规定由买方办理保险的,都属于本合同范围之内。甲方应根据本合同规定,向乙方办理投保手续并支付保险费。

乙方对上述保险范围内的货物,负有自动承保的责任,在发生本合同规定范围内的损失时,均按本合同的规定,负责赔偿。

二、保险金额

保险金额以货物的到岸价格(CIF)即货价加运费加保险费为准(运费可用实际运费,亦可由双方协定一个平均运费率计算)。

三、保险险别和费率

各种货物需要投保的险别由甲方选定并在投保单中填明。乙方根据不同的险别规定不同的费率。现暂定如下:

货物种类	运输方式	保险险别	保险费率
分体式空调	海运	一切险、战争险	0.88%

四、保险责任

各种险别的责任范围,按照所属乙方制定的"海洋货物运输保险条款""海洋运输货物战争险条款""海运进口货物国内转运期间保险责任扩展条款""航空运输一切险条款"和其他有关条款的规定为准。

五、投保手续

甲方一经掌握货物发运情况,即应向乙方寄送起运通知书,办理投保。通知书一式五份,由保险公司签认后,退回一份。如不办理投保,货物发生损失,乙方不予理赔。

六、保险费

乙方按照甲方寄送的起运通知书照前列相应的费率逐笔计收保费,甲方应及时付费。

七、索赔手续和期限

本合同所保货物发生保险责任范围内的损失时,乙方应按制定的"关于海运进口保险货物残损检验的赔款给付方法"和"进口货物施救整理费用支付方法"迅速处理。甲方应尽力采取防止货物扩大受损的措施,对已遭受损失的货物必须积极抢救,尽量减少货物的损失。向乙方办理索赔的有效期限,以保险货物卸离海港之日起满一年终止。如有特殊需要可向乙方提出延长索赔期。

八、合同期限

本合同自2021年12月17日起开始生效。

甲方　　　　　　　　　　　乙方

上海朗明商贸有限公司　　　中国人民保险公司上海分公司
王明　　　　　　　　　　　张平

图7-4　进口货物运输预约保险合同样本

典型工作任务五　进口付汇核销单的填制

一、进口付汇核销

"贸易进口付汇核销单(代申报单)"(以下简称"进口核销单")系指由国家外汇管理局监制、保管和发放,进口单位和银行填写,银行凭以为进口单位办理贸易进口项下的进口售付汇核销的凭证。每份进口核销单只能凭以办理一笔售付汇手续。

根据《国际收支统计申报办法实施细则》,进口核销单既用于贸易项下进口售付汇核销,又用于国际收支申报统计。

在填写进口核销单时,应注意各项内容与售付汇情况是否一致。

二、进口付汇核销的基本操作流程

进口付汇核销的基本操作流程如图 7-5 所示。

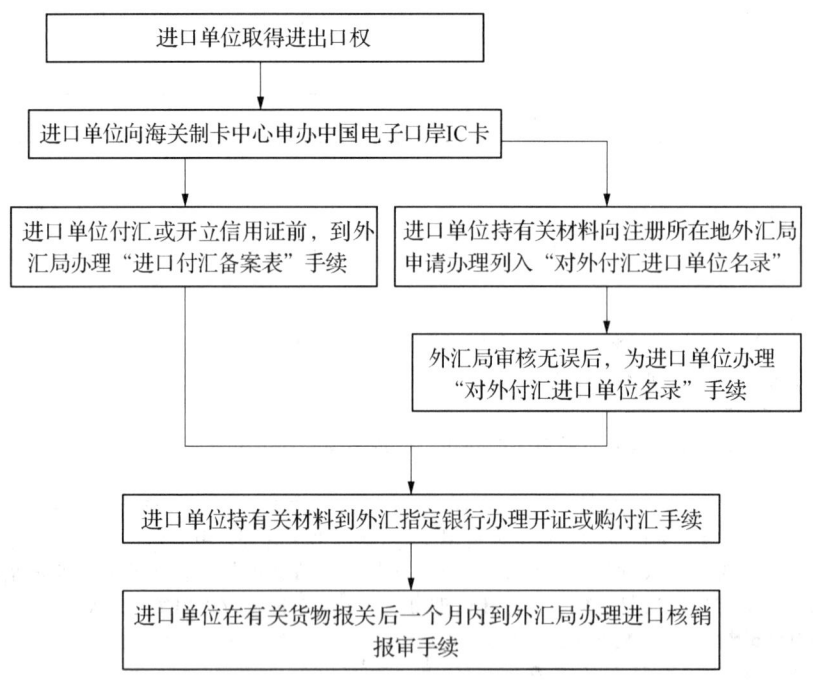

图 7-5　进口付汇核销流程图

(1) 企业登记。

未开立经常项目外汇账户的企业凭介绍信、工商营业执照、组织机构代码证、进出口企业资格证到外管局登记;已开立经常项目外汇的企业凭申请书、进出口经营权备案登记表等相关证明办理登记。外管局将企业信息录入"贸易进口付汇监管系统"。

(2) 办理"进口付汇备案表"。

"不在名录""异地付汇"和"由外管局审核真实性的进口单位"付汇,则须先持有关材料到外管局办理进口付汇备案手续,领取外管局签发的"进口付汇备案表"后再到外汇指定银行办理开证或购、付汇。

(3) 外管局将付汇数据录入贸易进口付汇监管系统。

进口单位付汇后,根据银行报送的"贸易进口付汇核销单"或"对外付汇承诺通知书",外管局将付汇单位的付汇数据录入到贸易进口付汇监管系统中。

(4) 办理进口核销手续。

进口单位在有关货物报关一个月内到外管局办理进口核销报审手续(货到付款结算方式的进口付汇除外)。

三、进口单位进口付汇核销报审的申请资料

进口企业在银行办理贸易进口付汇后,应当在有关货物进口报关后一个月内持贸易进口付汇核销单(以下简称"核销单")或者进口付汇项下国际收支申报凭证(目前仅限于招商银行及中国建设银行)、贸易进口付汇到货核销表(以下简称"到货核销表",一式两份加盖公司公章)等有效单证到外汇管理部经常项目管理处进口付汇核销科柜台办理核销报审手续,领取了进口付汇备案表(以下简称"备案表")的企业,还须提交备案表企业留存联。

具体不同结算方式核销报审所需资料要求如下(除特殊注明外,均为原件)。

(一) 货到汇款项下

(1) 在注册地银行办理的货到汇款项下付汇,企业在银行付汇的同时同步核销,不需要到外汇局办理核销报审;

(2) 异地付汇。企业(含保税监管区域内企业)办理了异地付汇的,企业(含保税监管区域内企业)仍须持核销单或进口付汇项下国际收支申报凭证(目前仅限于招商银行及中国建设银行)、到货核销表、进口付汇备案表企业留存联到注册地外汇局办理报审手续。

(二) 信用证、托收及预付款项下

信用证、托收及预付款项下的进口付汇,持核销单或者进口付汇项下国际收支申报凭证(目前仅限于招商银行及中国建设银行)、到货核销表、进口报关单付汇核销联原件、海关IC卡、进口付汇备案表(领取了备案表的付汇提供)到北京外汇管理部经常项目管理处进口付汇核销科柜台办理进口付汇核销报审手续。属下列情况的,还需提交相应的单据资料:

(1) 代理进口项下经营单位与付汇方不一致的,需提供正本代理进口协议。

(2) 转口贸易、境外工程使用物质、退汇项下:

提交银行结汇水单或收账通知书原件及两套复印件(收汇凭证上银行须签注"转口贸易收汇""境外工程使用物资收汇"或"进口退汇"等字样,并加盖银行业务章;同时,对于从境内离岸账户汇入境内的外汇,收汇凭证上银行须签注"离岸账户汇入"字样,并加

盖银行业务章)、涉外收入申报单,以及外汇局要求的其他资料。转口贸易、境外工程使用物资项下,收汇金额须大于付汇金额。

(3)进口报关单贸易方式为"有条件对外售(付)汇的贸易方式"类别的,参照《国家外汇管理局、海关总署关于对凭进口货物报关单证明联办理售付汇及核销实行分类管理的通知》(汇发〔2003〕15号)办理。

四、"贸易进口付汇核销单"的内容和缮制要求

(1)印单局代码。
为印制本核销单的六位外汇局代码。
(2)核销单编号。
核销单编号由各印制本核销单的外汇局自行编制。
(3)单位代码。
应根据国家技术监督局颁发的组织机构代码填写。
(4)所在地外汇局名称。
所在地外汇局名称系指付汇单位所在地外汇局名称。
(5)付汇银行名称。
通常为进口地银行。
(6)收汇人国别。
收汇人国别系指该笔对外付款的实际收款人常驻国家,即出口国家,如"China"。
(7)交易编码。
应根据本笔对外付汇交易的性质对应国家外汇管理局国际收支交易编码表填写。

0101　一般贸易
0102　国家间、国际组织无偿援助和赠送的物资
0103　华侨、港澳台同胞、外籍华人捐赠物资
0104　补偿贸易
0105　来料加工装配贸易
0106　进料加工装配贸易
0107　寄售代销贸易
0108　边境小额贸易
0109　来料加工装配进口的设备
0111　租赁贸易
0112　免税外汇商品
0113　出料加工贸易
0114　易货贸易
0115　外商投资企业进口供加工内销的料、件
0116　其他
0201　预付货款

(8) 交易附言。

交易附言是付款人对该笔对外付款用途的描述,可不填。

(9) 对外付汇币种、报关单币种。

应按币种的英文缩写填写,如 USD。

(10) 对外付汇总额、购汇金额、现汇金额、其他方式金额、汇款中报关单"金额"应用阿拉伯数字填写。

(11) 人民币账号、外汇账号。

应根据如下规定填报:如所付款项系从现汇账户中支出,则在"外汇账号"栏填写该现汇账户的账号;如所付款项系从银行购得的外汇,则在"人民币账号"栏填写其用于购汇的人民币账户的账号。

(12) 付汇性质。

应选择适当的付汇性质打"√"。其中,"正常付汇"系指除不在名录、90 天以上信用证、90 天以上托收、异地付汇、90 天以上到货、转口贸易、境外工程使用物资、真实性审查以外无须办理进口付汇备案业务的付款业务;"90 天以上信用证"及"90 天以上托收"均系指付汇日期距承兑日期在 90 天以上的对外付汇业务;除"正常付汇"之外的各付汇性质在标注"√"时,均须对应填写备案表编号。

(13) 结算方式。

应选择适当的结算方式打"√"。其中:90 天以内信用证、90 天以内托收的付汇日期距该笔付汇的承兑日期均小于 90 天且含 90 天;90 天以上信用证、90 天以上托收的付汇日期距该笔付汇的承兑日期均大于 90 天;结算方式为"货到付汇"时,应同时填写对应"报关单号""报关日期""报关单币种""金额"。

(14) 申报号码。

申报号码共 22 位。第 1 至第 6 位为地区标识码、第 7 至第 10 位为银行标识码、第 11 和第 12 位为金融机构顺序号、第 13 至第 18 位为该笔贸易进口付汇的付汇日期或该笔对外付汇的申报日期,最后 4 位为银行营业部门的当日业务流水码。

(15) 其他各栏。

均应按栏目提示对应填写。

贸易进口付汇核销单样本如表 7-2 所示。

表 7-2 贸易进口付汇核销单样本
贸易进口付汇核销单(代申报单)

印单局代码:320000　　　　　　　　　　　　　　　　　　核销单编号:00492425

单位代码 13438589-8	单位名称 南京德尚贸易公司	所在地外汇局名称　省外汇局
付汇银行名称　中行江苏省分行	收汇人国别　日本	交易编码 D S 1 0 3 2 E
收款人是否在保税区:是□ 　　　　　　　　　　否√	交易附言	

续 表

对外付汇币种 日元	对外付汇总额 1 728 600.00		
其中:购汇金额 0	现汇金额 1 728 600.00 其他方式金额 0		
人民币账号	外汇账号		
付汇性质 汇购方式			
☑正常付汇			
□不在名录 □90天以上信用证 □90天以上托收 ☑异地付汇			
□90天以上到货 □转口贸易			
备案表编号			
预计到货日期 21/12/30	进口批件号 20313768	合同/发票号 DS1032E	
结算方式 即期信用证			
信用证 90天以内☑ 90天以上□ 承兑日期 21/12/16 付汇日期 21/12/16 期限 天			
托收 90天以内☑ 90天以上□ 承兑日期 21/12/16 付汇日期 21/12/16 期限 天			
汇款	预付货款□ 货到付汇(凭报关单付汇)□ 付汇日期 21/ 12 /30		
	报关单号 00492425 报关日期 21/12/16 报关单币种 日元 金额 1 728 600.00		
	报关单号 报关日期 / / 报关单币种 金额		
	报关单号 报关日期 / / 报关单币种 金额		
	报关单号 报关日期 / / 报关单币种 金额		
	(若报关单填写不完,可另附纸。)		
其他□ 付汇日期 21 /12 /30			
以下由付汇银行填写			
申报号码:□□□□□□ □□□□ □□ □□□□□□□ □□□□			
业务编号: 审核日期: / / (付汇银行签章)			

进口单位签章

典型工作任务六 进口审单的操作

进口货物单据的审核是进口合同履行过程的重要环节。进口审单是指银行和进口商收到国外寄来的汇票和单据后,对照信用证或合同的规定,审查、核对单据的内容和份数。如果审核无误,即向出口商付款。

一、审单责任人

信用证支付方式下,审单的任务是银行的职责。但是,在我国的进口业务中,审单的任务一般是由开证行和进口公司共同完成的。通常由开证行对单据进行初审,进口公司进行复审。审核单据时,要以信用证和合同为依据。要审查各项单据的具体内容与信用证具体规定是否完全一致;审查单据的种类、份数是否齐全,签字背书是否合乎要求;要将各种单据以发票为中心进行对照,审查各种单据之间是否一致。

二、审单重点

（1）单据的种类、份数与信用证要求及议付行寄单回函所列是否相符。

（2）汇票、发票上的金额是否一致,与信用证规定的最高金额相比是否超额,与议付行寄单回函所列金额是否一致。

（3）单据中对品名、规格、数量、包装等的描述是否与信用证要求相符。

（4）货运单据的出单日期及内容是否与信用证相符。

（5）货运单据及保险单据等其他单据的背书是否有效。

银行对任何单据的格式、完整性、准确性、真实性、伪造、法律效力、单据上的规定、附加的一般及特殊条件一概不负责任;对于任何单据所代表的货物的描述、数量、重量、品质、包装、总值和发货人、承运人、收货人、保险公司或其他当事人的诚信、疏漏、清偿能力、履责能力或资信情况不负责任。相对而言,开证行更关心单证是否一致,单单是否相符。开证行如审单无误,即将上述单证交给进口商进行复审,同时准备履行付款责任。如审单时发现单据表面与信用证规定不符,开证行往往先与进口商联系征求进口商的意见。

操作训练

一、根据提供的信用证内容审核全套结汇单据,指出单据中的不符点并改正。

相关资料:

发票号码:WHC-09Y2988

发票日期:2021.08.15

FORM A 号码:GZ7/80067/0158

船名:SUISU/SENTOR V.001

产品原材料情况:完全自产品

集装箱号码:TEXU3730336/20'

装运港:NANJING

毛重:40.7 KGS/PAPERSACK

净重:40 KGS/PAPERSACK

总尺码:24 CBM

提单号码:GSG09-723858

提单日期:2021.09.01

唛头:H&L/HAMBUGR/NO.1-200

包装:200 PAPERSACK

```
AUG 01, 2021                         LOGICAL TERMINALE102
MT S700              ISSUE OF A DOCUMENTARY CREDIT    PAGE
                                     00001

                                              FUNC JSRVPR1

USER HEADER            SERVICE CODE     103: （银行盖信用证通知专用章）
                       BANK. PRIORITY   113:
                       MSG USER REF.    108:
                       INFO. FROM CI    115:
SEQUENCE OF TOTAL  *27    1/1
FORM OF DOC. CREDIT *40 A  NON-TRANSFERABLE

APPLICABLE RULES    40E   UCP LATEST VERSION
DOC. CREDIT NUMBER  *20   4006LC129336
DATE OF ISSUE       31 C  210801
EXPIRY              *31 D

                          DATE 211005 PLACE CHINA

APPLICANT           *50   INTERCOM IMPOTR & EXPORT CO., LTD
                          123 FRIEDRICH-EBERT STREET, HAMBURG
BENEFICIARY         *59   NANJING DECHUANGWEIYE IMPORT & EXPORT CO., LTD
                          HONGWU ROAD 16#, NANJING 210004 P.R.CHINA
AMOUNT              *32 B  CURRENCY USD AMOUNT 32400
POS./NEG.TOL.(%)    39 A  03/03
AVAILABLE WITH/BY   *41 D  ANY BANK IN CHINA, BY NEGOTIATION AGAINST THE
                          DOCUMENTS DETAILED HEREIN AND BENEFICIARY'S
                          DRAFT AT 30 DAYS SIGHT DRAWN ON US UNDER L/C
                          NO. 4006LC129336 FOR 100P.C. OF THE INVOICE VALUE.
DRAWEE              42 A  THE CHARTERED BANK AG HAMBURG
PARTIAL SHIPMTS     43 P  NOT ALLOWED
TRANSSHIPMENT       43 T  NOT ALLOWED
PORT OF LOADING     44 E  CHINA PORT
PORT OF DISCHARGE   44 F  HAMBURG
LATEST SHIPMENT     44 C  AT THE LATEST SEPT.10, 2021
GOODS DESCRIPT.     45 A
                          4439 CHINA BLACK TEA BAT. 8000KGS @ USD4.05/KG
                          CIF3% HAMBURG (1×20'FCL/200 PAPERSACKS)
                          PACKED IN PAPERSACKS, PALLETIZED AND CUNTAINERIZED
                          AS PER THE SALES CONFIRMATION NO.BT7095
                          THE PRICE IS TO BE UNDERSTOOD PER KILO NET
                          SHIPPED WEIGHT CIF HAMBURG LESS 3 PERCENT
                          COMISSION
```

DOCS REQUIRED	46 A	+ SIGNED COMMERCIAL INVOICE IN 4-FOLD. + PACKING LIST IN TRIPLICATE + FULL SET OF CLEAN ON BOARD MARINE BILL OF LADING MADE OUT TO THE ORDER, MARKED FREIGHT PREPAID AND NOTIFY APPLICANT. + CERTIFICATE OF WEIGHT IN 4-FOLD. + GSP CERTIFICATE OF ORIGIN FORM A, CERTIFYING GOODS OF ORIGIN IN CHINA, ISSUED BY COMPETENT AUTHORITIES. + INSURANCE POLICY OR CERTIFICATE COVERING ALL RISKS AND WAR RISK, INCLUDING WAREHOUSE TO WAREHOUSE CLAUSE, ISSUED FOR AT LEAST 110% OF CIF-VALUE.
ADDITIONAL CONDITION	47 A	IF BILL OF LADING ARE REQUIRED ABOVE, PLEASE FORWARD DOCUMENT IN TWO MAILS, ORIGINALS SEND BY COURIER AND DUPLICATES BY REGISTERED AIRMAIL.
DETAILS OF CHARGES	71 B	BANK CHARGES EXCLUDING ISSUING BANKS ARE FOR ACCOUNT OF BENEFICIARY.
PRESENTATION PERIOD	48	DOCUMENTS TO BE PRESENTED WITHIN 15 DAYS FROM SHIPMENT DATE
CONFIRMATION	*49	WITHOUT
INSTRUCTIONS	78	DISCREPANT DOCUMENTS, IF ACCEPTABLE, WILL BE SUBJECT TO A DISCREPANCY HANDLING FEE OF USD 50.00 OR EQUIVALENT WHICH WILL BE FOR ACCOUNT OF BENEFICIARY. SPECIAL NOTE: ISSUING BANK WILL DISCOUNT ACCEPTANCES ON REQUEST, FOR A/C FO BENEFICIARY (UNLESS OTHERWISE STATED) AT APPROPRIATE LIBOR RATE PLUS 1.00PER CENT MARGIN.
SEND. TO REC. INFO.	72	L/C IS SUBJECT TO UCP DC ICC IN USE PLEASE ADVISE URGENTLY TO BEN.
TRAILER		ORDER IS <MAC:> <PAC:> <ENC:> <CHK:> <TNG:> <PDE:> MAC: E55927A4 CHK: 7B505952829A

南京德创伟业进出口有限公司
Nanjing Dechuangweiye Import & Export Co., Ltd.
Hongwu Road 16#, Nanjing 210004 P. R. China

COMMERCIAL INVOICE Date 2021.08.15
Invoice No. WHC-09Y2988
S/C No.: BT7095

Messrs: Intercom Import & Export Co., Ltd.
123 FRIEDRICH-EBERT STREET, HAMBURG

Terms of Payment: L/C AT SIGHT

Marks and Numbers	Description & Quantity	Quantity	Unit Price	Amount
H & L HAMBUGR NO. 1-200	4439 CHINA BLACK TEA	8 000 KGS	USD 4.05	USD 32 400.00

TOTAL: CIF HAMBURG   USD 32 400.00

TOTAL QUANTITY: 8 000 KGS   PACKING: 200 PAPERSACKS
TOTAL WEIGHT: N.W.: 8 000 KGS   G.W.: 8 140 KGS
TOTAL US DOLLARS THIRTY TWO THOUSAND FOUR HUNDRED ONLY.
PACKING: IN PAPERSACKS, PALLETIZED AND CUNTAINERIZED INTO 1×20' FCL.

南京德创伟业进出口有限公司
Nanjing Dechuangweiye Import & Export Co., Ltd.
Hongwu Road 16#, Nanjing 210004 P.R.China

CERTIFICATE OF WEIGHT

DATE: 2021.08.15
INVOICE NO.: WHC-09Y2988

LOADING PORT: _____

S/C No.: BT7095   L/C NO.: 4006LC129336

Shipping Marks	Descriptions of Goods	Quantity	G. W	N. W
H & L HAMBUGR NO.1-200	4439 CHINA BLACK TEA 200 PAPERSACKS	8 000 KGS	40.7 KGS/PAPERSACK	40KGS/PAPERSACK
	TOTAL:	8 000 KGS	8 140 KGS	8 000 KGS

SAY TOTAL: EIGHT THOUSAND KGS ONLY.

ORIGINAL

1. Goods consigned from (Exporter's business name, address, country) NANJING DECHUANGWEIYE IMPORT & EXPORT CO., LTD HONGWU ROAD 16#, NANJING 210004 P. R. CHINA	Reference No. GZ7/80067/0158 GENERALIZED SYSTEM OF PREFERENCES CERTIFICATE OF ORIGIN (Combined declaration and certificate) FORM A Issued in THE PEOPLE's REPUBLIC OF CHINA
2. Goods consigned to (Consignee's name, address, country) INTERCOM IMPORT & EXPORT CO., LTD 123 FRIEDRICH-EBERT STREET, HAMBURG	(country) See Notes overleaf
3. Means of transport and route (as far as known) ON/AFTER AUGUST 15, 2021 FROM NANJING PORT TO HAMBURG, GERMANY BY VESSEL	4. For official use

5. Item num-ber	6. Marks and numbers of packages	7. Number and kind of packages; description of goods	8. Origin criterion (see Notes overleaf)	9. Gross weight or other quantity	10. Number and date of invoices
1	H&L HAMBUGR NO.1-200	(8000) EIGHT THOUSAND KGS OF 4439 CHINA BLACK TEA *************	"P" ****** TO	8 140 KGS ******* TAL: 8 140 KGS	WHC-09 Y2988 AUG 15, 2021

11. Certification It is hereby certified, on the basis of control carried out, that the declaration by the exporter is correct	12. Declaration by the exporter The undersigned hereby declares that the above details and statements are correct, that all the goods were produced in **CHINA** (country) and that they comply with the origin requirements specified for those goods in the Generalized System of Preferences for goods exported to **GERMANY**
NANJING, JIANGSU AUG. 20, 2021	NANJING, JIANGSU AUG. 20, 2021
Place and date, signature and stamp of certifying authority	Place and date, signature and stamp of authorized signatory

1. Shipper Insert Name, Address and Phone NANJING DECHUANGWEIYE IMPORT & EXPORT CO., LTD HONGWU ROAD 16#, NANJING 210004 P. R. CHINA	B/L No. GSG05－723858

中远集装箱运输有限公司
COSCO CONTAINER LINES

TLX: 33057 COSCO CN
FAX: +86(021) 6545 8984

2. Consignee Insert Name, Address and Phone TO THE ORDER

ORIGINAL
Port-to-Port or Combined Transport

BILL OF LADING

RECEIVED in external apparent good order and condition except as other-Wise noted. The total number of packages or unites stuffed in the container, The description of the goods and the weights shown in this Bill of Lading are Furnished by the Merchants, and which the carrier has no reasonable means Of checking and is not a part of this Bill of Lading contract. The carrier has Issued the number of Bills of Lading stated below, all of this tenor and date, One of the original Bills of Lading must be surrendered and endorsed or sig-Ned against the delivery of the shipment and whereupon any other original Bills of Lading shall be void. The Merchants agree to be bound by the terms And conditions of this Bill of Lading as if each had personally signed this Bill of Lading.
SEE clause 4 on the back of this Bill of Lading (Terms continued on the back Hereof, please read carefully).
*Applicable Only When Document Used as a Combined Transport Bill of Lading

3. Notify Party Insert Name, Address and Phone (It is agreed that no responsibility shall attach to the Carrier or his agents for failure to notify) INTERCOM IMPORT & EXPORT CO., LTD 123 FRIEDRICH-EBERT STREET, HAMBURG	
4. Combined Transport* Pre-carriage by	5. Combined Transport* Place of Receipt
6. Ocean Vessel Voy. No. SUISU/SENTOR V.001	7. Port of Loading NANJING PORT
8. Port of Discharge HAMBURG, GERMANY	9. Combined Transport* Place of Delivery

续 表

Marks & Nos. Container / Seal No.	No. of Containers or Packages	Description of Goods (If Dangerous Goods, See Clause 20)	Gross Weight Kgs	Measurement
H & L HAMBUGR NO. 1 - 200	200 PAPERSACKS	4439 CHINA BLACK TEA FREIGHT PREPAID TOTOAL TWO HUNDRED PAPERSACKS ONLY SHIPPED ON BOARD FREIGHT PREPAID	8 140 KGS	24 CBM
		Description of Contents for Shipper's Use Only (Not part of This B/L Contract)		

10. Total Number of containers and/or packages (in words)

Subject to Clause 7 Limitation   SAY: TWO HUNDRED PAPERSACKS ONLY

11. Freight & Charges	Revenue Tons	Rate	Per	Prepaid	Collect
Declared Value Charge					

Ex. Rate:	Prepaid at	Payable at	Place and date of issue NANJING, CHINA
	Total Prepaid	No. of Original B(s)/L Measurement	Signed for the Carrier, COSCO CONTAINER LINES

LADEN ON BOARD THE VESSEL
DATE   BY

单据审核结果

根据信用证的要求,单据存在如下不符点:
1. 装箱单
装运港未填写,应为"NANJING PORT"。
2. 商业发票
(1) 缺含佣金的贸易术语,应在发票上标明"CIF3％ HAMBURG";
(2) 缺佣金的金额,应在发票上标明"LESSC3％ USD 972.00"。
3. FORM A
(1) 单据第2项缺进口方的国家名,应增加"GERMANY";
(2) 单据第3项填写的日期有误,应该为"SEPT. 10, 2021"
(3) 单据第7项填写内容有误,应改为"TWO HUNDRED（200）PACKAGES OF 4439 CHINA BLACK TEA"
4. 海运提单
未填写提单签发日期,应为"SEPT. 1, 2021"。

二、操作实例

根据发票及下述提供资料,制作进口货物报关单,要求格式清楚、内容完整。

南京唐朝纺织服装有限公司从加拿大(国家代码:501)蒙特利尔(港口代码:3042)进口的货物2020年4月17日抵达上海港,公司于4月19日填制进口货物报关单,向上海海关(口岸代码:2200)进行申报。

相关资料如下:

南京唐朝纺织服装有限公司

  地址:南京市管家桥85号华荣大厦2901室

  邮编:210005

  联系电话:025-4715004

  经办人:李燕

  公司海关代码:5230412559

海关预录入编号:DS9110006

船名:Volendam

航次:Voy. 7524

提单号:782-02458690

进口许可证号:CT88661182569

贸易方式:一般贸易,代码(0110)

运输方式:江海运输

征免性质:一般征税,代码(101)

币制:美元,代码(502)

征免方式:照章征税

商品中文名称及规格:女式全棉上衣,100％棉,40S×20/140×60

商品编号:62043200.90

数量:2 550件

包装:每30件装一纸箱
商品用途:外贸自营内销

ISSUER FASHION FORCE CO., LTD. P.O.BOX 8935 NEW TERMINAL, ALTA, VISTA OTTAWA, CANADA		商业发票 **COMMERCIAL INVOICE**	
TO NANJING TANG TEXTILE GARMENT CO., LTD. HUARONG MANSION RM2901 NO.85 GUANJIAQIAO, NANJING 210005, CHINA		NO. NT01FF004	DATE Mar.9, 2020
TRANSPORT DETAILS SHIPMENT FROM MONTREAL TO SHANGHAI BY VESSEL		S/C NO.F01LCB05127	L/C NO.63211020049
^^		TERMS OF PAYMENT L/C AT SIGHT	
Marks and Numbers	Number and kind of package Description of goods	Quantity	Unit Price	Amount
				USD
			CIF SHANGHAI, CHINA	
FASHION FORCE F01LCB05127 CTN NO. SHANGHAI MADE IN CANADA	LADIES COTTON BLAZER (100% COTTON, 40S×20/140×60)	2 550 PCS	USD 12.80	USD 32 640.00
	Total:	2 550 PCS		USD 32 640.00

SAY TOTAL: USD THIRTY TWO THOUSAND SIX HUNDRED AND FORTY ONLY

SALES CONDITIONS: CIF SHANGHAI/CHINA
SALES CONTRACT NO. F01LCB05127
LADIES COTTON BLAZER (100% COTTON, 40S×20/140×60)
STYLE NO.   PO NO.   QTY/PCS   USD/PC
46-301A   10 337   2 550   12.80

PAKAGE.   N.W.   G.W.
85CARTONS   17 KGS.   19 KGS

TOTAL PACKAGE: 85 CARTONS
TOTAL MEAS: 21.583 CBM

FASHION FORCE CO., LTD.
Andy Burns

中华人民共和国海关进口货物报关单

预录入编号： DS9110006　　　　　　　　　海关编号：

进口口岸　上海海关　2200	备案号	进口日期 2020-04-17	申报日期 2020-04-19
经营单位　5230412559 南京唐朝纺织服装有限公司	运输方式 江海运输	运输工具名称 Volendam Voy. 7524	提运单号 782-02458690
收货单位　5230412559 南京唐朝纺织服装 有限公司	贸易方式 一般贸易(0110)	征免性质 一般征税(101)	征税比例
许可证号 CT88661182569	起运国(地区) 加拿大(501)	装货港 蒙特利尔(3042)	境内目的地
批准文号	成交方式 CIF	运费	保费	杂费
合同协议号 F01LCB05127	件数 85	包装种类 纸箱	毛重(公斤) 19	净重(公斤) 17
集装箱号	随附单据		用途 外贸自营内销

标记唛码及备注
FASHION FORCE
F01LCB05127
CTN NO.
SHANGHAI
MADE IN CANADA

项号	商品编号	商品名称、 规格型号	数量及 单位	原产国 (地区)	单价	总价	币制	征免
1	62 043 200.90	女式全棉上衣,100% 棉,40S×20/140×60	2 550 件	加拿大 (501)	12.80	32 640.00	美元 (502)	照章 征税

税费征收情况		
录入员　录入单位	兹声明以上申报无讹并承担法律 责任	海关审单批注及放行日期 (签章)
报关员　李燕		审单　　　　　　审价
单位地址　南京市管家桥85号华荣 大厦2901室	申报单位(签章) 南京唐朝纺织服装有限公司	征税　　　　　　统计
邮编　210005　电话　025-4715004　填制日期　2020-04-19		查验　　　　　　放行

模块八
外贸单据审核

典型工作任务	1. 审单的依据与遵循。 2. 单据的审核与处理。 3. 主要单据的审核技巧
主要学习目标	1. 掌握审单的依据与国际惯例。 2. 掌握单据审核的基本要求、方法。 3. 掌握主要单据的审核方法
工作操作技能	能够根据业务资料,正确地处理商业票据、运输单据以及相关主要单据的审核

信用证自19世纪出现以来,对国际贸易的发展起到了巨大的推动作用。然而,单据的日渐繁杂也导致了信用证纠纷层出不穷。所以,在信用证付款情况下,企业和银行均要对单单、单证进行全面、细致的审核,以达到安全收汇和规避风险的目的。

典型工作任务一　审单的依据与原则

由于国际支付方式的不同,审单分为信用证项下的审单和非信用证项下的审单两种方式。在非信用证支付方式成为目前国际贸易主导方式形势下,非信用证支付方式下的审单更具实践意义。由于信用证支付方式对单据要求最高,涉及的国际贸易知识较多,要求掌握的国际贸易知识面广、程度较深,所以,本书仍以信用证项下的审单为主要内容。

一、审单所依据的国际惯例

(一) 信用证项下

(1) 国际商会《UCP 600》出版物《跟单信用证统一惯例》(《UCP 600》)。

(2) 国际商会第681号出版物《审核跟单信用证项下单据的国际标准银行实务》(《ISBP》)(ICC 681)。

(二) 非信用证方式项下

非信用证支付方式主要指托收和T/T两种方式,这时审单的依据是国际贸易买卖合同及有关的国际惯例。相关的国际惯例如下:

(1) T/T。

(2) 托收:国际商会第725号出版物《跟单信用证项下银行间偿付统一规则》(URR 725)。

二、审单原则

据统计,在根据《UCP 500》操作的信用证业务中,"单证不符"现象超过65%,甚至高达80%,甚至有一些不法分子经常会利用信用证的"单证一致"付款机制来进行诈骗,严重影响了信用证业务的声誉。《UCP 600》较之《UCP 500》规定了新的审单原则和标准,强调只要单证的内容"不矛盾"或者"不冲突",即可确定单证相符。

(一)《UCP 600》审单原则

《UCP 600》的审单标准是"单证相符、单单不得互不一致",单据之间表面不一致,即视为表面与信用证条款不符,审单标准的"模糊"和对审单"相符"标准的不同理解,成为导致信用证纠纷的主要根源。"单证不符"现象一直居高不下。

《UCP 600》第14条d款规定:"单据中的数据,在与信用证、单据本身以及国际标准银行实务参照解读时,无须与该单据本身中的数据、其他要求的单据或信用证中的数据等同一致,但不得矛盾。"当然该条款并不表明审单放弃了"相符"的原则,只是相对而言更为宽松和灵活。过去银行根据所谓"严格相符"(即便一些轻微的拼写错误也构成不符)的原则大量退单,《UCP 600》相对更为宽松的审单原则,使得银行在具体业务审单时,更灵活地处理单证。

(二)《ISBP》审单原则

《ISBP》第24条规定的审单标准是:"信用证项下提交的单据在表面上不得互相矛盾。该原则并不要求数据内容完全同一,而仅仅要求单据不得互相矛盾。"

(三)最高人民法院规定的审单标准

最高人民法院《关于审理信用证纠纷案件若干问题的规定》确立了"信用证项下单据与信用证条款之间、单据与单据之间在表面上不完全一致,但并不导致相互之间产生歧义的,不应认定为不符点"。其灵活宽松的审单原则,完全符合审单标准发展趋势,摈弃了"严格一致"的机械要求,其规定的审单原则与《UCP 600》确定的审单原则本质上一致,极具实践指导性,符合国际发展趋势。

典型工作任务二　单据的审核与处理

一、单据审核的要求

(一)企业审单的要求

1. 及时性

及时性是指出口企业应及时对有关单据进行审核,如遇单据上出现差错,可以及时发现并更正,以避免因单据审核不及时而导致各项工作陷入被动局面。

2. 全面性

全面性是指出口企业应当从安全收汇和全面履行合同的高度来重视单据的审核工作。一方面,应对照信用证和合同认真审核每一份单证,不放过任何一个不符点;另一方面,要善于处理所发现的问题,加强与各有关部门的联系和衔接,使发现的问题得到及时、妥善的处理。

3. "单单相符、单证相符"

"单单相符、单证相符"是出口企业安全收汇的前提和基础,所提交的单据中存在的任何不符,哪怕是细小的差错都会造成一些难以挽回的损失。

(二) 银行审单的要求

(1) 遵照《跟单信用证统一惯例》(《UCP 600》)和《ISBP》的规定。
(2) 遵照信用证所规定的条件、条款。
(3) 结合银行的经营策略、操作规程。
(4) 遵循普遍联系的观点。
(5) 合情、合理、合法。
(6) 了解单据的功能及用途。

二、单据审核的方法

(一) 企业审单的方法

企业审单的方法包括纵向审核法和横向审核法两种方法,实际操作中通常会出现两种方法的结合使用。

1. 纵向审核法

纵向审单法是指以信用证条款为基础,对规定的各项单据进行逐字逐句的审核,要求有关单据的内容严格符合信用证的规定,做到"单证相符"。

在进行纵向审核时,应注意以下两点:

(1) 仔细分析信用证。信用证中每涉及一种单据,即按单据条款核对相对应的单据,以达到单证一致。如果发现有与信用证不一致之处,应做好记录,以免遗漏。

(2) 按信用证审核完所有的单据后,剩下的则属于交单人交来的信用证未规定的单据,应选择退还交单人。

2. 横向审核法

横向审核法是在纵向审核的基础上,以商业发票为中心审核其他规定的单据,使单据与单据之间所有的项目相互一致,做到"单单相符"。

在进行横向审核时,要注意以发票为中心,将其他单据与发票的相同资料(如发票、装箱单和运输单据上共有的货物的标记、包装、件数等)及有关的项目(如发票的金额与保险单的保险金额)予以核对。

(二) 银行审单的方法

银行在收到信用证受益人提交的单据后,也要对单据进行全面、细致的审核。银行审单的方法主要有以下几种:"先数字后文字"法;"先简后繁"法;按"装运日期"审单法;分地区客户审单法;先读后审法。

三、单据不符的处理

(一) 单据相符的重要性

信用证作为迄今为止最受世界各国进出口贸易者青睐、使用最广泛的国际结算工具,能够大大提高收汇的安全性。

(二) 单据不符的概念及原因

所谓单据不符,是指出口商即信用证受益人向银行提交的单据包含有不符合信用证条款规定的内容,致使单证不符、单单不符或单据本身内容不完整。

导致单据不符的原因很多,概括起来主要有以下两种:

(1) 制单员的业务知识局限和操作疏忽;

(2) 信用证本身的缺陷。信用证本身的缺陷往往会引起致命的不符点,包括以下四种情形:信用证含有软条款;信用证本身含糊或自相矛盾;信用证的修改;信用证条款与实际操作有冲突。

(3) 受益人在经营过程中的脱节。

(4) 过分信赖银行。

(三) 单据不符的处理办法

1. 议付行对单据不符的处理

(1) 将单据退回受益人修改。

(2) 担保议付。

(3) 向开证行发电要求授权议付。

(4) 寄单行将单据寄给开证行,款项收妥后再付给受益人。

(5) 照常议付。

2. 开证行对单据不符的处理

开证行收到议付行(或付款行、承兑行)寄来的单据后也要进行审核,若有不符点决定拒付的,要注意以下几点:

(1) 开证行提出的不符点必须明确,且以单据为依据,没有提出具体不符点的拒付不能构成完整的拒付通知。

(2) 开证行提出的不符点必须是合理的,即开证行提出的不符点必须是实质性的不符点。

(3) 开证行必须以自身的名义提出不符点拒付,不得以开证申请人认为单证有不符点为由提出拒付。

（4）开证行必须在合理的时间内提出拒付，即在收到单据次日起的5个银行工作日内提出拒付。

（5）开证行必须一次性地提出所有不符点。

（6）拒付电必须包含拒绝接受的字样，并声明代为保留单据听候处理或径退单。

（四）信用证遭拒付后的处理

信用证遭拒付后，受益人应按以下步骤进行处理。

1. 判断银行拒付是否成立

（1）判断银行拒付的行为是否正当。

（2）判断银行拒付的理由是否成立。

一般来说，银行拒付的理由可能会有以下几种：

① 与《UCP 600》的相关规定有出入。

② 要求受益人提交信用证未要求提交的单据。

③ 故意行为。

2. 银行拒付成立时的妥善处理

如果信用证遭拒付确实是由于受益人提交的单证不符造成的，则出口商此时应视其具体情况进行适当的处理：

（1）改正不符点并重新寄单。

（2）说服进口商和开证行接受单据。

（3）了解货物情况。

（4）随证托收。

典型工作任务三　主要单据的审核技巧

一、商业发票的审核

（一）商业发票的审核要点

（1）确保商业发票的签发人是信用证的受益人。

Ensure that the drawer of the commercial invoice is the beneficiary of the letter of credit.

（2）除非信用证另有规定，确保发票的抬头为信用证的申请人。

Unless there are other prescriptions stated in the letter of credit, ensure that the applicant is indicated as the invoiced party.

（3）商品的描述必须完全符合信用证的要求。

Ensure that the description of the goods must correspond with the merchandise description in the letter of credit.

（4）不能冠名为"形式发票"或"临时发票"。

It shouldn't be titled as "Proforma" or "Provisional" invoice.

（5）确保没有将会对货物状况或价值引起怀疑的任何附加的、不利的对货物的描述。

Ensure that no additional or unfavorable description of goods, which may question their condition or value, is stated.

（6）未被信用证准许时，银行不接受发票上对货物是"用过的""旧的""重新改造的""修整"的批注。

Banks will not accept the notation in the invoice that the goods are "used" "secondhand" "rebuilt" "reconditioned" when not authorised by the letter of credit.

（7）信用证中提及的货物、价格和条款等细节必须包含在发票中。

The details of the goods, prices and terms as mentioned in the letter of credit must be contained in the invoice.

（8）确保发票上提供的其他资料，如唛头、号码、运输资料等与其他单据相一致。

Ensure that any other information supplied in the invoice, such as marks, numbers, transportation information etc. is consistent with that of the other documents.

（9）确保发票上的货币与信用证货币相一致。

Ensure that the currency of the invoice is consistent with that of the letter of credit.

（10）发票的金额不得超出信用证的金额。

The value of the invoice should not exceed the available balance of the letter of credit.

（11）发票的金额必须与汇票金额相一致。

That the value of the invoice must be consistent with that of the draft.

（12）如不允许分批装运，确保发票必须包括信用证要求的整批装运货物价值。

Ensure that the invoice should contain the complete shipment as required by the credit if partial shipments are prohibited.

（13）确保信用证要求，发票已被签字、公证人证实、合法化、证明等。

Ensure that the requirement of the letter of credit is fulfilled, including the signing of the invoice, the notarization, legalization and certification of the invoice.

（14）提交正确的正本和副本份数。

That the correct number of original(s) and copy(ies) is presented.

（二）商业发票的常见不符点

（1）发票名称不符合信用证规定。

(2) 发票的开立人不是信用证的受益人。

(3) 发票的抬头人与信用证要求不符。

(4) 进口商名称与信用证上的开证申请人不同。

(5) 货物数量、发票金额及单价与信用证不一致或不在信用证允许的增减幅度之内。

(6) 发票对货物的描述与信用证中的货物描述不相符。

(7) 发票上的装运港或目的港与提单不一致。

(8) 发票上的贸易术语与信用证不一致。

(9) 发票上的佣金或折扣与信用证或合同的规定不相一致。

(10) 遗漏信用证要求、表明和证明的内容,或缮制发票时照抄照搬来证中的证明词。

(11) 货物包装,注有"用过""旧货""重新装配"等字样。

(12) 发票未按信用证规定签名盖章。

二、汇票的审核

(一) 汇票的审核要点

(1) 确保汇票有正确的信用证参考号。

Ensure that the draft bears the correct documentary credit reference number.

(2) 确保汇票有当前的日期。

Ensure that the draft has a current date.

(3) 汇票的出票人签字和/或名称应与受益人的名称一致。

That the signature and/or the name of the drawer should correspond with the name of the beneficiary.

(4) 确保汇票作成正确的付款人,不应以申请人作为汇票付款人。

Ensure that the draft is drawn on the correct drawn, it should not be drawn on the applicant.

(5) 汇票上金额的大、小写必须一致。

That the amount in figures and words spelling must correspond with each other.

(6) 付款期限要符合信用证或合同(非信用证付款条件下)规定。

That the tenor should be based on the letter of credit or the contract (if not L/C).

(7) 汇票金额不得超出信用证金额。

That the amount drawn for should not exceed the balance available in the documentary credit.

(8) 汇票金额应与发票金额相符。

That the value of the draft must be consistent with the value of the invoice.

(9) 确保收款人的名称已被验明。

Ensure that the name of the payee is identified.

(10) 确保已按需要正确地背书。

Ensure that the endorsement is proper when required.

(11) 没有限制性背书。

There is no restrictive endorsements.

(12) 确保它包含信用证要求所必需的条款。

Ensure that it covers any necessary clauses as required by the letter of credit.

(13) 除非信用证授权，否则不开立"无追索权"的汇票。

The draft "without recourse" should not be drawn unless authorized by the letter of credit.

(二) 汇票的常见不符点

(1) 汇票的出票日期迟于有效期。

(2) 汇票的金额大于信用证金额。

(3) 汇票上的金额大、小写不一致或汇票大写金额不准确，大写金额最后漏填"ONLY"一词。

(4) 货币名称与发票或信用证不一致。

(5) 汇票的付款期限与信用证规定不符，或未明确付款日期。

(6) 出票人未签字。

(7) 汇票提交的份数不正确。

(8) 未按规定列明"出票条款"。

(9) 漏列或错列了信用证号码。

(10) 汇票的内容被更改。

三、运输单据的审核

(一) 运输单据的审核要点

(1) 确保提交全套的正本单据。

Make sure that the full set of originals issued is presented.

(2) 除非信用证另有规定，确保它不是"租船合约"的运输单据。

Ensure that it is not a "charter party" transports documents, unless prescribed in the letter of credit.

(3) 应符合《UCP 600》相关运输条款的一切其他条件。

Ensure that other conditions stipulated in the appropriate transport articles of UCP 600 are complied with.

(4) 运输单据的收货人名称必须符合信用证的要求。

Ensure that the name of the consignee should comply with the requirement in the letter of credit.

(5) 在运输单据需要背书时正确背书。

Ensure the appropriate endorsement of the transport documents when it is required.

(6) 确保运输单据上载明托运人或其代理人的名称。

Ensure that the name of shipper or his agent is presented in the transport documents.

(7) 确保当运输单据有通知人时,其名称、地址按信用证要求填写。

Ensure that the name and address, if any, of the notifying party of the transport documents is filled according to the requirement in the letter of credit.

(8) 确保货物的描述与信用证上内容总体一致;如果出现唛头、数量以及其他规格,则必须与其在其他单据上的内容相一致。

Ensure that the description of the goods totally corresponds with the description of the goods as presented in the letter of credit, and that the marks and numbers as well as other specifications, if any, must correspond with those stated on the other documents.

(9) 运输单据上的"运费预付"或"运费到付"要与信用证内容相符。

That the term of "freight prepaid" or "freight collect" of the transport documents should be as required in the letter of credit.

(10) 确保运输单据不出现使其成为"瑕疵"或"不清洁"的条款。

Ensure that there are no clauses on the transport documents that may render it "foul" or "unclean".

(二) 运输单据的常见不符点

(1) 运输单据提交的种类与信用证规定不符。

(2) 未提交全套有效的提单。

(3) 托运人的名称与信用证不一致。

(4) 收货人的名称与信用证不一致。

(5) 被通知人的名称与信用证规定不符。

(6) 未按信用证规定正确背书(如果需要的话)。

(7) 提交了不清洁的单据。

(8) 运输单据中所列货物的名称、包装、数量等信息与信用证的规定不符。

(9) 未按信用证的规定证明运费已付或运费到付。

(10) 未注明承运人的名称。

四、保险单据的审核

(一) 保险单据的审核要点

(1) 确保按照信用证规定提交保险单、保险凭证和保险声明书。

Ensure that the policy、certificate and declaration as required by the letter of credit is presented.

(2) 提交全套正本保险单据。

That the full set of the insurance document issued is presented.

(3) 确保保险单的签发人是保险公司、保险商或其代理人。

Ensure that the policy is issued and signed by the insurance company or underwriter or their agents.

(4) 确保保险单的签发日期或保险责任生效日期最迟在已装船或已发运或接受监管之日。

Ensure that the date of issuance or date from which cover is effective at the latest from the date of loading on board or dispatch or taking in charge of the goods as the case may be.

(5) 确保货物投保金额要符合信用证要求或符合《UCP 600》第 28 条 f 款规定。

Ensure that the value of the goods issued is as required by the credit or as defined in *UCP 600* sub-article 28f.

(6) 除非信用证另有要求,保险单据必须使用与信用证相同的货币表示。

That the currency issued in the insurance documents is as the same as that issued in the letter of credit, unless other requirement is presented.

(7) 确保保险单据上的货物描述与发票上的描述相一致。

Ensure that the description of the goods is consistent with that stated in the invoice.

(8) 承保的风险区间至少涵盖从信用证规定的货物接管地或发运地开始到卸货地或最终目的地为止。

That the insurance covers the area from the point of taking in charge of the merchandise or designated port of embarkation to port of discharge or the destination.

(9) 已按信用证要求投保了规定的险别并有相应明确表示。

It covers the specified risks as stated in the credit and the risks are clearly defined.

(10) 确保保险单据上对货物的描述与运输单据上内容相一致。

Ensure that the description of the goods of the insurance documents is generally consistent with that of the transport document.

(11) 若被保险人的名称不是保兑行、开证行或进口商,则应进行相应的背书。

If the assured named is other than the confirming bank, issuing bank or the importer, it should bear the appropriate endorsement.

(12) 保险单据上的所有其他资料与其他单据内容相符。

That all other information appearing in the insurance document should correspond with that of the other documents.

(13) 如果单据内容有修改,应被适当地证实。

If any alteration is noted in the document, it should be properly authenticated.

(二) 保险单据的常见不符点

(1) 保险单的种类不符合信用证规定。

(2) 不是由规定的保险公司或保险商出具。

(3) 保险货币或金额与信用证规定不符。

(4) 保险单上对货物的描述与信用证不符。

(5) 保险金额大、小写不一致或大写金额不正确。

(6) 起运港或卸货港与信用证规定不符。

(7) 保险单的投保险别与信用证规定不符,如误把交货不到险当成偷窃,提货不着险。

(8) 未提供全套保险单据。

(9) 保险单未经背书或背书不正确。

(10) 保险日期迟于提单日期。

五、装箱单、重量单的审核

(1) 单据的名称和份数必须和信用证相符;

(2) 货物的名称、规格、数量以及唛头等必须与其他单据相符,可以互为补充但不得矛盾;

(3) 数量、重量必须与提单、发票等单据相符;

(4) 按照信用证规定的数量提供单据的份数。

六、商检证书的审核

(1) 商检证书上的检验机构必须符合信用证的规定;

(2) 商检证书必须由检验机构签字;

(3) 检验的内容、项目必须与信用证相符;

(4) 检验日期不得迟于提单日期;

(5) 检验证书份数不能少于信用证规定的数量。

七、原产地证书的审核

(1) 原产地证书必须由信用证规定的机构出具,如信用证未作规定,可由受益人或其他的任何人出具;

(2) 原产地证书必须签字;

(3) 内容必须符合信用证的要求,与其他单据不矛盾;

(4) 原产地国家必须符合信用证要求,原厂地证的日期不得迟于提单日期;

(5) 份数不得少于信用证规定的数量。

八、其他单据的审核

均须先与信用证的条款进行核对,再与其他有关单据核对,求得单证一致,单单一致。

九、单证不符的补救方法

在实际业务中,由于种种原因,单证不符情况时有发生。如果信用证的交单期允许,应及时修改单据,使之与信用证的规定一致。如果不能及时改证,进出口企业应视具体情况,选择如下处理方法。

(一) 表提

当议付行审单发现不符点时,如情节不严重,在征得进口商同意后,出口商可向议付行出具担保书,要求凭担保议付。这时,议付行向开证行寄单时,在随单据的表盖(Covering Schedule)上注明单证不符点和"凭保议付"字样。此种做法称为"担保议付",也被称为"表盖提出"(简称"表提")。

(二) 电提

当出口商所交单据与信用证的规定存在不符的情况下,可由议付行先用电报或电传向开证行列明不符点,待开证行确认接受后,再将单据寄出。"电提"的目的是在尽可能短的时间内了解开证行对单、证不符的态度。

(三) 改为跟单托收

如出现单证不符,议付行又不愿采用"电提"或"表提"的做法,出口商只能采用托收方式,委托银行寄单收款。由于这种托收与原信用证有关,为了使进口商易于了解该项托收业务的来由,托收行仍以原信用证的开证行作为代收行,请其代为收款。

值得注意的是,以上三种处理办法,实际上已将银行信用改为商业信用,开证行已不再承担信用证项下的付款责任,致使出口商完全陷于被动地位。因此,除非万不得已,不要轻易采用上述三种补救措施,而是应该认真缮制单据,仔细预审单据,将问题解决在货物出运之前。

操作训练

一、审单的依据是什么?

二、有几种审单方法?

三、商业发票的常见不符点有哪些?

四、单据发生不符点后,如何进行补救?

模块九
基础理论综合练习

综合练习一

一、单项选择题

1. 根据《INCOTERMS 2000》,以 CIF 贸易术语成交合同,如果买卖双方无其他约定,卖方可以向保险公司投保(   )。
   A. F.P.A.　　　　B. W.A.　　　　C. ALL RISKS　　　D. ICC(A)

2. 按 FOB 条件达成的合同,凡需程租船运输的大宗货物,应当在合同中具体定明(   )由谁承担。
   A. 装船费　　　B. 卸货费　　　C. 保险费　　　D. 运费

3. 某出口公司按 CIF 价值的 110% 投保了水渍险,在此基础上还可以加保的险别是(   )。
   A. 平安险和渗漏险　　　　　　B. 破碎险和战争险
   C. 一切险和战争险　　　　　　D. 一切险、战争险和罢工险

4. 报关是指进出境运输工具的负责人、进出境物品的所有人、进出口货物的收发货人或其代理人向(   )办理进出境手续的全过程。
   A. 边检　　　　　　　　　　　B. 海关
   C. 进出境商品检验检疫局　　　D. 外经贸部门

5. 集装箱班轮运输方式最高运费的计算方法使用于按(   )计算运费的货物。
   A. 重量吨　　　B. 容积吨　　　C. 从价　　　D. 毛重

6. 一般情况下,在以 FOB 贸易术语成交的合同中,货物的价格构成是(   )。
   A. 货物成本　　　　　　　　　B. 货物成本+运费
   C. 货物成本+保险费　　　　　D. 货物成本+运费+保险费

7. 如果一个出口合同是以 FOB 或 CFR 条件进口,为预防在装运时货物掉入海里而使出口商蒙受损失,出口商可以采取对货物投保加以补救,这种情况投保(   )最合适。
   A. 平安险　　　B. 水渍险　　　C. 一切险　　　D. 附加险

8. 某公司出口一批商品,原价 CFRC3% 曼谷每公吨 6 600 美元,外商要求该报 CFRC5% 曼谷,在 FOB 净收入不减少的条件下,该公司报价应为(   )。

A. 每公吨 6 722.1 美元 B. 每公吨 6 732 美元
C. 每公吨 6 738.9 美元 D. 每公吨 6 745 美元

9. 某公司进口涤纶样品一包,海关审定其完税价格为人民币 1 400 元,涤纶的关税率为 15%,经计算海关应征收的关税税额为( )元人民币。
A. 100 B. 150 C. 300 D. 210

10. 美国生产的产品,中国购自新加坡,经中国香港转运中国大陆,填写报关单时起运国为( )。
A. 美国 B. 新加坡 C. 中国香港 D. 中国大陆

二、多项选择题

1. 报关员办理报关业务时向海关递交的报关单上应有( )的签字,否则海关不接受报关。
A. 发货人
B. 报关人
C. 报关员所属企业的法定代表人或其授权的报关业务负责人
D. 收货人

2. 对以( )方式出口和外商投资企业出口的产品,外汇管理部门不予出具"出口收汇核销证明"。
A. 来料加工 B. 来件装配 C. 捐赠 D. 援外

3. 为了统一提单背面条款的内容,在国际上先后签署的国际公约有( )。
A. 海牙规则 B. 维斯比规则
C. 汉堡规则 D. 国际商会 500 号出版物

4. 在海上货损事故的索赔过程中,索赔方要出具的单据有( )。
A. 货运单证 B. 检验证书
C. 商业发票 D. 货物溢短单和残损单

5. 某公司向海关申报进口一批小轿车,价格术语为 FOB 横滨,共 10 000 000 日元。运费为 200 000 日元,保险费率 5‰,消费税率 8%。100 000 日元兑换人民币买卖中间价 8 500,小轿车的关税税率为 80%。则下列正确的是( )。
A. 该批小轿车的关税完税价格为 871 357 元人民币
B. 该批小轿车的关税税额为 697 085.6 元人民币
C. 该批小轿车的消费税税额为 1 704 829 元人民币
D. 该批小轿车的消费税税额为 136 386.32 元人民币

6. 在以下信用证业务的特点中,哪些是正确的?( )。
A. 商业信用 B. 银行信用 C. 单据买卖 D. 自足文件

7. 电子报关的申报方式包括( )。
A. 终端申报方式 B. 委托 EDI 申报
C. 自主 EDI 申报方式 D. 网上申报方式

8. 所谓单证是指进出口业务中使用的各种（　　），如商业发票、提单等，买卖双方凭借这些单证来处理货物的交付、运输、保险、商检和结汇等。
   A. 单证　　　　　　　　　　B. 证书
   C. 检验检疫证书　　　　　　D. 保险单
9. 托收项下单证也须做到（　　），并密切关注进口国有关法规的规定与变化。
   A. 单、同一致　　　　　　　B. 单、单一致
   C. 单、证一致　　　　　　　D. 单、货一致
10. 单证缮制的具体要求是（　　）。
    A. 正确　　　B. 完整　　　C. 及时　　　D. 简明和整洁

三、判断题

1. 按照《联合国国际货物销售合同公约》的规定，国际货物买卖合同的形式不仅限于书面合同。（　　）
2. 根据《UCP 600》的规定，信用证上如果没有注明可撤销还是不可撤销字样的，应视为不可撤销信用证。（　　）
3. 在投保一切险后，如货物在海运途中由于任何外来原因造成的货损货差，保险公司均应负责赔偿。（　　）
4. 滞纳金从在海关填发税款缴款书之日起满15天后征收。（　　）
5. 需要向进出口商品检验检疫部门办理检验检疫手续的货物，须先向海关办理报关手续。（　　）
6. 某商品的积载系数为0.987，该商品如用班轮运输，船公司则按毛重计算费用。（　　）
7. 指示 B/L 不必通过背书即可转让。（　　）
8. 多式联运提单属于一种收妥待运提单。（　　）
9. 一般进口和出口货物在进出境环节办理了进出境手续，经海关放行后，即意味着结关。而保税货物放行并未结关，仍须海关监管。（　　）
10. 电子数据报关单与纸质报关单有同等的法律效力。（　　）

四、计算题

1. 某公司出口箱装货物一批，报价为每箱35美元，CFR 利物浦。英国商人要求改报 FOB 价，已知，该批货物的体积每箱长45 cm，宽40 cm，高25 cm，每箱毛重35千克，商品计费标准为 W/M，每运费吨基本运费率为120美元，并加收燃油附加费20%，港口附加费10%。该公司应报价多少？
2. 我方出口货物3 000件，对外报价为2美元/件 CFR 纽约。为避免漏保，客户来证要求我方装船前按 CIF 总值代为办理投保手续。查得该货的保险费率为0.8%。我方对该货投保时金额和应缴纳的保险费是多少？

五、案例分析题

1. 一货主将一批货交由无船承运人运输,并签发 H-B/L,无船承运人将货物交给船公司,并由船公司签发 S-B/L,目的港的无船承运人在收货人未调换 B/L 的情况下将货物交给收货人。问:
   (1) 此种放货行为将产生什么后果?
   (2) 无船承运人将承担什么样的责任?

2. 我国某贸易有限公司以 CIF 大阪向日本出口一批货物。4 月 20 日由日本东京银行开来一份即期不可撤销信用证,信用证金额为 50 000 美元,装船期为 5 月份,证中还规定议付行为银行业中信誉较好的 A 银行。我方中行收到信用证后,于 4 月 22 日通知出口公司,4 月底该公司获悉进口方因资金问题濒临倒闭。问:在此情况下我方应如何处理?

综合练习二

一、单项选择题

1. 我国某公司出口一批茶叶,按中国人民保险公司海洋运输货物保险条款投保,后因发生保险事故,该批茶叶被海水浸泡而丧失其用途,这种损失属于(　　)。
   A. 单独海损　　　　　　　　　　　B. 共同海损
   C. 实际全损　　　　　　　　　　　D. 推定全损

2. 托收是出口人委托并通过银行收取货款的一种支付方式,在托收方式下,使用的汇票是(　　),属于(　　)。
   A. 商业汇票　商业信用　　　　　　B. 银行汇票　银行信用
   C. 商业汇票　银行信用　　　　　　D. 银行汇票　商业信用

3. 某公司所进口货物在 5 月 13 日(星期四)到达口岸,并于同日填发税费缴纳证,该公司应于(　　)前缴清税费款。
   A. 5 月 19 日　　　　　　　　　　B. 5 月 20 日
   C. 5 月 28 日　　　　　　　　　　D. 5 月 21 日

4. 海上货物运输中,如果单件货物既超长又超重,计收附加费时,按(　　)。
   A. 超长附加费计收　　　　　　　　B. 超重附加费计收
   C. 两者中择大计收　　　　　　　　D. 两者相加计收

5. 根据《UCP 600》规定,信用证上如果未规定有"可转让"条款,这个信用证可视为(　　)。
   A. 可转让信用证　　　　　　　　　B. 不可转让信用证
   C. 部分可转让信用证　　　　　　　D. 由开证人决定

6. 我国某公司出口货物,成交价格为 CIF 纽约 1 000 美元,外汇汇率 1 美元 = 8.5 元人民币,已知运费折合为 1 500 元人民币,保险费为 50 元人民币,出口税率为 15%,则海关应征关税税率为(　　)元人民币。

A. 6 950.12　　　　　　　　　B. 6 043.48
C. 906.52　　　　　　　　　　D. 886.37

7. 出口企业在审核信用证时,应着重审核信用证的内容是否与(　　)一致。
A. 合同条款　　　　　　　　B. 信用证的真伪
C. 开证行的资信　　　　　　D. 付款责任

8. 某航空公司以租赁方式从美国进口一架价值 USD 1 800 000 的小型飞机,租期 1 年,年租金为 USD 60 000,此情况经海关审查属实,在这种情况下,海关审定该飞机的完税价格为(　　)。
A. USD 1 800 000　　　　　　B. USD 60 000
C. USD 1 860 000　　　　　　D. USD 1 740 000

9. 某公司进口一批货物,成交价格是 USD 2 000 000FOB 纽约,运费是 USD 20 000,保费费率3%,那么这批货物的 CIF 价格应该是(　　)。
A. USD 2 080 600　　　　　　B. USD 2 088 934
C. USD 2 076 053　　　　　　D. USD 2 026 688

10. 某公司从日本进口一批机械设备,成交价格为 CFR 广州 800 000 港币,进口税率为 10%,保险费率为 0.3%,外汇汇率 1 港币＝1.07 元人民币,那么应该征收进口关税(　　)。
A. CNY 802 470　　　　　　B. CNY 8 585 705
C. CNY 85 857.57　　　　　　D. CNY 8 585.58

二、多项选择

1. 一项有法律效力的合同应具备的条件包括(　　)。
A. 当事人必须具有签订合同的行为能力　　B. 合同必须有对价或约因
C. 合同的内容必须合法　　　　　　　　　D. 合同必须符合法律规定的情形

2. 目前集装箱运输中货物的交接地点主要有(　　)。
A. CY　　　　　　　　　　　B. CFS
C. DOOR　　　　　　　　　　D. SHIP'S RAIL

3. 外贸单证工作主要有(　　)等方面的内容,它贯穿于进出口合同履行的全过程。
A. 审证　　　B. 制单　　　C. 审单　　　D. 交单

4. 我国对出口收汇管理采取外汇核准制度,外汇管理部门凭(　　)收汇和核销。
A. 出口外汇核销单　　　　　　B. 信用证
C. 出口货物报关单(出口收汇证明联)　　D. 汇票

5. 目前我国由海关代征的进口环节税包括(　　)。
A. 增值税　　　B. 消费税　　　C. 营业税　　　D. 所得税

6. 出口茶叶为防止运输途中串味,办理保险时,应投保(　　)。
A. 串味险　　　　　　　　　　B. 平安险加串味险
C. 水渍险加串味险　　　　　　D. 一切险加串味险

7. 进口环节消费税组成计税价格包括（　　　　）。
   A. 进口货物的关税完税价　　　　B. 进口关税税额
   C. 进口环节增值税额　　　　　　D. 进口环节消费税额
8. 审核进口商开来信用证的主要依据是买卖双方签定的贸易合同和《UCP 600》的有关规定，分别由（　　　　）审核。
   A. 保兑行　　　B. 开证人　　　C. 通知行　　　D. 受益人
9. 我国出入境检验检疫制度的内容包括（　　　　）。
   A. 进出口物品检验制度　　　　　B. 进出境动植物检疫制度
   C. 进出境人员检疫制度　　　　　D. 国境卫生监督制度
10. 外贸单证工作具有（　　　　）等特点，必须仔细、认真、及时地做好这项工作。
    A. 工作量大　　B. 涉及面广　　C. 时间性强　　D. 要求高

三、判断题

1. 进出口许可制是我国乃至世界上大多数国家采用的管理进出口秩序的重要手段。（　　）
2. 信用证是银行根据进口人的申请而开立的，因此进口人承担信用证第一付款人的责任。（　　）
3. 在海运货物保险业务中，仓至仓条款适用于平安险、水渍险、一切险、战争险和罢工险。（　　）
4. 商检证书是买卖合同的一个组成部分。（　　）
5. 保税货物在进境时未办理纳税手续，是一种免税的进口货物。（　　）
6. 空白抬头、空白背书的提单是指既不填写收货人，又不要背书的提单。（　　）
7. 制单指按照信用证、合同和其他有关要求，并根据货物与运输等实际情况缮制有关单据，是单证工作的基础。（　　）
8. 有进出口经营权的企业一般自动享有报关权。（　　）
9. 审单要做到内容准确、格式完整、单证齐全、份数不缺、单证一致和单单相符，还要保证各种单据的签发日期无逻辑、惯例和条款规定上的矛盾。（　　）
10. 提单中的唛头制作必须与发票相一致，不得采用"As Per Invoice No. ×××"字样代替。（　　）

四、计算题

1. 假设某公司出口电缆 100 箱，每箱尺寸为 40 cm×20 cm×30 cm，每箱重 30 kg，查货物分级表得知该货属于 10 级货，按"W/M"计收运费；再查航线费率表得知，该航线 10 级货的费率是 352 元人民币，查附加费率表，得知需收取燃油附加费 30%，试计算运费？
2. 某货主在货物装船前，按发票金额的 110% 办理了货物投保手续，投保一切险加保战争险。该批货物以 CIF 成交的总价值为 20.75 万美元，一切险和战争险的保险费率合计为0.6%。问：

(1) 该批货物应交的保险费是多少？

(2) 若发生了保险公司承保范围内的风险，导致该批货物全部灭失，保险公司的最高赔偿金额是多少？

3. 上海某公司出口一批商品到我国香港，报价每打60美元CIF香港，若该批商品的运费是CIF价的2%，保险费是CIF价的1%，现外商要求将价格改为FOBC3%。问：

(1) FOBC3%应报价多少？

(2) 若卖方国内进货价为每打380元人民币，出口前的费用和税金合计为15元人民币/打。该批商品的出口销售换汇成本和盈亏率各是多少？（外汇牌价为USD 100＝CNY 827.36～CNY 827.68）

五、案例分析题

1. 某国公司以CIF鹿特丹出口食品1 000箱，即期信用证付款，货物装运后，凭已装船清洁提单和已投保一切险及战争险的保险单，向银行收妥货款，货到目的港后经进口人复验发现下列情况：

    (1) 该批货物共有10个批号，抽查20箱，发现其中两个批号涉及200箱内含沙门氏细菌超过进口国的标准；

    (2) 收货人只实收998箱，缺少2箱；

    (3) 有15箱货物外表情况良好，但箱内货物共短少60千克。

    试分析以上情况，指出进口人应分别向谁索赔。

2. 某笔进出口业务，约定分两批装运，支付方式为即期不可撤销信用证。第一批货物发送后，买方办理了付款赎单手续，但收到货物后，发现货物品质与合同规定严重不符，便要求开证行通知议付行对第二批信用证项下的货运单据不要议付，银行不予理睬。后来议付行对第二批信用证项下的货运单据仍予议付。议付行议付后，付款行通知买方付款赎单，遭到买方的拒绝。问：银行处理方法是否合适？买方应如何处理此事为宜？

六、操作题

根据所给的资料填写"出境货物报检单"和"FORM A"。

ISSUING BANK： DONTUSU COMMERCIAO BANK TOKYO，JAPAN

L/C NO.： KKT5846172

ISSUING DATE： OCT. 15，2022

BENEFICIARY： SHANGHAI MACHINERY IMP. & EXP. CORP.(GROUP)
726 CHUNGSHAN ROAD E. 1., SHANGHAI, CHINA

APPLICANT： SHITAYA KINZOKU CO., LTD
6-11 7-CHOME UENO TAITO-KU TOKYO, JAPAN

AMOUNT： USD 15 880.00

SHIPMENT FROM SHANGHAI FOR TRANSPORTATION TO YOKOHAMA. COVERING SHIPMENT OF "RABBIT" BRAND SHOVEL WITH METAL HANDLE,S501MH 210 DOZS AND S503MH 200 DOZS FOR 20 FT CONTAINER. AS PER S/C NO. A9700247.
TRADE TERM： CIF YOKOHAMA
SHIPPING MARKS：A9700247/YOKOHAMA/NO. 1-410

发票号码:GD920059　　　　　发票日期:NOV.2,2022
生产厂家:上海崇明农具厂　　 包装:1DOZ/CTN
船　名:HANGTUV.0134　　　　集装箱号码:1×20'FCLSCZU7854343
商品编码:7216.6100　　　　　FORM A 号码:SH07/2345/12345
总毛重:10 000 千克

商品型号	单价	净重	毛重	尺码
S501MH	USD 40.00/DOZ	@24.00 kgs/CTN	@25.00 kgs/CTN	@(97×36×23) cm³/CTN
S503MH	USD 37.40/DOZ	@22.00 kgs/CTN	@23.00 kgs/CTN	@(97×36×25) cm³/CTN

该批货物存于外高桥码头仓库,拟于2022年11月21日装运,2022年11月15日由报检员陈浩向出入境检验检疫局报检。出口公司的报检单位登记号为4401AA490。

综合练习三

一、单项选择题

1. 一般说来,在交易磋商过程中,如果受盘人对发盘表示有条件地接受,则意味着（　　）。

    A. 接受有效　　　　　　　　B. 合同成立

    C. 合同生效　　　　　　　　D. 构成还盘

2. 根据中国人民保险公司的海洋运输货物的保险条款的规定,货物在运输过程中由于自然灾害和运输工具发生意外事故造成被保险货物的实际全损。由于运输工具遭遇搁浅、触礁、沉没、互撞等情况造成保险货物的全部和部分损失,是属于（　　）险别的保险范围。

    A. 平安险　　　B. 水渍险　　　C. 一切险　　　D. 附加险

3. 下列有关信用证业务"严格相符原则"的说法哪一个是正确的？（　　）。

    A. 信用证条款必须与货物买卖合同条款相符

    B. 受益人交付的货物必须与货物买卖合同条款相符

    C. 受益人提交的单据必须与信用证条款相符

    D. 受益人交付的货物必须与信用证条款相符

4. 根据《中华人民共和国海关法》的规定,进口货物的收货人向海关申报的时限是( )。
   A. 自运输工具申报进境之日起 7 日内
   B. 自运输工具申报进境之日起 10 日内
   C. 自运输工具申报进境之日起 14 日内
   D. 自运输工具申报进境之日起 15 日内

5. 海关对出口货物进行监管的单证是( )。
   A. 装货单   B. 收货单   C. 托运单   D. 载货清单

6. 提单 CONSINEE 栏载明 TO ORDER 时,第一背书人为( )。
   A. CARRIER   B. ISSUING   C. SHIPPER   D. CONSINEE

7. 信用证的到期日为 12 月 31 日,最迟装运期为 12 月 16 日,最迟交单日期为运输单据出单后 15 天,出口人备妥货物安排出运的时间是 12 月 10 日,则出口人最迟应于( )向银行交单议付。
   A. 12 月 16 日   B. 12 月 25 日
   C. 12 月 28 日   D. 12 月 31 日

8. 一批出口货物投保了水渍险,在运输过程中由于雨淋致使货物受部分损失,对于这样的损失,保险公司将( )。
   A. 负责赔偿整批货物
   B. 负责赔偿被雨淋湿的部分
   C. 不给予赔偿
   D. 在被保险人同意的情况下,保险公司负责赔偿被雨淋湿的部分

9. 进口货物是在运输工具申报进境之日起( )内申报,出口货物时应当在货物运抵海关监管区后,装货的( )以前申报。
   A. 14 日 24 小时   B. 14 日 14 日
   C. 24 小时 14 日   D. 24 小时 24 小时

10. 在集装箱货物运输中,多式联运经营人收到货物后,是凭发货人提交的( )签发多式联运提单的。
   A. 装货单   B. 场站收据正本
   C. 大副收据   D. 集装箱设备交接单

二、多项选择题

1. 申请签发普惠制原产地证书应提供的单证有( )。
   A. GSP FORM A 一套   B. 商业发票副本一份
   C. 装箱单一份   D. GSP FORM A 申请书一份

2. 空运出口货物报关时,必须要提供的用于向海关报关的单证有( )。
   A. 发票、装箱单   B. 到付保函
   C. 国际货物托运书   D. 报关单

3. 出口单证工作总的要求是做到（　　　　）。
   A. 证、同一致　　B. 单、证一致　　C. 单、单一致　　D. 单、货一致

4. 关税的征税主体是国家，其征税对象是（　　　　）。
   A. 进出关境的货物　　　　　　B. 进出关境的物品
   C. 进口货物收货人　　　　　　D. 出口货物的发货人

5. 不可撤销信用证开出后，合同双方当事人因某种原因要求改证，必须符合哪些条件方可实施？（　　　　）。
   A. 要在信用证有效期内　　　　B. 买卖双方要一致同意
   C. 缴纳修改手续费　　　　　　D. 经原开证行同意

6. 下列英语缩写中与集装箱运输有关的是（　　　　）。
   A. FCL　　　　B. LCL　　　　C. CY　　　　D. CFS

7. 装货单的作用是（　　　　）。
   A. 承运人确认承运货物的证明　　B. 海关对出口货物进行监督的单证
   C. 承运人通知船长收货装运的命令　D. 说明货物包装细节的清单

8. 下列选项中属于基本险别的有（　　　　）。
   A. 海运险　　　B. 陆运险　　　C. 航空险　　　D. 邮包险

9. 下列关于我国增值税和消费税的表述正确的是（　　　　）。
   A. 进口环节的增值税、消费税由海关征收，其他环节的增值税、消费税由税务机关征收
   B. 增值税、消费税均从价计征
   C. 对于进口货物税、费的计算，一般的计算过程为：先计算进口关税税额，再计算消费税税额，最后计算增值税税额
   D. 消费税组成计税价格＝关税完税价格＋关税税额÷（1－增值税税率）

10. 进出口货物收发货人或其代理人在办理完毕提取进口货物或装运出口货物的手续后。如有需要，可以向海关申请签发有关货物的进口、出口证明。海关签发的常见证明主要有（　　　　）。
    A. 进口货物报关单（付汇证明联）和出口货物报关单（收汇联证明）
    B. 出口货物报关单（出口退税证明联）
    C. 进口货物报关单（进口货物证明联）
    D. 进口货物证明书

三、判断题

1. 根据《联合国国际货物销售合同公约》规定，如果在一项发盘中规定了有效期，则该发盘不得撤销。（　　）

2. 承兑交单（D/A）最易为买方接受，有利于达成交易，所以，在出口业务中，应扩大对承兑交单的使用。（　　）

3. 某公司进口一批货物，载运货物的船舶在航行途中起火，该批货物投保的是平安

险,按照中国人民保险公司海洋运输货物保险条款的规定,保险公司应予以赔偿。
(　　)
4. 签证、放行是检验检疫机构检验检疫工作的最后一个环节。(　　)
5. 班轮运费计收标准中的"W/M Plus Adval"是指计收运费时,应按二者中较高者计收,再加上一定比例的从价。(　　)
6. 某杂货班轮在目的港的交货实际数量少于 B/L 记载数量,其短少损失应由承运人赔偿。(　　)
7. 20 英尺集装箱最大总重量为 24 公吨,超过此限为超重货。(　　)
8. 出口货物报关单中"贸易方式"一栏注明"来样加工"的,不予办理申请退税;注明"进料加工"的,在申报退税款中应抵扣进口料、件的免税额。(　　)
9. 根据《联合国国际货物销售合同公约》,合同的成立必须经过询盘、发盘、还盘、接受和签约等环节。(　　)
10. 航空货运单和海洋运单一样,是可以转让的。(　　)

四、计算题

1. 某轮从广州港装载杂货——人造纤维,体积为 20 立方米,毛重为 17.8 公吨,运往欧洲某港口,托运人要求选择卸货港 Rotterdam 或 Hamburg,Rotterdam 和 Hamburg 都是基本港口,基本运费率为 USD80.0/FT,三个以内选卸港的附加费率为每运费吨加收 USD 3.0,"W/M"。问:

   (1) 该托运人应支付多少运费(以美元计)?

   (2) 如果改用集装箱运输,海运费的基本费率为 USD 1 100.00/TEU,货币附加费为 10%,燃油附加费为 10%。改用集装箱运输时,该托运人应支付多少运费(以美元计)?

   (3) 若不计杂货运输和集装箱运输两种方式的其他方式的其他费用,托运人从节省海运费考虑,是否应选择改用集装箱运输?

2. 某公司对外报某商品每公吨 10 000 美元 CIF 纽约,现外商要求将价格改报为 CFR 纽约。问:我方应从原报价格中减去的保险费是多少?(设该商品投保一切险,保险费率为 1%)

3. 上海新龙贸易公司出口一批服装到美国某公司,产品用纸箱包装,每箱装 20 件,共 4 180 件,纸箱的尺码为 54×46×48(cm³),毛重 29 千克,净重 26 千克,装入了一个 20 英尺集装箱,每件成交价为 10.45USDCFRC3%。经查,该货属于 12 级货,运费计算标准是 W/M,包箱费率是 1 800 美元。该公司出口服装的定额费用率是进货成本的 4.8%,童装的进货成本(含 17%增值税)为每件 78 元人民币,出口退税为 9%,当时汇率为 1 USD=8.3 CNY。请计算该公司此笔交易的利润额和利润率。

五、案例分析题

1. 某货主委托承运人的货运站装载 1 000 箱小五金,货运站在收到 1 000 箱货物后出具仓库收据给货主。在装箱单上记载980箱,货运抵进口国货运站,拆箱单上记载980箱,由于提单上记载1 000箱,同时提单上又加注"由货主装箱、计数",收货人便向承运人提出索赔,但承运人拒赔。根据题意分析回答下列问题:

(1) 提单上类似"由货主装载、计数"的批注是否适用拼箱货,为什么?

(2) 承运人是否要赔偿收货人的损失,为什么?

(3) 承运人如果承担赔偿责任,应当赔偿多少箱?

2. 一份买卖日用品的CIF合同规定"9月份装运",即期信用证的有效期为10月15日。卖方10月6日向银行办理议付所提交的单据中,包括9月29日签发的已装船清洁提单。经银行审核,单单相符、单证相符,银行接受单据并支付了货款。但买方收到货物后,发现货物受损严重,且短少50箱。买方因此拒绝收货,并要求卖方退回货款。问:

(1) 买方有无拒收货物并要求退款的权力,为什么?

(2) 此案中的买方应如何处理此事才合理?

六、操作题

根据下列提供的信用证条款内容及有关制单资料,填制海运提单(1)~(15)项的内容及保险单(1)~(10)项的内容。

LETTER OF CREDIT

APPLICATION HEADER O 700 1552 051015 RIBLSERIA××× 7238 251310 051014 2052

                             1   RIYAD BANK

                             1   RIYADH00000

FORM OF DOC. CREDIT   *40A: IRREVOCABLE

DOC. CREDIT NUMBER   *20: RLC4202741/218

DATE OF ISSUE   31C: OCT.15,2021

EXPIRY   *31D: DATE JAN.10,2022 PLACE CHINA

APPLICANT   *51: ARABIAN DEPARTMENT STORES

               P.O. BOX 60608

               RIYADH 11666

               SAUDI ARABIA

BENEFICIARY   *59: CHINA IMP.AND EXP. CO.LTD.

               27, CHUNGSHAN ROAD

               SHANGHAI 200001 CHINA

AMOUNT   *32B: CURRENCY USD AMOUNT 21 600.00

MAX. CREDIT AMOUNT   39B: NOT EXCEEDING

AVAILABLE WITH/BY   *41A: BKCHCNBJ300

              * BANK OF CHINA

              * SHANGHAI

PARTIAL SHIPMENTS   43P: ALLOWED

TRANSSHIPMENT	43T:	ALLOWED
LOADING IN CHARGE	44A:	SHANGHAI, CHINA BY VESSEL
FOR TRANSPORT TO	44B:	RIYADH VIA DAMMAM, K.S.A.
LATEST DATE OF SHIP	44C:	DEC.25,2021
DESCRIPT OF GOOD	45A:	

  1800 PCS WEARING APPAREL AS PER S/C NO.05BEC3030
  AND APPLICANT PURCHASE ORDER NO. 18669
  USD 12.00/PC CIF RIYADH

DETAILS OF CHARGES   71B: ALL BANK CHARGES OUTSIDE THE KINGDOM OF SAUDI ARABIA, INCLUDING REIMBURSING BANK CHARGES AND COURIER CHARGES IF ANY SHOULD BE ON THE ACCOUNT OF BENEFICIARY.

PRESENTATION PERIOD 48: DOCUMENTS TO BE PRESENTED WITHIN 16 DAYS AFTER SHIPMENT DATE BUT WITHIN VALIDITY OF THIS CREDIT.

CONFIRMATION   *49: CONFIRM

DOCUMENTS REQUIRED 46B:

1. SIGNED BENEFICIARY'S COMMERCIAL INVOICE IN 3 COPIES.
2. FULL SET OF 3/3 ORIGINAL CLEAN "ON BOARD" MARINE BILLS OF LADING ISSUED TO THE ORDER OF RIYAD BANK, MARKED "NOTIFY APPLICANT" AND "FREIGHT COLLECT" SHOWING THE BENEFICIARY AS CONSIGNOR/SHIPPER.
3. PACKING LIST ISSUED BY BENEFICIARY IN TWO COPIES.
4. ORIGINAL AND ONE COPY OF INSURANCE POLICY/CERTIFICATE ISSUED IN NEGOTIABLE FORM FOR INVOICE AMOUNT PLUS 10 PERCENT AND COVERING FOLLOWING RISKS:

INSTITUTE CARGO CLAUSES (A), DATED JAN.IST,1982
INSTITUTE WAR CLAUSES (CARGO), DATED JAN.IST,1982
INSTITUTE STRIKES CLAUSES (CARGO), DATED JAN.IST,1982
MENTIONING IN THE BODY OF THE INSURANCE POLICY/ CERTIFICATE CLAIMS PAYABLE IN DESTINATION IRRESPECTIVE OF PERCENTAGE.

TRAILER ORDER IS (MAC:) (PAC:) (CHK:) (TMG:) (PDE:)
    MAC: 3E55005F
    CHK: B3678A0D9A31

SUPPLEMENT:
1. VESSEL NAME: DA QING V. 0012
2. SHIPPING MARKS: A. D. S
     ART. NO.: BP732
     N.W.: 30 kgs

G.W.：32 kgs
MADE IN CHINA

3. PACKING：ONE PIECE IN A PLASTICS BAG，40 PCS IN ONE CARTON
GROSS WEIGHT：32 kgs/CTN
NET WEIGHT：30 kgs/CTN
MEASUREMENT：74 cm×43 cm×23 cm/CTN

综合练习四

一、单项选择题

1. CIC"特殊附加险"是指在特殊情况下,要求保险公司承保的险别,该险别(   )。
   A. 一般可以单独投保　　　　B. 不能单独投保
   C. 可单独投保两项以上　　　D. 在被保险人同意的情况下可以单独投保

2. 海洋运输中的运费吨(   )。
   A. 仅指重量吨　　　　　　　B. 仅指尺码吨
   C. 指重量吨与尺码吨中大者　D. 指重量吨与尺码吨之和

3. 信用证的第一付款人是(   )。
   A. 进口人　　B. 开证行　　C. 议付行　　D. 通知行

4. 一批货物在海运途中发生承保范围内的损失,其修理费用超过货物修复后的价值,这种损失属于(   )。
   A. 实际全损　　　　　　　　B. 推定全损
   C. 共同海损　　　　　　　　D. 单独海损

5. 航空货运单是(   )。
   A. 可议付单据　　　　　　　B. 物权凭证
   C. 货物收据和运输合同　　　D. 提货凭证

6. 理论上,集装箱班轮运输下签发的提单通常是(   )。
   A. 预借提单　　　　　　　　B. 收货待运提单
   C. 已装运提单　　　　　　　D. 倒签提单

7. 杂货班轮运输中的收货单由(   )签署。
   A. 托运人　　B. 收货人　　C. 船长　　D. 大副

8. 班轮公司运输的集装箱货物的交接方式通常是(   )。
   A. CY/CFS　　　　　　　　　B. CFS/CFS
   C. CFS/CY　　　　　　　　　D. CY/CY

9. 多式联运单据的签发人是(   )。
   A. 船公司　　　　　　　　　B. 货主
   C. 多式联运经营人　　　　　D. 收货人

10. 对中国香港地区采用铁路运输时,对外结汇的凭证是( )。
    A. 国内铁路运单   B. 港段铁路运单
    C. 承运货物收据   D. 国际铁路联运运单

二、多项选择题
 1. 海关对保税货物的监管包括( )。
    A. 货物存放   B. 货物加工   C. 货物的使用   D. 货损的处理
 2. 托运人在航空货物发运后,可以对货运单上除( )外的其他各项做变动。
    A. 运价   B. 航空运价   C. 声明价值   D. 保险金额
 3. 班轮运输最基本的特点有( )。
    A. 固定航线   B. 固定港口
    C. 固定船期   D. 相对固定的运价
 4. 在出口业务中,卖方可凭以结汇的运输单据有( )。
    A. 海运提单   B. 铁路运单正本
    C. 承运货物收据   D. 大副收据
 5. 我国对外贸易货运保险可分为( )。
    A. 海上运输保险   B. 陆上运输保险
    C. 航空运输保险   D. 邮包运输保险
 6. 构成一项有效的接受应具备的条件是( )。
    A. 接受由特定的受盘人做出   B. 接受的内容必须与发盘相符
    C. 必须在有效期内表示接受   D. 接受必须送达发盘人才能生效
 7. 在使用提单的正常情况下,收货人要取得提货的权利,必须( )。
    A. 将全套提单交回承运人   B. 将任一份提单交回承运人
    C. 提单必须正确背书   D. 付清应支付的费用
 8. 根据我国海洋货物运输保险条款的规定,基本险有( )。
    A. 水渍险   B. 战争险   C. 平安险   D. 一切险
 9. 提单中 Shipper 一栏内通常可以记载( )。
    A. 与承运人订立合同的人   B. 代表他人与承运人订立合同的人
    C. 将货物交给承运人的人   D. 承运人
10. 在国际贸易中,常用于中间商转售货物交易的信用证是( )。
    A. 对背信用证   B. 对开信用证
    C. 可撤销信用证   D. 可转让信用证

三、判断题
 1. 承运人签发倒签提单属欺骗性质的行为。   (   )
 2. "每公吨 88 美元 CFR 上海"这个出口报价是正确的。   (   )
 3. 班轮运费计收标准中的"W/M Plus Adval"是指计收运费时,应按二者中较高者

计收。 ( )
4. 海运提单的签发日期应早于保险单的签发日期。 ( )
5. 运输合同的当事人是托运人、承运人。 ( )
6. 某杂货班轮在目的港的交货实际数量少于 B/L 记载数量,其短少损失应由承运人赔偿。 ( )
7. 填写空运托运书时,若机场名称不明确,可填城市名称。 ( )
8. 在国际航空货物运输当中,托运人在填写托运书中品名栏目时可填写"样品""部件"。 ( )
9. FOB 价格条件下,由进口商安排运输。因此,提单中的托运人一定是出口商。 ( )
10. 信用证支付方式属于银行信用,所用的汇票是银行汇票。 ( )

四、计算题

1. 某外贸公司以 CIF 价格条件出口一批冷冻食品,合同总金额为 10 000 美元,加一成投保平安险、短量险,保险费率分别为 0.8% 和 0.2%。问:保险金额和保险费各为多少?

2. 某外贸公司出口一批商品,国内进货价共 10 000 元人民币,加工费支出 1 500 元人民币,商品流通是 1 000 元人民币,税金支出为 100 元人民币,该批商品出口销售外汇净收入为 2 000 美元。当时汇率牌价为 USD 100 = CNY 827.36~827.68。试计算:
   (1) 该批商品的出口总成本是多少?
   (2) 该批商品的出口销售换汇成本是多少?
   (3) 该商品的出口销售盈亏率是多少?

五、案例分析题

1. 我国 A 公司与某国 B 公司于 2021 年 10 月 20 日签订购买 52 500 吨化肥的 CFR 合同。A 公司开出信用证规定,装船期限为 2022 年 1 月 1 日至 1 月 10 日,由于 B 公司租来运货的"顺风号"轮在开往某外国港口途中遇到飓风,结果装货至 2022 年 1 月 20 日才完成。承运人在取得 B 公司出具的保函的情况下,签发了与信用证条款一致的提单。"顺风号"轮于 1 月 21 日驶离装运港。A 公司为这批货物投保了水渍险。2022 年 1 月 30 日"顺风号"轮途经巴拿马运河时起火,造成部分化肥烧毁。船长在命令救火过程中又造成部分化肥湿毁。由于船在装货港口的延迟,使该船到达目的地时正遇上了化肥价格下跌,A 公司在出售余下的化肥时价格不得不大幅度下降,给 A 公司造成很大损失。请根据上述事例,回答以下问题:
   (1) 途中烧毁的化肥损失属什么损失,应由谁承担,为什么?
   (2) 途中湿毁的化肥损失属什么损失,应由谁承担,为什么?
   (3) A 公司可否向承运人追偿由于化肥价格下跌造成的损失,为什么?

2. 国外一家贸易公司与我国某进出口公司订立合同,购买小麦 500 吨。合同规定,2022 年 1 月 30 日前开出信用证,2 月 5 日前装船。1 月 28 日买方开来信用证,有效期至 2 月 10 日。由于卖方按期装船发生困难,故电请买方将装船期延至 2 月 17 日并将信用证有效期延长至 2 月 20 日,买方回电表示同意,但未通知开证银行。2 月 17 日货物装船后,卖方到银行议付时,遭到拒绝。请问:

(1) 银行是否有权拒绝付货款,为什么?

(2) 作为卖方,应当如何处理此事?

六、操作题

1. 依照所附国际货物托运书,填制航空货运单。

2. 根据下列所提供的信用证条款的主要内容及有关制单资料填制提单内容。

LETTER OF CREDIT

```
SEND BY:BBRUBEBBC200
        ING BELGIUM NV/SA
        FORMERLY BANK BRUSSELS SA
        ANTWERPEN
27/SEQUENCE OF TOTAL
        1/1
40A/FORM OF DOCUMENTARY CREDIT
        IRREVOCABLE
23DOCUMENTARY CREDIT NO
        1008/03/01/0422
31C/DATE OF ISSUE
        041026
                26-OCT-2022
31D/DATE AND PLACE OF EXPIRY
        041225 BELGIUM
50/APPLICANT
        ABCDIS CO
        ASMBERSTRAAT 90
        ANTWERPEN
59/BENEFICIARY-NAME & ADDRESS
        SHANGHAI CHEMICAL IMP. AND EXP. CO. LTD.
        ROOM 610 NO.27, CHUNGSHAN ROAD,E. 1.
        SHANGHAI, 200001 CHINA
32B/CURRENCY CODE, AMOUNT
```

                USD 29 110.00
41A/AVAILABLE WITH...BY...
        BBRUBEBBC200
        ING BELGIUM NV / SA
        FORMERLY BANK BRUSSELS SA
        ANTWERPEN
        BY PAYMENT
43P/PARTIAL SHIPMENTS
        ARE PROHIBITED
43T/TRANSSHIPMENT
        ARE ALLOWED
44A/ON BOARD/DISP/TAKING CHARGE AT/F
        LOADING ON BOARD AT ANY CHINESE PORT
44B/FOR TRANSSPORTATION TO …
        TUNIS
44C/LATEST DATE OF SHIPMENT
        041130
45A/DESCRIPTION OF GOODS &./ OR SERVICES
        20MT OF IRON OXYDE YELLOW AT USD 1 455.50/MT
        PACKED IN 25KGS ONE DRUMS AND 20 DRUMS ON ONE PALLET
        SALES CONDITIONS: CIF TUNIS
46A/DOCUMENTS REQUIRED:
    +1) SIGNED COMMERCIAL INVOICE IN ORIGINAL AND 4 COPIES
    +2) COMPLETE SET OF THE MARINE BILL OF LADING, CLEAN ON BOARD ISSUED BY A SHIPPING COMPANY OR ITS AGENT TO ORDER AND ENDORSED IN BLANK NOTIFY: ABCDIS NV
        ASMBERSTRAAT 90
        ANTWERPEN
        MARKED: FREIGHT PREPAID
    +3) PACKING LIST IN ONE ORIGINAL AND TWO COPIES
47A/ADDITIONAL CONDITIONS
+1) THE AMOUNT OF EACH DRAFT NEGOTIATED UNDER THIS CREDIT MUST BE ENDORSED ON THIS CREDIT BY THE NEGOTIATING BANK AND THE PRESENTATION OF ANY SUCH DRAFT FOR SETTLEMENT SHALL BE A WARRANTY BY THE NEGOTIATING BANK THAT SUCH ENDORSEMENT HAS BEEN MADE.
+2) DRAFT(S) MUST INCICATE NUMBER, DATE AND NAME OF

ISSUING BANK OF THIS CREDIT.

+3) IN CASE THE DOCUMENTS CONTAIN DISCREPANCIES, WE RESERVE THE RIGHT TO CHARGE DISCREPANCY FEES AMOUNTING TO EUR 75 OR EQUIVALENT.

+4) NEGOTIATING BANK HAS TO ADVISE US BY AUTHENTICATED SWIFT NEGOTIATION OF DOCUMENTS, MENTIONING AMOUNT OF NEGOTIATED DOCUMENTS.

+5) NEGOTIATING BANK, IF DIFFERENT FROM ADVISING BANK, MUST CERTIFY ON THEIR REMITTANCE LETTER THAT ALL CHARGES AND COMMISSIONS OF ADVISING BANK(S) ARE PAID OR WILL BE DEDUCTED FROM PROCEEDS AND PAID.

71B/CHARGES.
  ALL COMMISSION AND CHARGES OUTSIDE
  ISSUING BANK ARE FOR THE ACCOUNT OF BENEFICIARY

48/PERIOD FOR PRESENTATION
  DOCUMENTS MUST BE PRESENTED
  WITH 15 DAYS AFTER ISSUANCE
  OF THE TRANSPORT DOCUMENT BUT
  WITHIN THE VALIDITY OF THIS CREDIT

SUPPLEMENT：
(1) VESSEL NAME：CONIT. JORK V. YCJ009
(2) CONTAINER NO. FSCU 7648933 40'×1
(3) SHIPPING MARKS：IRON OXYDE YELLOW
    NET WEIGHT：25 kgs
    BATCH NO.：AP-605/04
(4) PACKING：GROSS WEIGHT：500 kgs/DRUM
    NET WEIGHT：540 kgs/DRUM
MEASUREMENT：1.1 m×1.1 m×1.2 m/PALLET

综合练习五

一、单项选择题

1. 进口货物的收货人自运输工具申报进境之日起,超过(　　)时间未向海关申报的,其进口货物由海关提取依法变卖处理。
  A. 1个月　 B. 3个月
  C. 6个月　 D. 1年

2. 外贸业务磋商初始阶段的询价是（　　）。
   A. 有效要约　　　　　　　　　　B. 要约邀请
   C. 要约要件　　　　　　　　　　D. 具有约束要约人的效力

3. 进出口邮包向海关申报，必须填写（　　）。
   A. 报关单　　　　　　　　　　　B. 报税单
   C. 出入境货物通知单　　　　　　D. 备案清单

4. 信用证下承担第一性付款责任的是（　　）。
   A. 开证申请人　　　　　　　　　B. 信用证受益人
   C. 开证行　　　　　　　　　　　D. 通知行

5. 依据PICC海洋运输货物保险条款，一批货物投保了平安险，运输途中发生下列何种损失，保险人才予以赔偿损失？（　　）。
   A. 货物遭淡水雨淋　　　　　　　B. 货物部分被偷窃
   C. 货物遇台风和雷击被烧坏部分　D. 货物因船舶搁浅而损失

6. 我国检验检疫管制的商品，必须向海关提交出入境检验检疫机构签发的单证是（　　）。
   A. 进出口货物报关单　　　　　　B. 入境货物通关单
   C. 进口许可证　　　　　　　　　D. 进口收汇核销单

7. 国际贸易业务中，装运期和结汇期的确定最好是（　　）。
   A. 不可同一日期　　　　　　　　B. 装运期应该早于结汇期
   C. 结汇期应该早于装运期　　　　D. 可以在同一日期

8. 某进出口贸易公司从美国进口机械设备，发票列明如下：成交价格为CIF上海USD 100 000，该设备进口后安装调试费USD 4 000。经海关审查上述成交价格属实，且安装费、调试费已包含在成交价格中，则海关审定该机械设备的完税价格为（　　）。
   A. USD 100 000　　　　　　　　B. USD 104 000
   C. USD 96 000　　　　　　　　 D. USD 98 000

9. 在国际货物买卖合同中，对于货物检验的时间和地点的规定方法中，使用较多的是（　　）。
   A. 在出口国检验
   B. 在进口国检验
   C. 在出口国装运港检验，进口国目的港复验
   D. 在第三国检验

10. 逾期缴纳的进口货物交税、进口环节税等，由海关按日征收（　　）滞纳金，滞纳金起征额为人民币（　　）。
   A. 1％　10元人民币　　　　　　B. 0.5％　50元人民
   C. 0.5％　10元人民币　　　　　D. 1％　50元人民币

二、多项选择

1. 国际贸易自由结汇方式主要有( )。
   A. 汇付方式　　　B. 托收方式　　　C. 信用证结汇　　　D. 记账贸易

2. 国际贸易买卖合同的法定形式主要有( )。
   A. 口头形式　　　　　　　　　　B. 信函形式
   C. 电传、传真　　　　　　　　　D. 电子数据与电子邮件

3. 玉米等谷物产品实行非"一批一证"制度的出口许可证使用( )。
   A. 无配额管理　　　　　　　　　B. 多次出口报关使用
   C. 最多不超过 12 次　　　　　　D. 海关在许可证上签批

4. 依据《UCP 600》,信用证支付方式的特点是( )。
   A. 信用证属于银行信用,开证行负有第一性付款责任
   B. 信用证一经开证行开立,即是独立于买卖合同之外的自主性文件
   C. 信用证条件下由申请人直接向卖方付款
   D. 信用证业务是一种单纯的单据业务,银行只处理单据,无涉及货物和合同行为

5. 付款交单业务的主要特征是( )。
   A. 付款交单属于商业信用
   B. 付款交单业务中为融资目的也可使用远期汇票
   C. 付款交单的安全性高于承兑交单
   D. 付款交单属于银行信用

6. 申请签发普惠制原产地证书应提供的单证和资料有( )。
   A. 普惠制原产地证书申请书一份
   B. 普惠制原产地证书(FORM A)一套
   C. 正式的出口商业发票副本一份,装箱单一份
   D. 含有进口成分的产品,应提交"申请 FORM A 产品成本明细单"

7. 报检入境废物时必须提供的单证是( )。
   A. 入境货物通关单　　　　　　　B. 合同、发票、提单
   C. 进口废物批准证书　　　　　　D. 进口货物报关单

8. 班轮基本运费的计算标准包括( )。
   A. 按货物的毛重或重量吨计收
   B. 按货物的体积或重量吨计收
   C. 有货主与船公司临时议定计收
   D. 在所列几种计收运费办法中,选择收费高者作为计收标准

9. 构成一项有效发盘必须具备的条件包括( )。
   A. 清楚地表明发盘人愿意按照所提条件订立合同,但可以附加保留条件
   B. 必须向一个或一个以上特定的人发出
   C. 发盘的内容即主要交易条件必须明确和完整
   D. 发盘必须送达受盘人

10. 航空运单是由承运航空公司签发的货运单证。关于航空运单,下列表述中正确的是( )。
   A. 是托运人与承运人之间的运输契约证明
   B. 是货物收据
   C. 必须填写收货人的全称和地址,但不得做成指示性抬头
   D. 是物权凭证

三、判断题

1. 任何缺少合同标的、货物价格、货物数量、品质与包装等合同主要条款的国际货物买卖合同都会导致合同无效的法律后果。( )
2. 某公司对外商报价:土豆片,每包 600 美元 CIF Callao,该报价属于外贸货物的总价,也即净价。( )
3. 伦敦保险协会(ICC)的 C 条款对承保风险采取列举风险法。( )
4. 进口和出口货物在进出境环节办理了进出境手续,经海关放行后,即意味着结关。( )
5. 报税货物是免税的进口货物。( )
6. 出口货物的发货人除海关特准的之外应当在装货前 24 小时向海关申报。( )
7. 一般进出口货物必须在进出境环节完纳进出口税费。( )
8. PICC 海运保险条款下,当保险货物到达港口卸离海轮后满 60 日,即使货物未存入收货人的最后仓库,保险人责任也终止。( )
9. 进口货物许可证是进口通关证据之一,凡列入"实施进口许可证商品目录"中的进口货物,必须申领进口许可证。否则,货物到达进口港后,海关不予以放行。( )
10. 不可撤销信用证开出后,合同双方当事人不得因某种原因修改信用证中的某项内容。( )

四、计算题

卖方出口一批体育用品,成交价为 CIF 目的港 USD 20 000,卖方与买方在买卖合同中未特别约定货物运输保险事项,卖方在中国人保(PICC)依据其海洋运输保险条款投保货物一切险,并附加战争险。保险费率分别为 0.8% 和 0.6%。试计算:
(1) 卖方依据保险惯例如何确定货物的保险金额?
(2) 请问该批货物的保险金额是多少?
(3) 应缴纳多少保险费?

五、案例分析题

1. 2022 年 5 月中国某粮油进出口公司 A 与欧洲某国 B 公司订立出口大米合同,该合同规定:大米水分最高 20%,破损率 20%,杂质最高 1%,以中国商检局的检验报告

为最后依据。单价为 USD 360/MT，FOB 中国港口，麻袋装，每袋净重 50 kgs，买方应于 2022 年 9 月派船接运货物。B 公司未按期派船接运货物，一直延误到 12 月才派船接运货物。大米装船交货，承运人签发了清洁提单，运到目的港后，买方发现大米生虫，于是委托当地的货物检验机构进行检验，并签发虫害证明。买方 B 公司据此向卖方 A 公司提出索赔 20% 货款，当 A 公司接到 B 公司的索赔后，不仅不赔，而且要求 B 公司支付延迟装货的仓储费等。另保存在中国商检局的检验货样到发生争议时仍完好无损，未发生虫害。试分析：

(1) A 公司要求 B 公司支付延迟装货的仓储费等能否成立，为什么？

(2) B 公司的索赔能否成立，为什么？

2. 某外贸企业进口散装化肥一批，曾向保险公司投保海运一切险。货抵目的港后，全部卸至港务公司仓库。在卸货过程中，外贸企业与装卸公司签订了一份灌装协议，并立即开始灌装。某日，由装卸公司根据协议将已灌装成包的半数货物堆放在港区内铁路边堆场，等待铁路转运至他地以交付不同买主。另一半留在仓库尚待灌装的散货，因受台风袭击，遭受严重湿损。于是，外贸企业遂就遭受湿损部分向保险公司索赔，被保险公司拒绝。对此，试予评论。

模块十
综合技能训练

实操训练一

【案例一】

1. 买卖双方公司简介

(1) 卖方——南京丽华纺织品进出口公司。

NANJING LIHUA TEXTILES IMP. & EXP. CORP.

TEL NO：025—6575328

FAX NO：025—6874231

E-MAIL：njlihua@sina.com

南京丽华纺织品进出口公司是专门从事纺织品及服装进出口业务的外贸公司，经营商品种类繁多，尤其在女式套装的出口上非常有优势。

(2) 买方——加拿大 PARMIX SPORTSWEAR INC。

591 EAST LAMEN STREET，TORONTO，CANADA

TEL NO：001—416—5321668

FAX NO：001—416—6728491

E-MAIL：parmix@yahoo.com

加拿大 PARMIX SPORTSWEAR INC 是加拿大多伦多地区一家知名的贸易公司，资信好，销售渠道多。

最近公司欲从中国进口一批女式套装，并已将询价单发给南京丽华纺织品进出口公司。

买卖双方经过谈判，最终就 1 000 套女式套装（两种款式）达成交易。现出口商制作售货确认书或形式发票传真给客户，并要求客户回签。

2. 模拟实训资料

(1) 销售确认书。

南京丽华纺织品进出口公司 正本
NANJING LIHUA TEXTILES IMP. &
EXP. CORP. ORIGINAL
88,LIHUA ROAD,TIANNING DISTRICT,NANJING,JIANGSU,CHINA

销售确认书 编号 NO:FSK0508
SALES CONFIRMATION 日期:JULY 25,2022

买方
Buyer:PARMIX SPORTSWEAR INC.
地址
Address:591 EAST LAMEN STREET,TORONTO,CANADA.
电话 传真
TEL:001-416-5321668 FAX:001-416-6728491

兹经买卖双方同意成交下列商品订立条款如下:
The undersigned Sellers and Buyers have agreed to close the following transaction according to the terms and conditions stipulated below:

货物名称及规格 NAME OF COMMODITY AND SPECIFICATION	数 量 QUANTITY	单 价 UNIT PRICE	金 额 AMOUNT
P.O.585 50PCT NYLON/50PCT RAYON, WOVEN LADIES 2 PCE SUIT—JACKET L/S/ FULLY LINED PANT W/BELT LOOPS STYLE 167C/168C LADIES 2PCE ENSEMBLE—TAILORED WAISTCOAT/SKIRT, STYLE FULLY LINED 585A/169C	 500 SETS 500 SETS	FOB SHANGHAI PORT USD 10/SET USD 8/SET	 USD 5 000.00 USD 4 000.00 TOTAL VALUE: USD 9 000.00

装运
SHIPMENT TO BE EFFECTED BEFORE THE END OF AUGUST,2022 FROM SHANGHAI,CHINA TO TORONTO,CANADA WITH PARTIAL SHIPMENT PROHABITTED AND TRANSHIPMENT ALLOWED.

付款条件
PAYMENT   TO BE MADE BY SIGHT L/C
包装
PACKING   PACKED IN HANGERS
唛头   PARMIX
MARKS & NOS.   TORONTO
                 P. O. NO
                 CTN NO.
保险
INSURANCE   TO BE COVERED BY THE BUYER
                 买方(签章)   卖方(签章)
                 THE BUYER   THE SELLER

(2) 卖方催促买方按照售货确认书的要求及时开证。

国外来证
HSBC 汇丰
NANJING LIHUA TEXTILES IMP. & EXP. CORP.
88,LIHUA ROAD,TIANNING DISTRICT
NANJING,JIANGSU,CHINA
DEAR SIRS,
IN ACCORDANCE WITH THE TERMS OF ARTICLE 7(A)OF UCP 600 WE ADVISE HAVING RECEIVED THE FOLLOWING TELETRANSMISSION FROM HSBC BANK CANADA
(SWIFT ADDRESS:HKBCCATTMON)

27	SEQ OF TOTAL:	1/1
40	AFORM OF DC:	IRREVOCABLE TRANSFERABLE
20	DC NO:	DC HMN 60283
31C	DATE OF ISSUE:	4 AUG,22
31D	EXPIRY DATE AND PLACE:	16 SEP,22 IN COUNTRY OF APPLICANT
50	APPLICANT:	PARMIX SPORTSWEAR INC
		591 EAST LAMEN STREET,TORONTO,CANADA
59	BENEFICIARY:	NANJIN LIHU TEXTILES IMPORT & EXPORT CORP.
		88,LIHUA ROAD,TIANNING DISTRICT
		NANJING,JIANGSU,CHINA
32B	DC AMT:	USD 9 000.00
39A	PCT CR AMT TOLERANCE:	05／05
41D	AVAILABLE WITH/BY:	ANY BANK
		BY NEGOTIATION
42C	DRAFTS AT:	SIGHT FOR FULL INVOICE VALUE
42D	DRAWEE:	ISSUING BANK
43P	PARTIAL SHIPMENTS:	ALLOWED
43T	TRANSHIPMENT:	ALLOWED
44A	LOADING/ DISPATCH AT/ FROM:	
	SHANGHAI PORT,CHINA	
44B	FOR TRANSPORTATION TO:	
	VANCOUVER,CANADA	
45A	GOODS:	

FOB SHANGHAI PORT
P. O. 585
50PCT NYLON/ 50PCT RAYON,WOVEN
LADIES 2PCE SUIT—JACKET L/S/ FULLY LINED PANT W/BELT LOOPS
STYLE 167C/168C TTL500 SETS AT USD 10/SET
LADIES 2PCE ENSEMBLE—TAILORED WAISTCOAT/SKIRT,FULLY LINED
STYLE 585A/169C TTL500 SETS AT USD 8/SET
LATEST SHIP DATE AUGUST 30/22

46A　DOCUMENTS REQUIRED:
　　　+COMMERCIAL INVOICE IN TRIPLICATE
　　　+FULL SET CLEAN MARINE BILL OF LADING,ISSUED BY WELLSTAR FREIGHT SYSTEMS INC.SHANGHAI,SHOWING ON BOARD NOTATION,MADE TO THE ORDER OF HSBC BANK CANADA,MARKED FREIGHT COLLECT AND NOTIFY PARMIX SPORTSWEAR INC.591 EAST LAMEN STREET,TORONTO,CANADA
　　　+PACKING LIST IN TRIPLICATE
　　　+BENEFICIARY's CERTIFICATE CERTIFYING THAT WOODEN CRATES OR

PALLETS WERE NOT USED.

+ORIGINAL GSP CERTIFICATE OF ORIGIN FORM A ON OFFICIAL FORM PLUS ONE COPY

47A ADDITIONAL CONDITIONS:
ALL DOCUMENTS MUST BE IN ENGLISH. THE DRAFTS AND INVOICES MUST QUOTE THIS DOC. CREDIT NO. DC HMN60283, USD60 / CAD85 (OR EQUIVALENT) PER SET OF DOCUMENTS / PER SHIPMENT PLUS ALL RELEVANT CABLE CHARGES WILL BE DEDUCTED FROM EACH NEGOTIATION OF DISCREPANT DOCUMENTS UNDER THIS DOCUMENTARY CREDIT. NOTHWITHSTANDING ANY INSTRUCTIONS TO THE CONTRARY, THESE CHARGES SHALL BE FOR THE ACCOUNT OF THE BENEFICIARY. ALL DOCUMENTS TO BE FORWARDED IN ONE LOT BY COURIER AT BENEFICIARY's EXPENSE TO HSBC BANK CANADA, TORONTO TRADE SERVICES CENTRE, 5ND FLOOR, 30 RENE LEVESQUE WEST, TORONTO, ONTARIO, CANADA H4Z 6W1. INSURANCE TO BE COVERED BY APPLICANT. 5 PERCENT MORE OR LESS IN QUANTITY AND DC AMOUNT ACCEPTABLE. MARKS AND NUMBERS ARE AS FOLLOWS:
PARMIX, TORONTO, P.O. NO., CTN NO.
WHEN THE NOMINATED BANK IS REQUESTED TO TRANSFER THE WHOLE OR PART OF THIS CREDIT WITHOUT SUBSTITUTION, THEN THE NAME OF THE TRANSFEREE MUST BE ADVISED TO THE ISSUING BANK BY TESTED TELETRANSMISSION, AND MUST CONFIRM THAT THE AMOUNT OF SUCH TRANSFER HAS BEEN ENDORSED ON THE CREDIT. ANY BANK, OTHER THAN THE ADVISING BANK, REQUESTED TO TRANSFER THIS CREDIT, MUST REQUEST THE PERMISSION OF THE ISSUING BANK BY TESTED TELETRANSMISSION. THIS PERMISSION, IF GRANTED, WILL BE GIVEN IN THE FORM OF A FORMAL AMENDMENT.
IT IS A CONDITION OF THIS CREDIT THAT FOR EACH DRAWING / PRESENTATION UNDER THIS CREDIT CONTAINING MORE THAN THREE SETS OF DOCUMENTS WE WILL VIEW EACH SET OF DOCUMENTS AS A SEPARATE PRESENTATION. A CHARGE OF USD 50.00 OR EQUIVALENT FOR EACH ADDITIONAL SET OF DOCUMENTS PRESENTED WILL BE DEDUCTED FROM PROCEEDS.
NOTHWITHSTANDING THE PROVISIONS OF 《UCP 600》, IF WE GIVE NOTICE OF REFUSAL OF DOCUMENTS PRESENTED UNDER THIS CREDIT WE SHALL HOWEVER RETAIN THE RIGHT TO ACCEPT A WAIVER OF DISCREPANCIES FROM THE APPLICANT AND, SUBJECT TO SUCH WAIVER BEING ACCEPTABLE TO US, TO RELEASE DOCUMENTS AGAINST THAT WAIVER WITHOUT REFERENCE TO THE PRESENTER PROVIDED THAT NO WRITTEN INSTRUCTIONS TO THE CONTRARY HAVE BEEN RECEIVED BY US FROM THE PRESENTER BEFORE THE RELEASE OF THE DOCUMENTS. ANY SUCH RELEASE PRIOR TO RECEIPT OF CONTRARY INSTRUCTIONS SHALL NOT CONSTITUTE A FAILURE ON OUR PART TO HOLD THE DOCUMENTS AT THE PRESENTER's RISK AND DISPOSAL, AND WE WILL HAVE NO LIABILITY TO THE PRESENTER IN RESPECT OF ANY SUCH RELEASE.
PLEASE PRESENT AN EXTRA COPY OF ALL DOCUMENT FOR ISSUING BANK's RECORD AND RETENTION.
PRESENTATION OF DOCUMENT (S) THAT ARE NOT ON THEIR FACE IN COMPLIANCE WITH APPLICABLE ANTI-BOYCOTT, ANTI-TERRORISM AND ANTI-MONEY LAUNDER-
ING LAWS AND REGULATIONS IS NOT ACCEPTABLE. APPLICABLE LAWS MAY INCLUDE UNITED NATIONS AND LOCAL LAWS.

71B DETAILS OF CHARGES: ALL CHGS. OUTSIDE COUNTRY OF ISSUE FOR

	ACCOUNT OF BENEFICIARY / EXPORTER
48	PERIOD FOR PRESENTATION WITHIN 15 DAYS AFTER THE DATE OF SHIPMENT BUT WITHIN THE VALIDITY OF THE CREDIT
49	CONFIRMATION INSTRUCTIONS: WITHOUT
78	INFO TO PRESENTING BK
	THE AMOUNT OF EACH DRAWING MUST BE ENDORSED ON THE REVERSE OF THIS CREDIT BY THE NEGOTIATING BANK.
	ON RECEIPT OF DOCUMENTS BY US IN TORONTO, CONFORMING TO THE TERMS OF THIS CREDIT, WE UNDERTAKE TO REIMBURSE YOU IN THE CURRENCY OF THIS CREDIT IN ACCORDANCE WITH YOUR INSTRUCTIONS. (PLS PROVIDE REIMBURSING BANK's ABA NUMBER AND YOUR CHIPS UID NUMBER OR A / C NO.). PAYMENT CABLE CHGS ARE FOR BENEF's ACCOUNT AND WILL BE DEDUCTED FROM BILL PROCEEDS.
57D	ADVISE THRU: THE INDUSTRIAL AND COMMERCIAL BANK OF CHINA NANJING BRANCH CHINA
	SWIFT: ICBKCNBJCZU
72	BK TO BK INFO: THIS DC CAN ONLY BE TRANSFERRED BY HSBC CHINA OR THE INDUSTRIAL AND COMMERCIAL BANK OF CHINA NANJING BR. CHINA

THIS ADVICE CONSTITUTES A DOCUMENTARY CREDIT ISSUED BY THE ABOVE BANK AND SHOULD BE PRESENTED WITH THE DOCUMENTS / DRAFTS FOR NEGOTIATION / PAYMENT /

ACCEPTANCE, AS APPLICABLE.

258651-AUTO-000.01-00

The Hongkong and Shanghai Banking Corporation Limited

香港上海汇丰银行有限公司

Shanghai Office: 34/ F, HSBC Tower, 101 Yin Cheng East Road, Pudong, Shanghai. The People's Republic of China (Postal Code: 200120)

上海分行：中国上海市浦东新区银城东路101号汇丰大厦34楼（邮政编码：200120）

Tel 电话：(021) 6841 1888　　　　Fax 图文传真：(021)6841 1333

Telex 电传：33058 HSBCS CN　　　SWIFT Address: HSBCCNSH

3. 实训内容

（1）根据销售确认书再缮制一份形式发票。

（2）收到信用证后，请用信用证分析单来认真审核信用证的内容，尽快向客户提出修改意见，并提醒其到开证行办理改证。

（3）根据信用证的内容缮制相关的单据进行结汇。

实操训练二

【案例二】

1. 买卖双方公司简介

（1）卖方——苏州永达贸易公司。

SUZHOU YONGDA TRADING CO., LTD.

15 DONGFANG ROAD,SUZHOU,JIANGSU,CHINA.

TEL NO:(86)0512—6671717

FAX NO:(86)0512—3258726

E-MAIL:szyongda@sina.com

苏州永达贸易公司是苏州地区拥有自营进出口权的专业性外贸公司,主要经营化工、医药类产品的进出口业务。多年来,公司不断开拓国际市场,其出口产品已远销欧洲、美洲、大洋洲、亚洲近50个国家和地区,并且在国际市场上享有良好的声誉。同时,公司还与许多国内供应商建立了良好的合作关系。近期,永达贸易公司收到了意大利UNIWORLD S.R.L.公司发来的关于40 MT(2FCL)硫酸锰的询价单。

(2)买方——意大利UNIWORLD S. R. L.。

VIA   ARZAGA 28,20185 MILANO,ITALY

TEL NO:(39)5321668

FAX NO:(39)6728491

E-MAIL:uniworld@yahoo.com

UNIWORLD S.R.L.公司是意大利米兰地区经营化工产品的知名公司,其业务网络遍布世界各地。近期,公司决定从中国进口40 MT(2FCL)硫酸锰,并已将询价单分发给几家与之有贸易往来的中国外贸公司,苏州永达贸易公司就是其中的一家。

相关产品资料和客人的要求如下:

兹经买卖双方同意成交下列商品订立条款如下:

The undersigned Sellers and Buyers have agreed to close the following transaction according to the terms and conditions stipulated below:

货物名称及规格 NAME OF COMMODITY AND SPECIFICATION	数　量 QUANTITY	单　价 UNIT PRICE
EACH FOR 20 MT OF MANGANESE SULPHATE SPECIFICATION: ASSAY:96 PERCENT MINIMUM MNSO4.H2O:96 PERCENT MINIMUM	40 MT	CIF MILANO,ITALY USD 600/MT

装运

SHIPMENT　　　　　　TO BE EFFECTED BEFORE THE END OF OCTOBER FROM SHANGHAI TO MILANO, ITALY WITH PARTIAL SHIPMENT NOT ALLOWED AND TRANSHIPMENT ALLOWED.

付款条件

PAYMENT　　　　　　TO BE MADE BY SIGHT L/C

包装

PACKING　　　　　　25 KG / NEW AND EXPORTWORTHY BAG

唛头

MARKS & NOS. MNSO4. H2O:96%MIN

　　　　　　　　N W:25 KGS

保险
INSURANCE   TO BE COVERED BY THE SELLER FOR 110% OF INVOICE VALUE AGAINST ALL RISKS AND WAR RISKS AS PER OCEAN MARINE CAR-GO CLAUSES AND OCEAN MARINE CARGO WAR RISKS CLAUSES OF P. I.C. C. DATED 1/1/1981.

2. 模拟实训任务

（1）苏州永达贸易公司的报价非常有竞争力，客户很感兴趣。买卖双方经过几个回合的磋商与谈判，最终就40吨硫酸锰达成交易。现出口商制作形式发票或售货确认书传真给客户，并要求客户回签。

（2）催促客户按照形式发票或销售确认书的要求及时开证。

（3）出口商收到信用证后，应认真审核信用证的内容，尽快向客户提出修改意见，并提醒其到开证行办理改证。

（4）落实货源，与国内供应商签订40吨硫酸锰的购销合同，要求供应商严格按照内销合同要求安排和组织生产。

（5）制作发票、装箱单。

（6）办理出口商品的产地证。

（7）供应商按出口商要求将货物送至指定的仓库，办理入库手续。

（8）出口商办理托运手续，租船订舱。

（9）出口商办理报关手续。

（10）出口商办理投保手续。

（11）货物装船出运，向客户发装船通知。

（12）制作结汇单据，向议付行交单。

3. 模拟实训资料

国外来证
Reference：D95 ECZ0100064743，Queue：SWPRTQ，2022-10-01-22.08.44.400000
Type：700（Issue of a Documentary Credit）
Basic Header　　　　　Appl Id：F APDU Id：01　　　　　LT Addr：BKCHCNBJA95E
Session：9476 Sequence：842840
Application Header　　Input / Output：0　　　　　　　MSG Type：700
　　　　　　　　　　　Input Time：1509　　　　　　　Input Date：221001
　　　　　　　　　　　Sender LT：MIDLGB22B×××
　　　　　　　　　　　MIDLAND BANK PLC
　　　　　　　　　　　ITALY
　　　　　　　　　　　Input Session：3645　　　　　　ISN：984778 Output Date：221001
　　　　　　　　　　　Output Time：2209　　　　　　Priority：N
MUR 108　　　　　　　285081080
Sequence Total　　　　*27　　　1/1
Form of Doc Credit　　*40　　　A IRREVOCABLE
Doc Credit Num　　　　*20　　　MLC9067
Date of Issue　　　　　31C　　　221001
Date / Place Exp　　　*31D　　　Date 221115 Place CHINA
Applicant　　　　　　*50　　　UNIWORLD S.R.L.

		VIA ARZAGA 28
		20185 MILANO ITALY
Beneficiary	*59	SUZHOU YONGDA TRADING CO.,LTD.
		15 DONGFANG ROAD,
		SUZHOU,JIANGSU,CHINA.
DC Amt	*32B	USD Amount 24 000.00
Credit Amt	39B	NOT EXCEEDING
Avail With By	*41D	ANY BANK
		BY NEGOTIATION
Drafts At	42C	90 DAYS AFTER SIGHT
Drawee	42D	/ /
		ISSUING BANK
Partial Shipments	43P	NOT ALLOWED
Transhipment	43T	ALLOWED
Loading on Brd	44A	SHANGHAI,CHINA
Transport to	44B	MILANO,ITALY
Latest Shipment	44C	221030
Description of Goods		CFR MILANO,ITALY

EACH FOR 20MT OF MANGANESE SULPHATE AT A PRICE OF USD 600 PER MT SPECIFICATION: ASSAY 96 PERCENT MINIMUM

MNSO4 H2O 96 PERCENT MINIMUM

    Docs Required   46A

ORIGINAL COMMERCIAL INVOICE IN QUADRUPLICATE.

PACKING LIST IN QUADRUPLICATE.

FULL SET OF CLEAN ON BOARD MARINE BILL OF LADING(BEARING CONTAINER NUMBERS CONSIGNED TO ORDER, ENDORSED IN BLANK, MARKED FREIGHT PREPAID EVIDENCING UNIWORLD S.R.L.,VIA ARZAGA 28,20185 MILANO ITALY AS NOTIFY PARTY.

CERTIFICATE OF ORIGIN ISSUED BY THE CHINA COUNCIL FOR THE PROMOTION OF INTERNATIONAL TRADE.

INSPECTION CERTIFICATE OF QUALITY ISSUED BY CCIB.

INSURANCE CERTIFICATE FOR 130 PERCENT OF INVOICE VALUE COVERING ALL RISKS AND WAR RISKS AS PER AND SUBJECT TO OCEAN MARINE CARGO CLAUSES AND OCEAN MARINE CARGO WAR RISKS CLARSES OF P.I.C.C.DATED 1/1/1981.

ORIGINAL BENEFICIARY's CERTIFICATE STATING THAT ONE FULL SET OF ALL COPY DOCUMENTS HAVE BEEN SENT TO UNIWORLD S.R.L.BY COURIER BEFORE ETA OF SHIPMENT.

    Conditions   47A

ALL DOCUMENTS MUST BE MARKED AS ORIGINAL UNLESS COPY(IES)STIPULATED EXCEPT SO FAR AS OTHERWISE EXPRESSLY STATED THIS CREDIT IS SUBJECT TO THE UNIFORM CUSTOMS AND PRACTICE FOR DOCUMENTARY CREDITS,1993 REVISION I.C.C. PUBLICATION NO.500.

ALL PRESENTATIONS CONTAINING DISCREPANCIES WILL ATTRACT A DISCREPANCY FEE OF GBP40.00 PLUS TELEX COSTS IF ANY, THIS CHARGE WILL BE LEVIED WHETHER OR NOT WE ELECT TO CONSULT THE APPLICANT FOR A WAIVER IN ACCORDANCE WITH 《UCP 500》 ARTICLE 14. AN ADDITIONAL FEE OF GBP 25.00 PER MONTH WILL BE PAYABLE IF THE DOCUMENTS REMAIN UNPAID/UNACCEPTED FOR MORE THAN ONE MONTH AFTER PRESENTATION TO US. ALL CHARGES ARE FOR THE BENEFICIARYS ACCOUNT.

A CHARGE MAY BE TAKEN IN RESPECT OF ANY TELEGRAPHIC TRANSFER ALL DOCUMENTS MUST BE IN THE ENGLISH LANGUAGE(EXCEPT WHERE OTHERWISE, EXPRESSLY STATED)

Charges	71B	ALL CHGS. OUTSIDE COUNTRY OF ISSUE FOR ACCOUNT OF BENEFICIARY/EXPORTER TRANSIT INTEREST CHARGES ARE PAYABLE BY BENEFICIARY/EXPORTER
Period for Pres	48	WITHIN 15 DAYS AFTER THE DATE OF SHIPMENTBUT WITHIN THE VALIDITY OF THE CREDIT
Confirmation instructions	*49	WITHOUT
Paying Bank	78	UPON RECEIPT OF DOCUMENTS PRESENTED IN ACCORDANCE WITH THE DOCUMENTARY CREDIT TERMS AND CONDITIONS WE WILL REMIT PROCEEDS AT MATURITY IN ACCORDANCE WITH YOUR INSTRUCTIONS.
Send Rec Info	72	DOCUMENTS TO BE DESPATCHED BY COURIER IN ONE LOT TO: HSBC BANK PLC, TRADE SERVICES, MILANO, INTERNATIONAL BRANCH, PO BOX 585, 4TH FLOOR, 6 ARTHUR STREET, MILANO EC4R 9 HR TEAM 4

Trailer　MAC:3CB2665F
　　　　CHK:C736985C0633

(3) 产地证资料。

申请单位注册号:208743522

证书号:9035427043

申领人:吴华　电话:6671717

申领日期:2022.10.18

(4) 商检资料。

① 申请日期:2022.10.19

② 联系人:吴华　电话:6671717

③ 报验号:10365792

④ 商品编码:32151900

(5) 托运、报关资料。

预录入编号:561742081　海关编号:DK0359285

货物集装箱号:TTNU7038062/54501;TTNU7439205/54502

提单号:CPH8326

核销单编号:457073512

本批货拟定中海集装箱运输有限公司的长江轮V9437航次出运,货物必须于2022年10月25日进港。

(6) 信用证修改通知书。

NOTIFICATION OF AMENDMENT TO DOCUMENTARY CREDIT
DATE OF THE AMENDMENT:221003
BENEFICIARY:SUZHOU YONGDA TRADING CO.,LTD
　　　　　15 DONGFANG ROAD,SUZHOU,JIANGSU,CHINA.
APPLICANT:UNIWORLD S. R. L.
　　　　　VIA ARZAGA 28,20185 MILANO,ITALY

DC NO：MLC9067
DATE OF ISSUE：221001
THIS AMENDMENT IS TO BE CONSIDERED AS PART OF THE ABOVE MENTIONED CREDIT AND MUST BE ATTACHED THERETO.
DEAR SIRS，WE HAVE PLEASURE IN ADVISING YOU THAT WE HAVE RECEIVED AN AMENDMENT TO DOCUMTNTARY CREDIT NO. MLC 9067 CONTENTS OF WHICH ARE AS FOLLOWS：
DRAFTS AT：SIGHT INSTEAD OF 90 DAYS AFTER SIGHT
DESCRIPTION OF GOODS：CIF MILANO，ITALY INSTEAD OF CFR MILANO，ITALY
INSURANCE CERTIFICATE FOR 110 PERCENT OF INVOICE VALUE INSTEAD OF INSURANCE CERTIFICATE FOR 130 PERCENT OF INVOICE VALUE

4．模拟训练

（1）制作形式发票或销售确认书给客人。

（2）用信用证分析单进审证与改证。

（3）请根据信用证的要求进行制单。

实操训练三

根据下列国外来证及有关信息制单并填写汇票。

注意：该批商品的托运日期为2022年12月6日。

有关资料如下：

QUANTITY=64PCS，NW=167.804，GW=167.804．MEAS=47.944 M^3，UNIT PRICE=USD 390.00/M^3，TOTAL = USD 18 698.16，VESSEL NAME：YOUNGSTAR V. 231E，CONTAINER NO.：1×40'CPIU2254836，HS CODE：6802.2300，Invoice no. fz001，
INVOICE NO：FZ1323   INVOICE DATE：20221210

TO BANK OF CHINA GUANGZHOU
FM SANWA BANK LTD OSAKA, NOV. 6, 2022
447 TESTED ON NOV. 6, 2022
WE OPEN IRREVOCABLE DOCUMENTARY CREDIT
NO. 41-1902141-003 ISSUED ON NOV. 2, 2022
　　BENEFICIARY：CHINA NATIONAL METALS AND MINERALS I/E CORP GUANGDONG BRANCH 774 DONG FENG EAST ROAD, GUANGZHOU, CHINA
　　APPLICANT：SAKAI TRADING CO. LTD. SANWA BLDG1-1 KAWARAMACH 2-CHOME CHUO-KU OSAKA 541, JAPAN
　　AMOUNT：USD 78 000.00
　　EXPIRY FOR NEGOTIATION：JAN 15 2023
　　AVAILABLE BY DRAFT：AT SIGHT
　　DRAWN ON THE SANWA BANK LTD. NEWYORK.
　　FOR 100 PERCENT OF INVOICE VALUE TOGETHER WITH FOLLOWING DOCUMENTS：
　　- FULL SET OF CLEAN ON BOARD OCEAN B/L MADE OUT TO ORDER
　　AND BLANK ENDORSED MARKED "FREIGHT COLLECT" NOTIFY THE APPLICANT, TEL：06-203-1003 AND DATED NOT LATER THAN DEC 31,2022.
　　—SIGNED COMMERCIAL INVOICE IN THREE COPIES

—PACKING LIST IN THREE COPIES
—CERTIFICATE OF WEIGHT IN THREE COPIES
—CERTIFICATE OF ORIGIN IN ONE COPY
—BENEFICIARY'S CERTIFICATE IN TWO COPIES STATING THAT THREE SETS OF EACH NON-NEGOTIABLE B/L HAVE BEEN AIRMAILED DIRECT TO THE BUYER IMMEDIATELY AFTER SHIPMENT
COVERING:
200 M^3 OF CHINA GRANITE(G485 ROUGH BLOCKS), SIZE: 0.03 M^3 UP RANDOM SIZE PER M^3
AS PER S/C 01MAF400-5-23
FOB HUANGPU GUANGDONG
INSURANCE TO BE EFFECTED BY BUYERS
SHIPMENT TO: OSAKA/YOKOHAMA JAPAN
PARTIAL SHIPMENTS ALLOWED
TRANSSHIPMENT ALLOWED
DRAFT MUST BE PRESENTED FOR NEGOTIATION WITHIN
15 DAYS AFTER THE DATE OF B/L OR OTHER SHIPPING DOCUMENTS BUT WITHIN THE CREDIT EXPIRY
SPECIAL INSTRUCTIONS:
—T. T. REIMBURSEMENT IS UNACCEPTABLE
—ALL BANKING CHARGES OUTSIDE JAPAN FOR SELLER'S ACCOUNT
—THIS CREDIT IS TRANSFERABLE
—NEGOTIATING BANK MUST SEND DOCUMENTS TO US IN TWO CONSECUTIVE AIRMAILS AND DRAFTS TO DRAWEE BANK
THIS CREDIT IS AVAILABLE BY NEGOTIATION WITH ANY BANK
THIS CREDIT IS OPERATIVE AND SUBJECT UNIFORM CUSTOMS PUBLICATION 1993 REVISION NO. 500

实操训练四

根据下列合同及有关资料,缮制单据(发票、装箱单、海运提单、一般原产地证、装船通知)。

注意:该批货物于12月12日被装上 LANJING V.0123 号轮,上海至南非的远洋航线大约2个月,货物所使用的纸箱,每个重0.2 KGS,GW:20 KGS/CTN,NW:18/CTN,MEAS:100×30×40 CM/CTN,商品编码为 0810.1000。INVOICE NO. FZOO2,INVOICE DATE:20221211,B/L NO.COS123 CO. NO.:C353F345

CONTRACT OF STRAWBERRIES

NO: 20221201 YL

DATE: NOV.1, 2022

A. PARTIES CONCERNED IN THIS CONTRACT
THE SELLER: ZHANGJIAGANG HUIYUAN FOODS CO. LTD.
102-1 GREEN GARDEN ZHANGJIAGANG CHINA
THE BUYER: FRUIT INTERNATIONAL PRODUCE LTD.

2102 BRIGHT STREET, LEDBURY HRT 1J, SOUTH AFRICA.

THE SELLER CAN USE AN EXPORT AGENT FOR EXPORTING THE GOODS UNDER THIS CONTRACT

THIS CONTRACT IS MADE BY AND BETWEEN THE SELLER AND THE BUYER, WHERE THE BUYER AGREE TO BUY AND THE SELLER AGREE TO SELL THE STRAWBERRIES SUBJECT TO THE TERMS AND CONDITIONS STIPULATED AS BELOW:

B. GOODS UNDER THIS CONTRACT

IQF (INDIVIDUALLY QUICK FROZEN) CHINESE STRAWBERRIES

C. DESCRIPTION OF GOODS

ALL STRAWBERRIES ARE OF CHINESE ORIGIN, VARIETIES ARE AMERICAN 6, THE STRAWBERRIES TO BE RED INSIDE AND OUTSIDE, PACKED IN 8×2 KGS PER CARTON WITH FOOD GRADE POLY-LINERS INSIDE, STRAWBERRIES ARE CLEANLY WASHED, CAREFULLY SORTED, WITHOUT MOLDED STRAWBERRIES, WITHOUT ROTTEN STRAWBERRIES, WITHOUT OVERRIPE STRAWBERRIES

D. PRICE OF THE STRAWBERRIES:

AT USD 720/MT CFR CAPETOWN SOUTH AFRICA

E. QUANTITIES OF THE GOODS:

100MT

F. AMOUNTS OF THIS CONTRACT:

THE TOTAL AMOUNTS IS USD 72 000.00 ONLY (SAY US DOLLARS SEVENTY TWO THOUSAND ONLY). 10% MORE OR LESS IN AMOUNTS IS ALLOWED.

G. SHIPMENT:

IN NOV.-DEC. SHIPMENT

H. STANDARD ANALYTICAL DATA OF STRAWBERRY:

COLOR: FINE REGULAR RED STRAWBERRIES COLOR

TASTE: TYPICAL OF THE STRAWBERRIES, WITHOUT ANY OFF-TASTE.

UNRIPE FRUITS: MAX 2% BY WEIGHT

BROKEN-DAMAGED SQUASHED AND MISSHAPEN FRUITS: MAX 5% BY WEIGHT

CLUMPS MORE THAN 2 FRUITS TOGETHER ARE NOT ALLOWED.

CLUMPS LESS THAN 3 FRUITS: UNDER 3% BY WEIGHT

CALYX MAXIMUM 2 PER 10 KILO-CARTONS.

LEAVES: MAXIMUM 2 PER 10 KILOS.

ICE CRYSTALS ARE NOT ALLOWED AT THE OUTSIDE OF THE IQF STRAWBERRIES.

I. PAYMENT TERMS:

D/P AT SIGHT

THE BUYER:	THE SELLER:
FRUIT INTERNATIONAL PRODUCE LTD. SOUTH AFRICA.	ZHANGJIAGANG HUIYUAN FOODS CO.LTD.

AUTHORIZED SIGNATURE   AUTHORIZED SIGNATURE

MR. *ALFO MORELLI*   MISS 王小三

实操训练五

根据下列有关资料制单。

G A P Trading (Taiwan) Corp.

美商金苹果贸易股份有限公司

台北市中山路四段 234 号 12 楼之三

12th Floor Suite 3 NO.234 Zhongshan Yi Road Section 4 Taipei, Taiwan.

Tel：(886)2688-2872　　　Fax：(886) 2689-4641　　　Email：guanghzh7074@sina.com

USA OFFICE：28394 TEMPLE AVE CITY OF INDUSTRY CA. 91765

TEL：(626)871-6966　　　FAX：(626)861-0889

TO：国贸商英有限公司	DATE：OCT 30	ATTN：王小三
FAX　NO：680 545 2697		FROM：Viola Kuo

您好：

1. 我司外箱唛头资料如下：

SHIPPING MARK 正唛	CARTON MARKING 副唛
TRAVELER'S CHOICE ITEM NO COLOR MADE IN CHINA SHIPPING CASE #	PO NO.： ITEM NO.： COLOR： SHIPPING CASE QTY： G.W.：　　　　KGS N.W.：　　　　KGS MEAS：_____CM×_____CM×_____CM

2. 订单号码(PO NO.)：880177
3. 袋款货号(ITEM NO.)TC0010(贵司货号为 2001)
4. 品名(DESCRIPTION)：WHEEL BACKPACK
5. PORT OF DESTINATION：LOS ANGELES, PORT OF DISCHARGE：LONG BEACH；

CONSIGNEE	TRAVELER'S CHOICE INC. 28394 TEMPLE AVE CITY OF INDUSTRY CA. 91765 USA ATTN：ALICE YOUNG TEL：626 871-6966 FAX：626 861-0889
NOTIFY PARTY	SAME AS CONSIGNEE
ALSO NOTIFY PARTY	INTER-ORIENT SERVICE 11099 S. LA CIENEGA BLUD #270 LOS ANGELES, CA90045 TEL：V310 641 9495 FAX：310 337 1032 ATTN：PRICILLA

GAP PURCHASE ORDER

PO#(订单号码):880177　　　　　　　　　　　　　　DATE 日期:11-1-2021

ORDER & SHIP　　　TO:GAP TRADING CORP.　　　　FACTORY:国贸商英

SHIP DATE 出货日	CANCEL DATE 取消日	TERM 条款	INSPECTION
11-15-2021	11-19-2021	FOB Shanghai	

ITEM NO. 货号	DESCRIPTION 形样	COLOR 颜色	QTY 数量	UNIT PRICE 单价
TC0010	Wheel backpack			
	600D poly-ramic PVC backing.	BLACK	3 000 PCS	US$4.25/PC
	SIZE:13"×17"×6"			
	TOTAL 总计:		3 000 PCS	US$12 750.00

SPECIAL INSTRUCTION PRODUCT INFORMATION 产品资料

　1. 袋内带有一白底黑字印刷标(单面即可),内容如下:SIZE:5W×2.3HCM。
　2. 袋款面料绝不有味道。
　3. 拉杆为外杆,外侧有片210 Dnylon 包泡棉覆盖住,另此片外侧还有一片活动式210 Dnylon 包泡棉/魔术贴可与底部连结。
　4. 背带、背带外侧 foam padd、活动式 foam padd 三处内包的泡棉厚度皆同原样。
　5. 主开口和前片口袋皆为#6双拉片;袋上所有拉片皆有双色拉绳(black/white)。
　为方便我司加速海关清关,在大货装船的6天内,贵司必须将以下文件快邮寄至我总公司:

1. 商业发票(一正三副)	commercial invoice(one original + three copy)
2. 装货单(一正三副)	packing list(one original + three copy)
3. 产地证明(一正)	certificate of origin(one original)
4. 提单(三正二副)	bill of lading(three original + two copy)

　以上出货文件皆需准时,若未在需求的时间内准时提供以上我司文件将导致罚款,明细请参考文件迟交罚款表(Late Documents Penalty)。
　在您寄出以上出货文件之前,烦请确认文件内容皆正确无误以免耽误清关程序!
　出货通知(Shipping Advise):此件为特殊文件,贵司须在实际出货后5天内提供!所有客户OE单都需此份文件!需包含以下资料:
　1. 日期　　2. 订单号码　　3. 货号　　4. 颜色　　5. 数量
　6. 预定启航日　7. 预定到达日期　8. 船运公司　9. 船名/航次
　注意:该批货共计500 CTNS,被装进1个40尺的集装箱内,号码 TRIU5200071,预定启航日为2020年11月18日,船名/航次 JUPITER V.29E45;采用 T/T 方式支付货款,G.W:1.67 KGS/5 000 KGS,NW:1.26 KGS/3 780 KGS,MEAS:58.24 M³。商品编码为4202.2200。

实操训练六

根据下列所提供资料和信用证有关信息缮制 L/C 要求的单据，并填写汇票。

(1) 有关资料如下：GW：14 077.00 KGS，NW：12 584.00 KGS，MEAS：35 CBM，包装件数：3298 卷（ROLLS），所有货物被装进 2×20′ CONTAINER，CONTAINER NO.：HSTU157504，TSTU156417，提单号码：SHANK00710，船名：DANUBHUM/S009，发票号：FZ923，发票日期：20220120，

原产地证号：CH977934

(2) 信用证如下所示：

209 07BKCHCNBJ95B BANK OF CHINA, SUZHOU BRANCH
409 07BKCHHKHHXXX BANK OF CHINA, HONGKONG BRANCH
MT700 O BKCHCNBJ95BXXXX

:21: SEQUENCE OF 1/1
:40A: FORM OF DOC: IRREVOCABLE
:20: DOCUMENT CREDIT NO: HK1112234
:31C: DATE OF ISSUE: 220101
:31D: DATE OF DATE AND EXPIRY: 220431
:50: APPLICANT: YOU DA TRADE CO.,LTD.,
　　　　　101 QUEENS ROAD CENTRAL, HONGKONG
　　　　　TEL: 852-28566666
:59.: BENEFICIARY: KUNSHAN HUACHENG WEAVING AND DYEING CO.,LTD
　　　　　HUANGLONG RD., LIUJIA ZHEN, SUZHOU, JIANGSU, CHINA
　　　　　TEL: 86-520-7671386
:32B: AMOUNT: USD 33.680,0
:41D: AVAILABLE WITH... BY...
　　　　　ANY BANK NEGOTIATION
:42C: DRAFTS AT...SIGHT
:42D: DRAWEE: OURSELVES
:43P: PARTIAL SHIPMENT: NOT ALLOWED
:43T: TRANSSHIPMENT: NOT ALLOWED
:44A: LOADING ON BOARD/DISPATCH/TAKING IN CHARGE AT/FROM...
　　　　　SHANGHAI
:44B: FOR TRANSPORTATION TO...
　　　　　HONGKONG
:44C: LATEST DATE…
　　　　　220415
:45A: DESCRIPTION OF GOODS AND/OR SERVICES
DESCRIPTION　　　QUANTITY　　　UNIT PRICE　　　AMOUNT
100PCT NYLON FABRICS　　100 000 YARDS　　USD 0.336 8/YD　　USD 33 680.00
DETAILS AS PER CONTRACT NO. 99WS061
PRICE TERM: CIF HONGKONG
SHIPPING MARK: MARKS AND NOS.
　　　　　YOU DA

HONGKONG
R/NO.:1-3298
:46A: DOCUMENTS REQUIRED:
1. SINGED COMMERCIAL INVOICE IN 5 FOLDS INDICATING L/C NO. AND CONTRACT NO. 99WS061.
2. FULL SET (3/3) OF CLEAN ON BOARD MARINE BILLS OF LADING MADE OUT TO ORDER AND BLANK ENDORSED, MARKED 'FREIGHT PREPAID' AND NOTIFY THE APPLICANT.
3. INSURANCE POLICY OR CERTIFICATE IN 2 FOLDS FOR 110 PCT OF THE INVOICE VALUE INDICATING CLAIM PAYABLE AT DESTINATION COVERING OCEAN TRANSPORTATION ALL RISKS AND WAR RISKS AS PER ICC CLAUSES.
4. PACKING LIST IN 3 FOLDS INDICATING GROSS AND NET WEIGHT OF EACH PACKAGE.
5. CERTIFICATE OF ORIGIN IN 3 FOLDS.
6. BENEFICIARY'S LETTER MUST BE FAX TO THE APPLICANT ADVISING GOODS NAME, CONTRACT NO., L/C NO., NAME OF VESSEL, AND DATE OF SHIPMENT.
:47A: ADDITIONAL CONDITIONS:
+ ON DECK SHIPMENT IS NOT ALLOWED.
+ ALL DOCUMENT MUST BE MANUALLY SIGNED.
:48: PERIOD FOR PRESENTATION:
DOCUMENTS MUST BE PRESENTED WITHIN 15 DAYS
AFTER THE DATE OF SHIPMENT BUT WITHIN THE
VALIDITY OF THE CREDIT.
:49: CONFIRMATION: WITHOUT
:72: SPECIAL INSTRUCTIONS:
ALL DOCUMENT MUST BE SEND TO THE ISSUING BANK IN ONE LOT THROUGH THE NEGOTIATING BANK BY
REGISTERED AIRMAIL.
UPON RECEIPT THE DOCUMENTS CONFORMITY WITH THE L/C'S CONDITIONS, WE SHALL PAY AS PER YOUR
INSTRUCTIONS.
MAC: ABC8794666
SW2222222546

实操训练七

根据下列国外来证及有关信息制单并填写汇票。注意：

（1）提单号码为02W-13,提单日期为13 APR,21；船名：LANJING V.0213

发票日期：09 APR,21,发票号：FZ839,产地证号：SE34535

（2）该批商品有关数据如下：MEAS＝7.2 M^3,UNIT PRICE＝USD 24.00

ART NO. 425：8CRATES,NW＝8.480 MT,GW＝8.800 MT；

ART NO.424-2：8CRATES, NW＝8.480 MT,GW＝8.800 MT；

（3）运输路线：FROM SHANGHAI TO TORONTO CANADA VIA HONGKONG.

PLEASE PASS FOLLOWING MESSAGES UNABLE TO CONTACT THANKS
FROM STANDARD CHARTERED BANK, LONDON

TO BANK OF CHINA JIANGSU
AT THE START OF ANY TELEXED REPLAY PLEASE QUOTE 'QQQ'CR
DATE: 22 FEB. 21
700 ISSUED OF L/C
15: TEST 1050
27: MESSAGE SEQUENCE 1/1
40A:FORM OF L/C: IRREVOCABLE
20:L/C NO.: 001/02/14020X
31C: ISSUE DATE 21.02.21
31D: EXPIRY DATE/PLACE: 21.04.30 IN COUNTRY OF BENEFICIARY
50: APPLICANT: ALEXANDER FRASER AND SON LTD.
FRANKLAND MOORE HOUSE, 185/187 HIGH ROAD,
CHADWELL HEATH, ROMFORD, ESSEX. RM6 2NR.
59: BENEFICIARY: CHINA NATIONAL METALS AND MINERALS EXP & IMP CORP.,
JIANGSU BRANCH, 201 ZHUJIANG ROAD, JIANGSU, CHINA
32B: L/C AMOUNT: USD 15 002.88
39: AMOUNT SPECIFICATION: CIF TORONTO
41D: AVAILABLE WITH/BY: FREELY AVAILABLE BY NEGOTIATION
42: DRAFTS AT: SIGHT
DRAWN ON: OURSELVES
43P: PARTIAL SHIPMENT: NOT ALLOWED
43T: TRANSSHIPMENT: ALLOWED
44: TRANSPORT DETAILS: FROM CHINESE PORT WHEN NOT LATER THAN 15TH APRIL 2004 TO TORONTO, CANADA
45A: DESCRIPTION OF GOODS: AS PER APPLICANT ORDER NO. PET/CAN/5
POLISHED MARBLE TILES, 30.5 CM×30.5 CM×1 CM. PLUS OR MINUS 0.5 MM.
ART NO.425:312.56 SQM.
ART NO.424-2:312.56 SQM
TOTAL: 625.12 SQM AS PER S/C 87MAF4002-43 AND 87MAF4002-44
THE BUYER'S TELEX NO.422.
46A: DOCUMENTS REQUIRED.
—COMMERCIAL INVOICES IN SIX COPIES QUOTING ORDER NO. MADE OUT IN NAME OF CONSIGNEE SHOWING THE CIF VALUE OF THE GOODS.
—PACKING LIST IN SIX COPIES
—CERTIFICATE OF ORIGIN FORM A IN SIX COPIES.
—ALL RISKS AND WAR RISKS INSURANCE POLICIES OR CERTIFICATE IN DUPLICATE ENDORSED IN BLANK FOR NOT LESS THAN THE FULL CIF VALUE PLUS 10 PERCENT OF THE SHIPMENT IN THE CURRENCY OF THE CREDIT.
TRANSSHIPMENT RISKS TO BE COVERED IF TRANSSHIPMENT EFFECTED.
—COMPLETE SET OF NOT LESS THAN 3 ORIGINAL CLEAN ON BOARD OCEAN BILLS OF LADING MADE OUT TO ORDER OF SHIPPER AND BLANK ENDOSED, MARKED "FREIGHT PAID". NOTIFY PETRICO INTERNATIONAL TRADING CORP.,
1110 SHEPPARD AVENUE EAST SUITE 406 WILLOWDALE ONTARIO, CANADA, M2K2W2.
—BENEFICIARY'S CERTIFICATE IN REQUIRED EVIDENCING THAT ONE COMPLETE SET OF NON-NEGOTIABLE SHIPPING DOCUMENTS HAVE BEEN SENT BY AIRMAIL TO BOTH THE CONSIGNEE AND ALEXANDER FRASER AND SON LTD, NOT LATER THAN DATE OF PRESENTATION OF NEGOTIABLE DOCUMENTS.
—BENEFICIARY'S SIGNED STATEMENT THAT MERCHANDISE PACKED IN WOODEN CRATES WITH PLASTIC FOAM BOX.
47A: CONDITIONS: BILL OF LADING TO EVIDENCE GOODS SHIPPED IN A 20 FEET

CONTAINER.
　　CONSIGNEE-PETRICO INTERNATIONAL TRADING CORPORATION
　1110 SHEPPARD AVENUE EAST SUITE 406 WILLOWDALE ONTARIO, CANADA M2K2W2.
　　71B: CHARGES: ALL BANK CHARGES ARISING OUTSIDE THE UNITED KINGDOM ARE FOR THE BENEFICIARY'S ACCOUNT.
　　48: PRESENTATION PERIOD: DOCUMENTS TO BE PRESENTED WITHIN 15 DAYS AFTER THE DATE OF ISSUANCE OF THE SHIPPING DOCUMENT(S) BUT WITHIN THE VALIDITY OF THE CREDIT
　　49: CONFIRMATION INSTRUCTIONS: WITHOUT
　　78: INSTRUCTIONS: IN REIMBURSEMENT WE SHALL COVER YOU UPON RECEIPT OF DOCUMENTS IN ORDER.NEGOTIATING BANK IS TO DISPATCH ALL DOCUMENTS TO US BY REGISTERED AIRMAIL IN ONE COVER.
　　THIS CREDIT IS SUBJECT TO UNIFORM CUSTOMS AND PRACTICE FOR DOCUMENTARY CREDITS (1993 REVISION) INTERNATIONAL CHAMBER OF COMMERCE PUBLICATION 500.
　　THIS TELECOMMUNICATION REPRESENTS THE OPERATIVE INSTRUMENT AND NO MAIL CONFIRMATION WILL BE ISSUED.
　　72: BANK TO BANK INFO: FOR BANK OF CHINA JIANGSU PEOPLES REPUBLIC OF CHINA

实操训练八

根据下列国外来证及有关信息制单并填写汇票。

APPLICATION HEADER 0 700 1417 970214FKBKJPJTAXXX 1343 337998 97021 1317
　　　　　　　　　　　　＊SUMITOMO MITSUI BANKING CORPORATION TOKYO
USER HEADER　　　　　SERVICE CODE　　　103:
　　　　　　　　　　　BANK. PRIORITY　　113:
　　　　　　　　　　　MSG USER REF.　　　108:
　　　　　　　　　　　INFO. FROM CI　　　115:
SEQUENCE OF TOTAL　　＊27: 1/1
FORM OF DOC. CREDIT　＊40A: IRREVOCABLE
DOC. CREDIT NUMBER　 ＊20: TK0842
DATE OF ISSUE　　　　＊31C: 201201
EXPIRY　　　　　　　 ＊31D: DATE 210215 PLACE CHINA
ISSUING BANK　　　　 ＊51: SUMITOMO MITSUI BANKING CORPORATION
　　　　　　　　　　　NAKANOMACHI 1-10-15, MIYAKOJIMA-KU TOKYO JAPAN
APPLICANT　　　　　　＊50: GR-TRAG CO., LTD.
　　　　　　　　　　　A904 WEALTH BUILDING, KANDO JINBOCHO CHIYODAKU,
TOKYO JAPAN
BENEFICIARY　　　　　＊59: SHANGHAI ZHENHUA IMP & EMP CO LTD
　　　　　　　　　　　RM 501 LONGJU BUILDING NO. 87 LONGJU RD.,
PUDONG SHANGHAI 200136 P. R. CHINA
AMOUNT　　　　　　　 ＊32B: CURRENCY USD AMOUNT 18 120.00
MAX. CREDIT AMOUNT　 39B: NOT EXCEEDING
AVAILABLE WITH/BY　 ＊41D: ANY BANK
　　　　　　　　　　　BY NEGOTIATION
DRAFTS AT...　　　　 42C: 30 DAYS AFTER SIGHT
DRAWEE　　　　　　　 42A: SUMITOMO MITSUI BANKING CORPORATION

NAKANOMACHI 1-10-15, MIYAKOJIMA-KU TOKYO JAPAN
PARTIAL SHIPMENTS   43P: ALLOWED
TRANSSHIPMENT   43T: ALLOWED
LOADING IN CHARGE   44A: SHANGHAI, CHINA
FOR TRANSPORT TO   44B: TOKYO JAPAN
LATEST DATE OF SHIP.   44C: 210131
DESCRIPT. OF GOODS   45A: WOMEN JEAN
W3301   2 400 PCS   USD 5.30/PC
W3001   1 200 PCS   USD 4.50/PC
DOCUMENTS REQUIRED   46A:

1. SIGNED COMMERCIAL INVOICE IN 3 COPIES INDICATING CREDIT NO.
2. FULL SET CLEAN ON BOARD MARINE BILL OF LADING MADE OUT TO ORDER OF SHIPPER AND BLANK ENDORSED NOTIFY APPLICANT MARKED FREIGHT PREPAID
3. PACKING LIST IN 3 COPIES
4. CERTIFICATE OF ORIGIN
5. FULL SET INSURANCE POLICY OR CERTIFICATE COVERING F.P.A. FROM WAREHOUSE TO WAREHOUSE WITH CLAIMS PAYABLE AT DESTINATION
6. FULL SET OF GSP CERTIFICATE OF ORIGIN, FORM A

ADDITIONAL COND   *47B:
+REIMBURSENT BY TELECOMMUNICATION IS PROHIBITED
+ONE COPY OF INVOICE, PACKING LIST AND ORIGINAL CERTIFICATE OF ORIGIN (FORM A) MUST BE SENT TO THE ACCOUNTEE BY COURIER IMMEDIATELY AFTER SHIPMENT AND BENEFICIARY'S CERTIFICATE TO THIS EFFECT IS REQUIRED

DETAILS OF CHARGES   71B: ALL BANKING CHARGES OUTSIDE CANADA ARE FORACCOUNT OF THE BENEFICIARY

PRESENTATION PERIOD   48: DOCUMENTS TO BE PRESETNED WITHIN 15 DAYS AFTER THE DATE OF SHIPMENT BUT WITHIN THE
VALIDITY OF THE CREDIT
CONFIRMATION   *49: WITHOUT
INSTRUCTIONS   78: +REIMBURSENENT IS SUBJECT TO ICC URR525
+PROVIDED THAT THE TERMS AND CONDITIONS OF THIS CREDIT ARE COMPLIED WITH PLEASE REIMBURSE YOURSELVES FROM ABOVE REIMBURSEMENT BANK
+DRAFT AND DOCUMENTS ARE TO BE SENT BY COURIEDR TO OUR HEAD OFFICE SUMITOMO MITSUI BANKING CORPORATION (ADDRESS: NAKANOMACHI 1-10-15, MIYAKOJIMA-KU TOKYO JAPAN) IN ONE LOT

（3）补充资料：
发票日期：2021.12.5   发票号码：ZHT5743
装船日：2021.12.15   船名船次：Dingyuan V.352
卖方负责人：张启东
唛头：GR-TRAG /TK0842 / TOKYO / C/NO.1-UP
提单号：B2233101Q
投保日期：DEC-12-2021
保单签发日：DEC-14-2021
装箱情况：10 PCS/CTN, GW: 20 KGS/CTN, N.W: 18 KGS/CTN   MEAS: 50 CM×20 CM×70 CM/CTN
集装箱号：ONE 20′ CONTAINER NO.TEX22332
H.S编码：6204620099
产地证编号：300311288

实操训练九

根据信用证填制商业发票、汇票、一般产地证书和提单。

APPLICATION HEADER O 700 1530 030807 MITKJPJTAXXX 1368 960990 030808
```
                                    * SAKURA BANK,LTD.
                                    * (FORMERLY MITSUI TAIYO KOBE)
                                    * TOKYO
```

FORM OF DOC.CREDIT	*40A：	IRREVOCABLE
DOC.CREDIT NUMBER	*20：	090-3001573
DATE 0F ISSUE	*31C：	220804
EXPIRY	*31D：	DATE 220915 PLACE IN THE COUNTRY 0F BENEFICIARY
APPLICANT	*50：	TIANJIN—DAIAI CO.,LTD.,SHIBADAIMON MF BLDG.2,1,16,SHIBADAIMON,MINATO—KU.TOKYO,105 JAPAN
BENEFICIARY	*59：	SHANGHAI GARMENT CORP,NO.567 MAOTAI RD., SHANGHAI,CHINA
AMOUNT	*32B：	CURRENCY USD AMOUNT 74 157
ADD.AMOUNT COVERED	*39C：	FULL CIF INVOICE VALUE
AVAIlABLE WITH/BY	*41D：	BANK 0F CHINA BY NFGOTIATION
DRAfTS AT...	*42C：	DRAFT(S)AT SIGHT
DRAWEE	*42A：	CHEMUS33 * CHEMICAL BANK * NEW YORK.NY
LOADING IN CHARGE	*44A：	SHANGHAI
FOR TRANSPORT T0...	*44B：	KOBE/OSAKA.JAPAN
LATEST DATE OF SHIP.	44C：	220831
DESCRIPTION OF G00DS	45A：	

GIRL'S T/R VEST SUITS
ST/NO.353713　6 000 SETS　USD 6.27/SET　USD 37 620.00
　　　353714　5 700 SETS　USD 6.41/SET　USD 36 537.00
TOTAL： 11 700 SETS

REIMBURSEMENT BANK　　53A：CHEMU＄33
* CHEMICAL BANK
* NEW YORK. NY

DOCUMENTS REQUIRED　　*46B：
SIGNED COMMERCIAL INVOICE IN 5 COPIES
INDICATING IMPORT ORDER NO.131283 AND CONTRACT NO.06-09-403
DATED JULY 12,2003 AND L/C NO.
FULL SET OF 3/3 CLEAN ON BOARD OCEAN BILLS OF LADING
MADE OUT TO ORDER OF SHIPPER AND BLANK ENDORSED
AND MARKED"FREIGHT PREPAID"NOTIFY TIANJIN—DAIEI
CO.,LTD 6F,SHIBADAIMON MF BLDG.,2－1－16
SHIBADAIMON,MINATO—KU TOKYO 105 JAPAN.TEL NO.
03－5400－1971.FAX NO.03－5400－1976
PACKING LIST IN 5 COPIES

CERTIFICATE OF ORIGIN IN 5 COPIES
INSURANCE POLICY OR CERTIFICATE IN 2/2 AND ENDORSED IN BLANK FOR 110 PCT OF FULL TOTAL INVOICE VALUE COVERING ALL RISKS,WAR RISKS AS PER THE RELEVANT OCEAN MARINE CARGO CLAUSE OF P.I.C.C.DATED JAN.1,1981 WITH CLAIMS,IF ANY,PAYABLE AT DESTINATION
TELEX OR FAX COPY OF SHIPPING ADVICE DESPATCHED TO TIANJIN.DAIEI CO.,LTD.(DIV:1,DEPT:3 FAX NO.03-5400-1796) IMMEDIATELY AFTER SHIPMENT
BENEFICIARY'S CERTIFICATE STATING THAT THREE SETS COPIES OF NON-NEGOTIABLE SHIPPING DOCUMENTS HAVE BEEN AIRMAILED DIRECTLY TO THE APPLICANT IMMEDIATELY AFTER SHIPMENT.

有关资料：
发票号码：MNG0886656
发票日期：Aug.18,2022
SHIPPING MARK：
TIANJIN—DAIEI CO.
KOBE.JAPAN
CTN.1～80
IMPORT ORDER N0.131283
MADE IN CHINA
Ocean vessel voy No.：RICKMERS V.0369—SM
SHIPPING MARK：
TIANJIN—DAIEI CO.
KOBE.JAPAN
CTN.1～80
IMPORT 0RDER NO.13 1283
MADE IN CHINA
CFS.CFS
Gross Weight：1 660.80 kgs
Measurement：8.65 ebms
提单出单日期为2022年8月31日
提单号 HIFLAFD658941
原产地证明书（其号码是：0566589，HS编码是SH9876543210）。

实操训练十

根据信用证的要求提交全套结汇单据。

ISSUING BANK：CHUKYO BANK, LIMITED, THE NAGOYA
 SEQUENCE OF TOTAL 27：1/1
 FORM OF DOC. CREDIT 40A：IRREVOCABLE
 DOC. CREDIT NUMBER 20：LC064-37756
 DATE OF ISSUE 31C：220724
 APPLICABLE RULES 40E：UCP LATEST VERSION
 EXPIRY 31D：DATE 221015 PLACE CHINA
 APPLICANT 50：TOYOSHI CO.，LTD. P. O. BOX 305 NAGOYA JAPAN
 BENEFICIARY 59：JIANGSU GUOTAI INTL GROUP GUO MAO CO.,LTD.

AMOUNT	32B:	CURRENCY USD AMOUNT 5 479.52
POS./NEG. TOL（%）	39A:	5/5
AVAILABLE WITH/BY	41D:	ANY BANK
BY NEGOTIATION		
DRAFTS AT…	42C:	AT SIGHT FOR FULL INVOICE VALUE
DRAWEE	42A:	CHUKYO BANK, LIMITED, THE NAGOYA
PARTIAL SHIPMENTS	43P:	ALLOWED
TRANSHIPMENT	43T:	PROHIBITED
PORT OF LOADING	44A:	SHANGHAI PORT
PORT OF DISCHARGE	44B:	TOKYO
LATEST DATE OF SHIP	44C:	220930
DESCRIPT. OF GOODS	45A:	

WORKING WEAR
REF NO.6020724MA
STYLE NO.SE1050 TOP
ORDER NO.GGMC07521010
368 PCS   UNIT PRICE USD 14.89/PC   TOTAL AMOUNT USD 5 479.52
CFR TOKYO, SHIPPING MARK: TOYOSHI/TOKYO/1-UP

DOCUMENTS REQUIRED   46A:
＋SIGNED **COMMERCIAL INVOICE** IN 3 COPIES INDICATING THE CREDIT NO. AND THE ORDER NO.AND BROKEN DOWN THE CFR INTO FOB VALUE,FREIGHT CHARGES.
＋FULL SET OF CLEAN ON BOARD MARINE **BILLS OF LADING** INDICATING THE ORDER NUMBER, MADE OUT TO ORDER OF SHIPPER AND BLANK ENDORSED MARKED FREIGHT PREPAID NOTIFY APPLICANT.
OR CLEAN AIR WAYBILLS CONSIGNED TO TOYOSHIMA AND CO., LTD. NAGOYA MARKED AIR FREIGHT PREPAID NOTIFY APPLICANT.
＋**PACKING LIST** IN 2 COPIES.
＋**GSP FORM A**
ADDITIONAL COND.   47A:
＋INSURANCE IS TO BE COVERED BY BUYER
＋THE GOODS MUST BE SHIPPED BY CONTAINER VESSEL
＋5PCT MORE OR LESS IN QUANTITY AND AMOUT IS ACCEPTABLE
DETAILS OF CHARGES   71B: ALL BANKING CHARGES OUTSIDE ISSUING BANK ARE FOR BENEFICIARY'S ACCOUNT.
PRESENTATION PERIOD   48: DOCS TO BE PRESENTED WITHIN 15DAYS AFTER THE DATE OF SHIPMENT BUT WITHIN THE VALIDITY OF THE CREDIT.
CONFIRMATION   49: WITHOUT
INSTRUCTIONS   78: （OMITTED）

基本信息：
1. 装箱：22/09/20 装 23 箱，共 368 件，总毛重 463 千克，净重 425 千克，4.150 立方米。
2. 发票号：GGM076077-18，开票时间：2022.09.20，公司负责人：王成。
3. 装运：货物交承运人 SHANGHAI LONGFEI INT'L LOGISTICS CO.,LTD，经理：龙江。于 2022/09/28 装上 YUANHANG. V.667，集装箱号码：GESU2233445，提单号：GHLI07600718。
4. 9 月 23 日申请产地证书，货物完全原产，产地证号：244546545。
5. 交单时间：2022/10/10。

附 录

附录一 单证常用英文词汇表

A

about	大约
accounts payable	应付账款
accelerated trade payment(ATP)	加速贸易付款
accounts receivable	应收账款
acceptance	承兑、接受
acceptance letter of credit	承兑信用证
acceptance draft	承兑汇票
accepting bank	承兑银行
acceptor	承兑人
account party	开证方
applicant	开证申请人
advance against collection	托收垫款
advanced B/L	预借提单
advice of shipment(A/S)	装运通知
advising bank	通知行
after date	出票日后
account	账(账户)
Asia Development Bank(ADB)	亚洲开发银行
address	地址
all in rate	包干费率
after sight	见票后
agent bank	代理行
above mentioned	上述
amendment	修改
amount	金额
anti-date B/L	倒签提单
account of...	入某人账内
as per list	按照表列

appendix	附表
approximately	大约
all risks(A. R.)	一切险
article	条款、货品
arrival notice(A/N)	到货通知
article number(Art. No.)	货号
assignment	转让
assignment of proceeds	收益让渡
at sight	见票即付
automatic textile export licence	纺织品出口自动许可证
assortment list	花色搭配单
actual total loss(ATL)	实际全损
Ad Valorem(A. V.)	从价
average	海损
air way bill(AWB)	航空运单
application for transportation insurance	运输投保单

B

back to back L/C	背对背信用证
bale(s), bag(s)	包、袋
bamboo baskets	竹篓
bank draft	银行汇票
bank release	银行放单
Bank for International Settlements(BIS)	国际结算银行
banker's acceptance L/C	银行承兑信用证
Bank of China(BOC)	中国银行
Baltic and International Maritime Council(BIMCO)	波罗的海国际海事协会
barrel	桶装
bark packing	树皮包装
bearer	持票人
beneficiary	收益人
bill of settlement receipt foreign exchange	出口收汇核销单
bill of settlement payment foreign exchange	进口付汇核销单
bill for collection(B/C)	托收汇票
bill of exchange	汇票
bill of lading(B/L)	提单
bill purchased(BP)	银行议付汇票
bills department	押汇部
blank endorsement	空白背书

both to blame collision clause(B. B. Clause)	船舶互撞条款
booking note B/N	托运单
bounced cheque	空头支票
brought forward	承前页
branch office(BO)	分公司
Brussels Tariff Nomenclature	布鲁塞尔税则目录
Bretton Woods System	布雷顿森林体系
Bundesbank	德国央行
bundle	捆
bulk	散装
bunker adjustment factor(BAF)	燃油附加费
bunker surcharge(BS)	燃油附加费
business day	营业日

C

case(s)	箱
cable address	电挂
canceling date	解约日
carbon copy	抄本、复写本
carried forward	续后页
carrier's own container(COC)	承运人集装箱
carton(CTN)	纸箱
cargo receipt(C/R)	货物承运收据
cargo changes correction advice(CCA)	货物运费更改通知单
carriage paid to…(CPT)	运费付至……
carriage & insurance paid to…(CIP)	运费保险费付至……
cash position	现金头寸
cash flow	现金流量
cash in order(CIO)	订货时付款
cash on delivery(COD)	货到付款
casks	桶装
cash with order(CWO)	订货时付款
cash in advance	预付货款
catalogue	目录
centiliter	毫升
certificate charge	认证费
certificate of inspection	检验证明书
certificate of quality	货物品质证书
certificate of quatity	货物数量证书

certificate of manufacture	制造证明书
certificate of origin(C/O)	原产地证书
certificate of origin form A	原产地证明书格式A
certificate of weight	重量证明书
certificate of inspection(C/I)	检验证书
certificate of payment foreign exchange	进口付汇证明
certificate of receipt foreign exchange	出口收汇证明
certificate of drawback	出口退税证明
certificate of entry cargos	进口货物证明书
charter party B/L(CB/L)	租船合约提单
China Insurance Clause(CIC)	中国保险条款
certificate of analysis	化验证明书
China Commodity Inspection Bureau(CCIB)	中国商品检验局
China Commodity Inspection Corporation(CCIC)	中国商品检验公司
China Council for Promotion of International Trade(CCPIT)	中国国际贸易促进委员会
China National Foreign Trade Transportation Corp.(CNFTTC)	中国外贸运输公司
Chinese *Yuan*(CNY)	中国元
cheque/check	支票
China Ocean Shipping Company(COSCO)	中国远洋运输公司
charter party(C/P)	租船合同
clean bill of lading	清洁提单
claused bill of lading	不清洁提单
clean bill of exchange/clean draft	光票
clean collection	光票托收
clean letter of credit	光票信用证
clean on board bill of lading	已装船清洁提单
claim	索偿
collecting bank	代收行
collection	托收
collection paper	托收票据
cloth bags	布袋
Comprehensive Import Supervision Scheme(CISS)	进口商品全面监督计划
Committee Maritime International(CMI)	国际海事委员会
commission	佣金
commercial paper	商业票据
commercial invoice	商业发票
combined transport operator(CTO)	多式联运经营人
combined certificate of value and origin(CCVO)	价值、产地联合证明(海关发票)

combined transport bill of lading(C. T. B/L)	联合运输提单
combined transport documents(CTD)	联合运输单据
composite board case	夹板箱
confirmed letter of credit	保兑信用证
consignee	收货人
consolidator's bill of lading	拼装承运商提单
consolidated cargo manifest(CCM)	拼箱装货清单
consular invoice	领事发票
container load	集装箱装载
container load plan(CLP)	集装箱装箱单
contract of affreightment(COA)	包运租船
constructive total loss(CTL)	推定全损
container Freight Station(CFS)	集装箱货站
container yard(CY)	集装箱堆场
container yard/container yard(CY to CY)	集装箱堆场至集装箱堆场
correspondent	代理行
cost insurance freight(CIF)	成本加保险加运费价
cost and freight(CFR)	成本加运费价
corrugated fiberboard carton	瓦楞纸箱
courier	快递单
cost	成本
credit note(C/N)	贷项账单(贷记通知单)
credit	贷方
Credit control	信用销售控制
crate	板条箱
currency adjustment factor(CAF)	货币贬值附加费
Customs Co-operative Council Nomenclature(CCCN)	海关合作理事会税则
cubic feet	立方英尺
customary quick dispatch(CQD)	习惯快速装卸(尽快装卸)
customs declaration	报关
customs broker	专业报关企业
cubic	立方
cubic metre	立方公尺
currency	币制

D

damage protection plan(DPP)	损害修理条款
dangerous goods list(DGL)	危险货物清单
dead freight(D/F)	亏舱费

debit note(D/N)	借项账单
debit	借方
declaration customs documents	报关文件
deferred payment	迟期付款
deferred payment letter of credit	迟期付款信用证
delivery order(D/O)	提货单
delivered at frontier(DAF)	边界交货
delivered duty paid(DDP)	完税交货
delivered duty unpaid(DDU)	未完税交货
delivered ex quay(DEQ)	码头交货
delivered ex ship…(DES)	目的港船上交货
demand draft(D/D)	票汇
depository institution	存款机构
destination delivery charge(DDC)	目的地交货费
DHL International Ltd(DHL)	敦豪公司(信使传递)
discrepancies	不符点
discount	折扣、贴现息
discount rate	贴现率
dishonored cheque	空头支票
documents against payment trust receipt(D/P·T/R)	付款交单凭信托收据借单
documents against acceptance(D/A)	承兑交单
documents against payment(D/P)	付款交单
documentary collection	跟单托收
documentary credit(D/C)	跟单信用证
document	单据、单证
documentation	单据/文件
dollar	元(美国、加拿大等国货币单位)
dozen(DZ.)	打
dock receipt(D/R)	集装箱场站收据
drawer	出票人
drawee	受票人
drum	桶装
duty paid value(DPV)	完税价格
duplicate	副本、复本

E

e-commerce	电子商务
ECU	欧洲货币单位

electronic date interchange(EDI)	电子数据交换(无纸贸易)
electronic bill of lading	电子提单
emergency bunker surcharge(EBS)	应急燃油附加费
enclosure	附件
endorsement	背书
engagement letter	委托书
equivalent	等于
equipment interchange receipt(EIR)	设备交接单
equipment reposition charge(ERC)	空箱调运费
errors & omissions excepted(E. & O. E.)	错漏当查
estimated time of arrival(ETA)	预计到达时间
estimated time of departure(ETD)	预计离港时间
et cetera(etc.)	等等
Europe-Asia Trade Agreement(EATA)	欧洲贸易协定
exchange	兑换,汇票
exchange rate	汇率
exchange control	外汇管制
Express Mail Service(EMS)	特快专递
export processing zone(EPZ)	出口加工区
export licence	出口许可证
export trade finance	出口贸易融资
ex works	工厂交货
expiration date	到期日

F

fair average quality(FAQ)	大路货、中等货
Federation Internationale de Associations de Transitaires et Assimeles(International Federation of Forwarding Agents Association, FIATA)	国际货运代理协会联合会(简称"菲亚塔")
FIATA combined transport B/L(F. C. T. B/L)	国际货运代理协会联合会联合运输提单
financial instrument	金融工具
final destination	指运地
financial service	金融服务
fire risks extension clauses(F. R. E. C.)	火险扩展条款
flight date	飞行日
form of customs declaration for export cargos	出口货物报关单
form of customs declaration for import cargos	进口货物报关单
for account of	代、代表

foreign bills	外国汇票
foreign exchange(FE)	外汇
forfeiting	福费廷
foreign exchange market	外汇市场
foreign exchange rate	外汇汇率
formal invoice	形式发票
forward foreign exchange	远期外汇买卖
forward market	远期市场
forward rate	远期汇率
forward rate agreement(FRA)	远期利率协议
forty-foot equivalent unit(FEU)	40英尺集装箱
frat rack container(FR)	框架集装箱
freight all kinds(FAK)	包箱费(均一费率)
freight forwarder	货代公司
freight prepaid	运费预付
freight to collect	运费到付
free alongside ship(FAS)	船边交货
free carrier(FCA)	货交承运人
free in(F. I.)	船方不负担装货费用
free on board(F. O. B.)	装运港船上交货
free out(F. O.)	船方不负担卸货费用
free in and out(F. I. O.)	船方不负担装卸费用
free in and out and stowed(F. I. O. S.)	船方不负担装卸及理舱费
free in and out and trimmed(F. I. O. T.)	船方不负担装卸及平舱费用
free in and out and stowed and trimmed(F. I. O. S. T.)	船方不负担装卸、理舱、平舱费用
free of charge(F. O. C.)	免费
free of interest(F. O. I.)	免息
freely negotiable	自由议付
freight bill(FB)	运费账单
freight	运费
freight ton(F/T)	运费吨
Fresh & Rain Water Damage(FRWD)	淡水雨淋险
franchise	免赔率
fuel adjustment factor(FAF)	燃油附加费
free from particular average(F. P. A.)	平安险
full container load(FCL)	整箱货
futures	期货

future value	终值

G

general average(GA)	共同海损
General Rules of International Factoring(GRIF)	国际保理业务总则
gallon	加仑
General Agreement on Tariffs & Trade(GATT)	关税及贸易总协定
good merchantable quality(G. M. Q.)	上好可销品质
Greenwich Mean Time(G. M. T.)	格林尼治时间
general propose container(GP)	通用集装箱
General Post Office(G. P. O.)	邮政总局
greenback	美钞
gross	罗(十二打)
gross profit	毛利润
gross margin	毛利
gram	克
general rate increase(GRI)	整体费率上调
gross registered tonnage(G. R. T.)	注册总吨(总登记吨)
gross weight	毛重
generalized system of preferences(GSP)	普惠制
generalized system of preferences certificate of origin Form A(GSP Form A)	普惠制产地证格式 A
General Administration of Quality Supervision, Inspection and Quarantine of the People's Republic of China	中华人民共和国国家质量监督检验检疫总局
gunny bags	麻袋

H

hedge	套期保值
Herstatt risk	跨国货币结算风险(赫思塔特风险)
HIBOR	香港银行同业拆借利率
house air way bill(HAWB)	航空分运单
house to house(H/H)	集装箱门到门
Head Office(H. O.)	总行
house bill of lading(HOUSE B/L)	仓/仓提单
house to pier(H/P)	从厂、库到码头
Hong Kong & Shanghai Banking Corporation(HSBC)	汇丰银行

H. S. code	商品编号

I

import declaration(I/D)	进口申请书
import/export(I/E)	进口/出口
import license	进口许可证
import quota(I.O.U.)	进口配额
import permit(I/P)	进口许可证
import tariff	进口关税
IMF	国际货币基金
inspection certificate	检验检疫证书
inspection certificate of quality	质量检验证书
inspection certificate of disinfection	消毒检验证书
inspection certificate of temperature	温度检验证书
inspection certificate of fumigation	熏蒸证明书
inspection certificate of weight or quantity	重量或数量检验证书
inspection certificate of packing	包装检验证书
inspection certificate of container	集装箱检验证书
in duplicate	一式二份
in triplicate	一式三份
in quadruplicate	一式四份
in quintuplicate	一式五份
in sextuplicate	一式六份
in septuplicate	一式七份
in octuplicate	一式八份
in nonuplicate	一式九份
International Chamber of Commerce(ICC)	国际商会
Institute Cargo Clause(I.C.C)	伦敦保险协会条款
International Chamber of Shipping(ICS)	国际航运公会
international accounting	国际会计准则
international credit facilities	国际借贷措施
international financing	国际融资
international liquidity arrangement	国际间清偿办法
international market	国际市场
international monetary fund	国际货币基金
international monetary market	国际货币市场
international logistics	国际物流
id est(L.)=that is, i. e.	即是
inter-government organization(IGO)	政府间国际组织

International Maritime Dangerous Goods Code(IMDG Code)	国际海运危险货物规则
International Maritime Organization(IMO)	国际海事组织
inch	英寸
indent	委托代购单
International Rules for the Interpretation of Trade Terms(INCOTERMS)	国际贸易术语解释通则
insurance	保险
insured value	保险价值
insured	被保险人、投保人
insurer	保险人、承保人
insurance premium	保险费
insurance policy	保险单
insurance certificate	保险证明
insurance document	保险单据
instant	本月
invoice	发票
insurance policy	保险单
irrespective of percentage(I. O. P.)	计免赔率
International Standard Organization(ISO)	国际标准化组织
international reserve	国际储备
investment, investing	投资
investment portfolio	投资组合
irrevocable letter of credit	不可撤销信用证
issuance	开证
issuance date of the documents	单据签发日期
issuer	发行人
issuing bank	开证行
iron drums	铁桶

J

joint account	联名账户,共同账户
junior mortgage	次级按揭
joint venture	合资企业

K

kilogram(Kg. /kilo)	公斤
kilometer(Km)	千米、公里

L

latest shipment date	最后装运期

lender	贷款人
letter of authorization for customs declaration	代理报关委托书
lighter—aboard—ship(LASH)	载驳船、子母船
lien	扣押,扣押权,留置权
LBO	借贷融资收购
limited recourse	有限追索权
lbs(Pounds)	磅
letter of credit(L/C)	信用证
less than container(cargo) load(LCL)	拼箱集装箱货
loading	装载
lock-up	锁定
lock-up agreement	锁定协议
long forward	买远期
letter of guarantee(L/G)	保函
London Inter bank Offer Rate(LIBOR)	伦敦银行同业拆放利率
loading list(L/L)	装货清单
long ton(L/T)	长吨
limited(Ltd.) company	有限(公司)
lighterage	驳运费

M

marine bill of lading(MB/L)	海运提单
mark-to-market	按市值计价
market capitalization	市场资本值,市值
market order	市价委托
market share	市场份额
market securities	有价证券
margin	(期货交易)保证金
medium and long term loans	中长期贷款
medium term note(MTN)	中期票据
master air way bill(MAWB)	航空总运单
metal drum	金属桶
maximum(max.)	最大量、最高额
mature market	成熟市场
maturity	到期
minimum(min.)	最小量、最低额
malicious damage(M.D.)	恶意行为损坏
manufacture invoice	厂商发票
memorandum	备忘录、便笺

Messieurs(Messrs.)	公司名称前的尊称
measurement list	尺码单
mani fest(M/F)	载货清单(舱单)
most favored nation(MFN)	最惠国
money market deposit account(MMDA)	货币市场存款账户
U.S. money market mutual funds(MMMF)	美国货币市场共同基金
monetize	货币化
Mini-Land-Bridge(M. L. B.)	小陆桥
more or less clause(M/L cls.)	溢短装条款
millimeter	毫米
Ministry of Commerce of the People's Republic of China (MOFCOM)	中华人民共和国商务部
mate's receipt(M/R)	收货单(大副收据)
motor ship(M/S)	内燃机轮、货轮
mail transfer(M/T)	信汇
metric ton(M/T)	公吨
motor vessel(M.V.)	内燃机轮
Multi-modal transport operation(M. T. O.)	多式联运
measurement/weight(M/W)	体积或重量
mutual funds	共同基金

National Automated Payment System(NAPS)	国家自动支付系统(中国)
negotiable instrument	流通票据
negotiability	流通性
negotiable bill of lading	可转让提单
negotiating bank	议付银行
negotiation credit	议付信用证
non-negotiable	不可转让
non-causative nature	无因性
nominal interest rate	名义利率
not applicable(N/A)	不适用
notes receivable	应收票据
notional size	票面规模
notice of arrival	到货通知书
notification and transfer of receivables	应收账款转让通知书
note below(N.B)	注意
no commercial value(N. C. V)	无商业价值
non-government organization(NGO)	非政府间的国际组织

no mark(N/M)	无唛头
non-negotiable, not negotiable B/L(N. N. B/L)	副本提单
number(No.)	号码
nude	裸装
non delivery	提货不着
not otherwise enumerated(N. O. E.)	除非另有列举
not otherwise provided for(N. O. P. F.)	除非另有规定
not otherwise specified(N. O. S.)	除非另有指定
notary public(N. P.)	公证人
Notice of Readiness(N/R)	装卸准备就绪通知书
net registered tonnage(NRT)	净登记吨
not sufficient(N/S)	不足
non-vessel operating common Carrier(NVOCC)	无船承运人
net weight	净重
New York Produce Exchange(NYPE)	纽约土产交易所

O

ocean bill of lading	海运提单
on account(O/A)	赊账
on account of(O/A) /on behalf of(O/B)	代表
open cover(O/C)	预约承保书
Overland Common Point(OCP)	内陆转运点
Open General(Import) License [CG(I)L]	开放配额(进口)许可证
Ocean Marine Cargo Clause(OMCC)	海洋运输货物保险条款
(by) order of(O/O)	送交
open policy(O.P)	预约保单
outward processing trade(OPT)	对外加工贸易
open-top container(OT)	敞顶集装箱
original receiving charge(ORC)	原产地接货费
original documents	正本单据
original	正本、原件
ounce(s)	英两、盎司
over draft(OD)	账户透支
order bill of lading	指示提单

P

par	票面值
pallet, pallets(PLTS)	托盘
partial shipment	分批装运

Package, packages(PKGS)	件
packing list	装箱单
packing specification	包装明细单
payee	受款人
payer	付款人
processing of given material, Assembling provided components, Made to order against buyer's sample, & Compensating trade(PAM & C)	三来一补
particular average(P. A.)	单独海损
Phytosanitary inspection certificate	植物检验证明书
place of departure	启运地
plastic pallets	塑胶托盘
plastic bag	塑料袋
plastic foam box	泡沫塑料箱
per annum	按年(计息)
per capita income	人均收入
performance guarantee	履约保函
position	头寸
Protection & Indemnity Club	保障赔偿协会
payment	付款
percent	百分比
piece(s)	件、个、只、块、张
paid	付讫
per day	按日(计息)
People's Insurance Company of China(PICC)	中国人民保险公司
package	件、包
per month	按月(计息)
port of loading	装运港
port of discharge	卸货港
post office	邮局
post-dated cheque	期票
post-dated B/L	顺签提单
purchase order(P. O.)	购货定单
Post Office Box(P. O. B.)	邮政信箱
post receipts	邮政收据
payment on delivery/ Proof of Delivery(P. O. D.)	付款交货/交付凭证
principal	委托人
pro forma invoice	形式发票
profit margin	利润率

promissory note	本票
protest	拒付
proportionally	按比例
premium	保险费
present value	现值
prime rate	最优惠利率
private banking	私人银行
principal	本金
proximo	下月
post script(P. S.)	附言、再启
please turn over(P. T. O.)	请阅背面
proprietary	企业公司
poly vinyl chloride(P. V. C.)	聚氯乙烯

Q

quarter	四分之一
quality	品质
quantity	数量

R

rail waybill	铁路运单
road waybill	公路运单
requisite in form	要式性
realized interest rate	实现利率
receivable	应收款
read clause letter of credit	红条款信用证
reimbursing bank	偿付银行
remittance	汇款
remitter	汇出人
remitting bank	汇出行
restricted letter of credit	限制议付信用证
revolving letter of credit	循环信用证
recourse	追索权
reference	参考、关于
reference number	参考号、发文编号
registered	注册、挂号的
representation	代表
reefer container(RF)	冷藏集装箱
rain &/or fresh water damage(R. F. W. D.)	淡水雨淋险

ream	令(500张)
roll on/roll off ship(RO/RO)	滚装船

S

shilling	先令
sales confirmation(S/C)	售货确认书
sales contract(S/C)	售货合同
service contract(S/C)	协议运价(服务合同)
special customs invoice(SCI)	美国特别海关发票
special drawing right(SDR)	特别提款权
section	部分、组、部
settlement	结算、交割
stowage factor(SF)	货物积载因素
Switzerland General Surveyor(SGS)	瑞士通用鉴定公司
sack	布袋
shipment	装运
signature	签字
China National Foreign Trade Transportation Corporation (SINOTRANS)	中国外贸运输公司
small medium large(SML)	小、中、大
shipping note(S/N)	装运通知单
shipping advice	装运通知
shipping documents	装运单证
shipping company's certificate	船公司证明
shipping order(S/O)	装货单、下货纸
shipper's own container(SOC)	货主箱
shipper's letter of instruction(SLI)	国际货物托运委托书
ship-owner's liability(S. O. L.)	船东责任
sight draft	即期汇票
short-term revolving letter	短期循环信用证
short and medium term loans	中短期贷款
short forward	卖远期
specification	规格
spot cash	立即付现
spot exchange rate	即期外汇汇率
spot market	现汇市场,现货市场
square inch	平方英寸
square foot	平方英尺
square yard	平方码

standby letter of credit	备用信用证
stale B/L	过期提单
straight bill of lading	记名提单
straw packing	稻草包装
strike risks(S. R.)	罢工险
steam ship	汽轮
short ton	短吨
said to contain(S. T. C)	内容据称
sterling(Stg.)	英镑
shipping weight(S. W.)	装货重量
shipment	船货
sea way bill(SWB)	海运单
Society for Worldwide Inter-bank Financial Telecommunication(SWIFT)	环球银行金融电讯协会

T

telegraphic transfer(T/T)	电汇
term draft	远期汇票
term of shipment	装运条款
tender guarantee	投标保函
tenor	票据期限
trade financing	贸易融资
transshipment allowed	允许转运
transferable letter of credit	可转让信用证
traveler's letter of credit	旅行信用证
transshipment additional	转船附加费
train/air	陆/空联运
train-air-truck(TAT)	陆空陆联运
policy to be declared(TBD)	待报保险单
timber packing	木包装
time charter on trip basis(TCT)	航次期租
time of shipment	装运期
trading	贸易
trade term	贸易术语
twenty equivalent of unit(TEU)	20英尺标准集装箱(标箱)
telegram	电报
terminal handling charge(THC)	码头作业(操作费)
tank container(TK)	罐式集装箱
telex	电传

total loss only	全损
telegram multiple	同文电、分送电
tonnage	吨位
Tank-Pacific Discussion Agreement(TPDA)	越太平洋航线协商协定
theft, pilferage & non-delivery(T.P.N.D.)	偷窃提货不着险
tare weight	皮重
trust receipt(T/R)	信托收据
Trans-Pacific Stabilization Agreement	越太平洋航线稳定协议

U

unclean bill of lading	不清洁提单
unrestricted letter of credit	非限制议付信用证
Uniform Customs & Practice(UCP)	统一惯例
Uniform Rules for Collections(URC)	托收统一规则
United Kingdom Ports	英国港口
unlimited transshipment(U/T)	无限制转船
Under-mentioned(U/M)	下述
US foreign trade definition	美国对外贸易定义
usance letter of credit	远期信用证

V

vide	参阅
validity	有效期
value	价值
value added tax	增值税
vendor	卖主
videlicet(L.) namely	即是
voyage	航次
vice versa(L.)	反之亦然
vocational man	从业人员

W

warehouse	仓库
working capital	周转资金
withholding tax	预扣税
waybill	运单
with average(W.A.)/with particular average(W.P.A.)	水渍险
weight/measurement(W/M)	按重量或体积
list/weight note	重量单

weight memo	磅码单
weight certificate/ certificate weight	重量证书
washing overboard	浪击落海
war risks	战争险
weight	重量
with transshipment(W/T)	转船、转运
warranted	保证
warranty	保证书
warehouse to warehouse clause(W/W)	仓至仓条款
weather working day(WWD)	晴天工作日
wooden case	木箱
Word Trade Organization(WTO)	世界贸易组织

Y

York-Antwerp Rule(Y. A. R.)	约克-安特卫普规定(国际共同海损规则)
yard	码
yield to maturity	到期收益率

附录二 出口单据样本汇总

1. 销售合同 Sales Contract

编号:No:
日期:Date:
签约地点:Signed at:
卖方:Sellers:
地址:Address: 邮政编码:Postal Code:
电话:Tel: 传真:Fax:
买方:Buyers:
地址:Address: 邮政编码:Postal Code:
电话:Tel: 传真:Fax:

买卖双方同意按下列条款由卖方出售,买方购进下列货物:
The sellers agrees to sell and the buyer agrees to buy the undermentioned goods on the terms and conditions stated below:

1. 货号 Article No.

2. 品名及规格 Description & Specification

3. 数量 Quantity

4. 单价 Unit Price

5. 总值:

数量及总值均有_____%的增减,由卖方决定。
Total Amount
With _____% more or less both in amount and quantity allowed at the sellers option.

6. 生产国和制造厂家 Country of Origin and Manufacturer

7. 包装:Packing:

8. 唛头:Shipping Marks:

9. 装运期限:Time of Shipment:

10. 装运口岸：Port of Loading：

11. 目的口岸：Port of Destination：

12. 保险：由卖方按发票全额110％投保至_____为止的_____险。

Insurance：To be effected by buyers for 110％ of full invoice value covering _____ up to _____ only.

13. 付款条件：
买方须于_____年_____月_____日将保兑的,不可撤销的,可转让可分割的即期信用证开到卖方。信用证议付有效期延至上列装运期后15天在中国到期,该信用证中必须注明允许分运及转运。

Payment：
By confirmed, irrevocable, transferable and divisible L/C to be available by sight draft to reach the sellers before _____/_____/_____ and to remain valid for ingotiation in China until 15 days after the aforesaid time of shipment. Tje L/C must specify that transhipment and partial shipments are allowed.

14. 单据：Documents：

15. 装运条件：Terms of Shipment：

16. 品质与数量、重量的异义与索赔：Quality/Quantity Discrepancy and Claim：

17. 人力不可抗拒因素：
由于水灾、火灾、地震、干旱、战争或协议一方无法预见、控制、避免和克服的其他事件导致不能或暂时不能全部或部分履行本协议,该方不负责任。但是,受不可抗力事件影响的一方须尽快将发生的事件通知另一方,并在不可抗力事件发生15天内将有关机构出具的不可抗力事件的证明寄交对方。

Force Majeure：
Either party shall not be held responsible for failure or delay to perform all or any part of this agreement due to flood, fire, earthquake, draught, war or any other events which could not be predicted, controlled, avoided or overcome by the relative party. However, the party affected by the event of Force Majeure shall inform the other party of its occurrence in writing as soon as possible and thereafter send a certificate of the event issued by the relevant authorities to the other party within 15 days after its occurrence.

18. 仲裁：
在履行协议过程中,如产生争议,双方应友好协商解决。若通过友好协商未能达成协议,则提交中国国际贸易促进委员会对外贸易仲裁委员会,根据该会仲裁程序暂行规定进行仲裁。该委员会决定是终局的,对双方均有约束力。仲裁费用,除另有规定外,由败诉一方负担。

Arbitration

All disputes arising from the execution of this agreement shall be settled through friendly consultations. In case no settlement can be reached, the case in dispute shall then be submitted to the Foreign Trad Arbitration Commission of the China Council for the Promotion of International Trade for Arbitration in accordance with its Provisional Rules of Procedure. The decision made by this commission shall be regarded as final and binding upon both parties. Arbitration fees shall be borne by the losing party, unless otherwise awarded.

19. 备注:Remark:

卖方:Sellers: 买方:Buyers:

签字:Signature: 签字:Signature:

2. 汇票 Draft

BILL OF EXCHANGE

凭　　　　　　　　　　　　　　　　　　　不可撤销信用证
Drawn Under _____ Irrevocable   L/C No. _____

日期
　　　　　　　　　　　　　　支取 Payable With interest @ ___% 按　　息　　付款
号码　　　　汇票金额　　　　　　　　　　　南京
No. _____ Exchange for _____ Nanjing
　　　　　　　　　　　　　　　　　　日后（本汇票之副本未付）付交
　　　　　　　　　　见票　　　　　sight of this FIRST of Exchange (Second of
　　　　　　　　　　 at _____ Exchange
Being unpaid) Pay to the order of _____

金额
the sum of _____

此致
To _____
_____

3. 商业发票 COMMERCIAL INVOICE

NINGBO IMP. AND EXP. CO., LTD.
28 KAIMING STREET, NINGBO, CHINA

INVOICE

TO: DATE
  INVOICE NO.
  S/C NO.
  L/C NO.

SHIPPED PER ＿＿＿＿＿＿ FROM ＿＿＿＿＿＿ TO ＿＿＿＿＿＿

Marks & Numbers	Description of Goods	Quantity	Unit Price	Total Amount
Total				

4. 装箱单 PACKING LIST

NINGBO IMP. AND EXP. CO., LTD.
28 KAIMING STREET, NINGBO, CHINA

PACKING LIST

TO: DATE
                                     INVOICE NO.
                                     S/C NO.
                                     L/C NO.

SHIPPED PER _____ FROM _____ TO _____

Marks & Numbers	Description of Goods	Numbers & Kind of Packages	Gross Weight	Net Weight	Measurements
Total					

5. 海运提单 BILLS OF LADING

Shipper		BILL OF LADING NO.		
		中国远洋运输公司 CHINA OCEAN SHIPPING COMPANY		
Consignee		Combined Transport Bill of Lading RECEIVED in apparent good order and condition except as otherwise noted the total number of containers or other packages or units enumerated below for transportation from the place of receipt to place of delivery subject to the terms and conditions hereof. One of Bills of Lading must be surrendered duly endorsed to Carrier by or on behalf of the Holder of the Bills of Lading, the rights and liabilities arising in accordance with terms and conditions hereof shall, without prejudice to any rule of common law or statute rendering them binding on the Merchant, become binding in all respects between the Carrier and the Holder of the Bills of Lading as through the contract evidenced hereby had been made between them. IN WITNESS where of the number of original Bills of Lading stated under have been signed. All of this tenor and date, one of which being accomplished, the other(s) to be void.		
Notify Party		^		
Pre-carriage by	Place of Receipt	^		
Ocean Vessel	Port of Loading	^		
Port of Discharge	Place of Delivery	For Destination (of the goods not the ship)		
Marks & Nos. Container & Seal No.	No. of Container or Packages.	Description of Goods	Gross Weight kgs	Measurement
Total Number of Container or Packages (in Words)				
Freight and Charges	Revenue Tons	Rate	per	Prepaid	Collect
Exchange Rate	Prepaid at	Payable at		Place and Date of Issue
^	Total Prepaid	No. of Original B(s)/L		^
LADEN ON BOARD THE VESSEL Date_____ By_____				Signed for the Carrier
(Terms Continued on Back Hereof)				

6. 保险单 INSURANCE POLICY

中国人民财产保险股份有限公司常州分公司
The People's Insurance(Property) Company of China Changzhou Branch

总公司设于北京　　一九四九年创立
Head Office Beijing　Established in 1949

货物运输保险单
CARGO TRANSPORTATION INSURANCE POLICY

发票号(INVOICE NO.)　　　　　　　保单号次
合同号(CONTRACT NO.)　　　　　　POLICY NO.
信用证号(L/C NO.)
被保险人：
Insured：

中国人民保险公司(以下简称本公司)根据被保险人的要求,由被保险人向本公司缴付约定的保险费,按照本保险单承保险别和背面所载条款与下列特款承保下述货物运输保险,特立本保险单。
THIS POLICY OF INSURANCE WITNESSES THAT THE PEOPLE's INSURANCE COMPANY OF CHINA(HEREINAFTER CALLED "THE COMPANY")
AT THE REQUEST OF THE INSURED AND IN CONSIDERATION OF THE AGREED PREMIUM PAID TO THE COMPANY BY THE INSURED,
UNDERTAKES TO INSURE THE UNDERMENTIONED GOODS IN TRANSPORTATION SUBJECT TO THE CONDITIONS OF THIS OF THIS POLICY AS
PER THE CLAUSES PRINTED OVERLEAF AND OTHER SPECIL CLAUSES ATTACHED HEREON.

标记 MARKS & NOS	包装及数量 QUANTITY	保险货物项目 DESCRIPTION OF GOODS	保险金额 AMOUNT INSURED

总保险金额
TOTAL AMOUNT INSURED：_____

保费：　　　　　　　　启运日期　　　　　　　　　装载运输工具：
PERMIUM：AS ARRANGED　DATE OF COMMENCEMENT：_____　PER CONVEYANCE：_____
自　　　　　　　　　　　经　　　　　　　　　　　至
FROM：_____　VIA_____　TO_____
承保险别：
CONDITIONS：

所保货物,如发生保险单项下可能引起索赔的损失或损坏,应立即通知本公司下述代理人查勘。如有索赔,应向本公司提交保单正本(本保险单共有_____份正本)及有关文件。如一份正本已用于索赔,其余正本自动失效。

IN THE EVENT OF LOSS OR DAMAGE WITCH MAY RESULT IN A CLAIM UNDER THIS POLICY, IMMEDIATE NOTICE MUST BE GIVEN TO THE COMPANY's AGENT AS MENTIONED HEREUNDER. CLAIMS, IF ANY, ONE OF THE ORIGINAL POLICY WHICH HAS BEEN ISSUED IN _____ ORIGINAL(S) TOGETHER WITH THE RELEVENT DOCUMENTS SHALL BE SURRENDERED TO THE COMPANY. IF ONE OF THE ORIGINAL POLICY HAS BEEN ACCOMPLISHED. THE OTHERS TO BE VOID.

中国人民财产保险股份有限公司常州分公司
The People's Insurance(Property) Company of China Changzhou Branch

赔款偿付地点
CLAIM PAYABLE AT _____
出单日期 _____
ISSUING DATE _____

Authorized Signature

地址(ADD):中国常州市和平南128路八楼
邮编(POST CODE):213001

电话(TEL):(0519)—8150007 8114833
传真(FAX):(0519)—8150007 8114834

7. 一般产地证 CERTIFICATE OF ORIGIN

1. Exporter	Certificate No. CERTIFICATE OF ORIGIN OF THE PEOPLE's REPUBLIC OF CHINA
2. Consignee	
3. Means of transport and route	5. For certifying authority use only
4. Country/region of destination	

6. Marks and numbers	7. Number and kind of packages; description of goods	8. H. S. Code	9. Quantity	10. Number and date of invoices

11. Declaration by the exporter 　　The undersigned hereby declares that the above details and statements are correct, that all the goods were produced in China and that they comply with the Rules of Origin of the People's Republic of China. Place and date, signature and Stamp of authorized signatory	12. Certification 　　It is hereby certified that the declaration by the exporter is correct. Place and date, signature and stamp of certifying signatory

8. 普惠制产地证 ORIGINAL

1. Goods consigned from (Exporter's business name, address, country)	Reference No: **GENERALIZED SYSTEM OF PREFERENCES CERTIFICATE OF ORIGIN** (Combined declaration and certificate) **FORM A** Issued in <u>THE PEOPLE's REPUBLIC OF CHINA</u> (country) See Notes, overleaf				
2. Goods consigned to (Consignee's name, address, country)					
3. Means of transport and route (as far as known)	4. For official use				
5. Item Number	6. Marks and numbers of packages	7. Number and kind of packages; description of goods	8. Origin criterion (see Notes overleaf)	9. Gross weight or other quantity	10. Number and date of invoices
11. Certification It is hereby certified, on the basis of control carried out, that the declaration by the exporter is correct. 中华人民共和国 福建出入境检验检疫局 （盖章） Place and date, signature and stamp of certifying authority	12. Declaration by the exporter The undersigned hereby declares that the above details and statements are correct; that all the goods were produced in —————————— (country) and that they comply with the origin requirements specified for those goods in the Generalized System of Preferences for goods exported to —————————— (importing country) **XIAMEN JIFA IMPORT & EXPORT CO., LTD** —————————— Place and date, signature of authorized signatory				

9. 装船通知 SHIPPING ADVICE

NINGBO IMP. AND EXP. CO., LTD.
28 KAIMING STREET, NINGBO, CHINA

SHIPPING ADVICE

TO: INVOICE NO.
                                                                 DATE:

RE: Shipment Under Contract No:
L/C No:

Marks & Numbers	Description of Goods	Quntity/WEIGHT	INVOICE VALUE

B/L No.:
Name of Carrying Vessel: Sailing on:
Port of Loading: Port of Destination:

附录三　进口单证样本

1. 进口许可样本

中华人民共和国进口许可证

IIMPORT LICENCE OF THE PEOPLE'S REPUBLIC OF CHINA　　　　No.

1. 进口商 Importer			3. 进口许可证号 Import licence No.		
2. 进口用户 Consignee			4. 进口许可证有效截止日期 Import licence expiry date		
5. 贸易方式 Terms of trade			8. 出口国（地区） Country/region of exportation		
6. 外汇来源 Terms of foreign exchange			9. 原产地国（地区） Country/Region of origin		
7. 报关口岸 Place of clearance			10. 商品用途 Use of goods		
11. 商品名称 Description of goods		商品编码（H. S.） Code of goods		设备状态 Status of	
12. 规格、型号 Specification	13. 单位 Unit	14. 数量 Quantity	15. 单价（　） Unit Price	16. 总值（　） Amount	17. 总值折美元 Amount in USD
18. 总计 Total					
19. 备注 Supplementary details			20. 进口用户所在地区（部门）意见:（签章） Issuing authority's stamp & signature		
			21. 发证日期 License date		

对外贸易经济合作部监制

2. 进口订舱委托书

编号:　　　　　　　　　　　　　　　　日期:　　年　月　日

货　名 （英　文）			
重　量		尺　码	
合 同 号		包　装	
装卸港		交货期	
装货条款			
发 货 人 名称地址			
发 货 人 电　话			
订妥船名		预抵港口	
备　注		委托单位	

① 危险品须注明性能，重大物件注明每件重量及尺码。
② 装货条款须详细注明。

3. 进口保险单

中国人民财产保险股份有限公司福建分公司
The People's Insurance(Property) Company of China Changzhou Branch

总公司设于北京	总公司设于北京	一九四九年创立
Head office Beijing	Head office Beijing	Established in 1949

货物运输保险单
CARGO TRANSPORTATION INSURANCE POLICY

发票号(INVOICE NO.)　　　　　　　　保单号次
合同号(CONTRACT NO.)　　　　　　　POLICY NO.
信用证号(L/C NO.)
被保险人：
Insured：

中国人民保险公司(以下简称本公司)根据被保险人的要求，由被保险人向本公司缴付约定的保险费，按照本保险单承保险别和背面所载条款与下列特款承保下述货物运输保险，特立本保险单。
THIS POLICY OF INSURANCE WITNESSES THAT THE PEOPLE's INSURANCE COMPANY OF CHINA (HEREINAFTER CALLED "THE COMPANY") AT THE REQUEST OF THE INSURED AND IN CONSIDERATION OF THE AGREED PREMIUM PAID TO THE COMPANY BY THE INSURED, UNDERTAKES TO INSURE THE UNDERMENTIONED GOODS IN TRANSPORTATION SUBJECT TO THE CONDITIONS OF THIS OF THIS POLICY AS PER THE CLAUSES PRINTED OVERLEAF AND OTHER SPECIL CLAUSES ATTACHED HEREON.

标　记	包装及数量	保险货物项目	保险金额
MARKS&NOS	QUANTITY	DESCRIPTION OF GOODS	AMOUNT INSURED

总保险金额
TOTAL AMOUNT INSURED：_____

保费：　　　　　　　　启运日期　　　　　　　　装载运输工具：
PERMIUM：AS ARRANGED　DATE OF COMMENCEMENT：_____　PER CONVEYANCE：_____
自　　　　　　　　　　经　　　　　　　　　　　至
FROM：_____　　　　VIA_____　　　　　　TO_____
承保险别：
CONDITIONS：

所保货物，如发生保险单项下可能引起索赔的损失或损坏，应立即通知本公司下述代理人查勘。如有索赔，应向本公司提交保单正本(本保险单共有_____份正本)及有关文件。如一份正本已用于索赔，其余正本自动失效。
IN THE EVENT OF LOSS OR DAMAGE WITCH MAY RESULT IN A CLAIM UNDER THIS POLICY, IMMEDIATE NOTICE MUST BE GIVEN TO THE COMPANY's AGENT AS

MENTIONED HEREUNDER. CLAIMS, IF ANY, ONE OF THE ORIGINAL POLICY WHICH HAS BEEN ISSUED IN _____ ORIGINAL(S) TOGETHER WITH THE RELEVENT DOCUMENTS SHALL BE SURRENDERED TO THE COMPANY. IF ONE OF THE ORIGINAL POLICY HAS BEEN ACCOMPLISHED. THE OTHERS TO BE VOID.

中国人民财产保险股份有限公司福建分公司
The People's Insurance(Property) Company of China Changzhou Branch

赔款偿付地点
CLAIM PAYABLE AT _____

出单日期
ISSUING DATE_____

_____
Authorized Signature

地址(ADD):中国常州市和平南128路八楼
邮编(POST CODE):213001

电话(TEL):(0519)-8150007　8114833
传真(FAX):(0519)-8150007　8114834

4. 进口付汇核销单

贸易进口付汇核销单（代申报单）

印单局代码： 核销单编号：

单位代码	单位名称	所在地外汇局名称
付汇银行名称	收汇人国别	交易编码□□□□
收款人是否在保税区：是□ 否□	交易附言	
对外付汇币种 其中：购汇金额　　　　　对外付汇总额 　　　　　　　　　　　现汇金额　　　　　其他方式金额 　　人民币账号　　　　　　外汇账号		
付汇性质　汇购方式 □正常付汇 □不在名录　　　□90天以上信用证　　　□90天以上托收　　　□异地付汇 □90天以上到货　□转口贸易 备案表编号		
预计到货日期	进口批件号	合同/发票号
结算方式　即期信用证		
信用证　　90天以内□　　90天以上□　　承兑日期　　付汇日期　　期限　　天		
托收　　　90天以内□　　90天以上□　　承兑日期　　付汇日期　　期限　　天		

汇款	预付货款□	货到付汇(凭报关单付汇)□	付汇日期	
	报关单号	报关日期　/　/	报关单币种	金额
	报关单号	报关日期　/　/	报关单币种	金额
	报关单号	报关日期　/　/	报关单币种	金额
	报关单号	报关日期　/　/	报关单币种	金额
	报关单号	报关日期　/　/	报关单币种	金额
	(若报关单填写不完，可另附纸)			

其他□　　　　　付汇日期
以下由付汇银行填写
申报号码：□□□□□　□□□□　□□　□□□□□　□□□□ 业务编号：　　　　审核日期：　/　/　（付汇银行签章）

进口单位签章

附录四 2020国际贸易术语详解

国际商会("ICC")新公布的2020版本《国际贸易术语解释规则》已于2020年1月1日生效,共11种,按照运输方式可以分为两大类。第一类:适合任何运输方式;第二类:适用于水上运输(即海运、内河运输)。

术语汇总

适用于任一或多种运输方式的术语

EXW(Ex Works) 工厂交货

FCA(Free Carrier) 货交承运人

CPT(Carriage Paid To) 运费付至

CIP(Carriage and Insurance Paid To) 运费、保险费付至

DAP(Delivered At Place) 目的地交货

DPU(Delivered at Place Unloaded) 目的地卸货后交货

DDP(Delivered Duty Paid) 完税后交货

适用于海运和内河水运的术语

FAS(Free Alongside Ship) 船边交货

FOB(Free On Board) 船上交货

CFR(Cost and Freight) 成本加运费

CIF(Cost Insurance and Freight) 成本加保险费加运费

适合任何运输方式的贸易术语

适合任何运输方式的贸易术语对比

贸易术语	交货地点	风险转移界限	出口报关的责任	进口报关的责任、费用承担	适合的运输方式
EXW	货物产地或所在地	买方处置货物时	买方	买方	任何方式
FCA	出口国内地或港口	承运人处置货物后	卖方	买方	任何方式
CPT	出口国内地或港口	承运人处置货物后	卖方	买方	任何方式
CIP	出口国内地或港口	承运人处置货物后	卖方	买方	任何方式
DPU	目的港或目的地任何地方	买方在指定地点收货后	卖方	买方	任何方式
DAP	进口国目的地	买方在指定地点收货后	卖方	买方	任何方式
DDP	进口国目的地	买方在指定地点收货后	卖方	卖方	任何方式

注意:Incoterms®2020中DAT改为DPU。

EXW

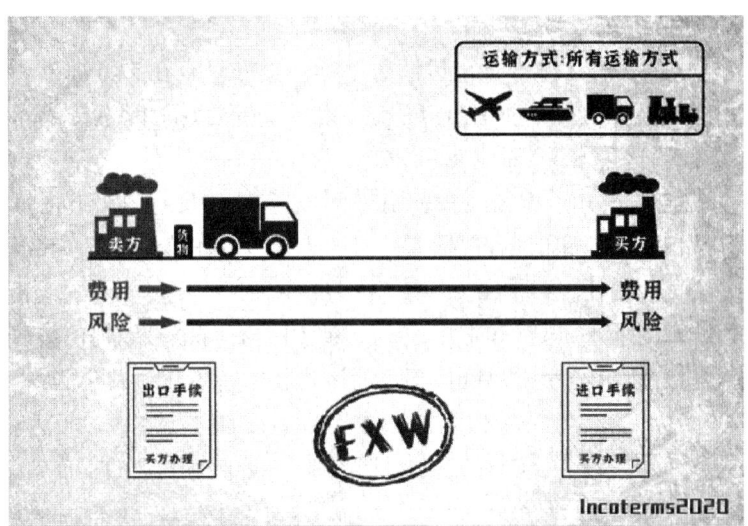

▲EXW 贸易术语图解

EXW 的全称是 Ex Works(…named place),中文意思为工厂交货(指定地点),是指卖方将货物从工厂(或仓库)交付给买方,除非另有规定,卖方不负责将货物装上买方安排的车或船上,也不办理出口报关手续。买方负担自卖方工厂交付后至最终目的地的一切费用和风险。

按 EXW 术语成交时,卖方承担的风险、责任以及费用都是最小的。在交单方面,卖方只需要提供商业发票或电子数据,如合同有要求,才需提供证明所交货物与合同规定相符的证件。

术语精讲

卖方的主要义务:

(1) 在合同规定的时间、地点将符合合同要求的货物交给买方处置,此时风险和费用由卖方转移给买方;

(2) 提供商业发票或 EDI、交货与合同相符的证明(一般为检验检疫证书);

(3) 通知买方交货的时间和地点。

买方的主要义务:

(1) 承担在卖方所在地受领货物的全部费用和风险;

(2) 自负风险和费用,办理货物的出口、进口许可证或其他官方证件;

(3) 将货物从交货地点运至最终目的地;

(4) 通知卖方在有效时期内提货的时间,否则承担期满后货物的一切风险和费用。

实际业务中的注意点:

A. 在 EXW 术语后面要尽可能清楚地写明指定交货地点内的交付点。如果在指定交货地点没有约定特定的交付点,且有不止一个交付点可供使用时,卖方可以选择对其来说最方便的交付点。

B. 卖方不需要将货物装上任何前来接收货物的运输工具,如果卖方更方便装货,应使用 FCA。

C. 需要清关时,卖方无须办理出口清关手续。卖方只有在买方提出要求并承担风险和费用时才有义务协助买方办理出口手续。因此,在买方不能直接或间接地办理出口手续时,不应使用这一术语,而应使用 FCA。

D. 当买方提出要求并承担风险和费用时,卖方有义务及时向买方提供或协助买方取得货物进出口相关单证和信息,包括安全信息。而买方仅有限度地承担向卖方提供货物出口相关信息的责任。

E. 在 EXW 术语项下,风险和费用通常一起转移,有时也可以提前转移。风险提前转移的前提就是,货物已经完成"特定化"。所谓货物的特定化,是指在货物的包装上刷喷头,打上适当的标记,向买方发出通知。这表明该批货物已被划归于本合同下,与其他货物清楚地分开。如果货物没有完成特定化,是不能发生风险的提前转移的。

FCA

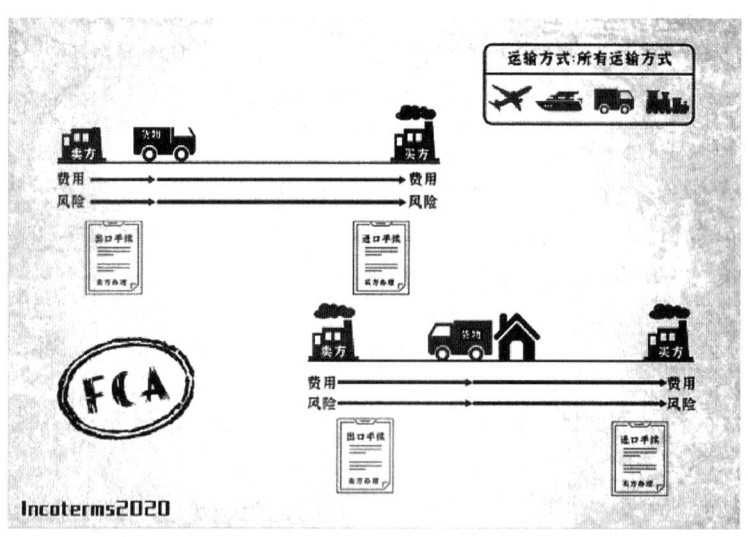

▲FCA 贸易术语图解

FCA 的全称是 Free Carrier(…named place),即货交承运人(指定地点),是指卖方在指定地点将已经出口清关的货物交付给买方指定的承运人,完成交货。根据商业惯例,当卖方被要求与承运人通过签订合同进行协作时,在买方承担风险和费用的情况下,卖方可以照此办理。

FCA 货交承运人术语下添加已装船批注。

在老版本中,货物的交付是在船上装载之前完成的,承运人有义务签发带有船上注解的"已装运"提单或"已收到"提单,仅当货物实际装在船上时才会签发。

为了解决这个问题,FCA Incoterms®2020 提供了一个新的选择:交易双方可以同意,买方将指示其承运人在将货物装上船前,向卖方签发并交付提单 Bill of Lading。

船公司和卖方有义务通过银行渠道将提单转交给买方。ICC 意识到了市场需求,同时注意到 FCA 条款设想的交货点与船上提货单要求之间存在理论上的不一致。

术语精讲

卖方的主要义务:

(1) 自负风险和费用,取得出口许可证或其他官方批准证件,在需要办理海关手续时,办理货物出口所需的一切海关手续。

(2) 在合同规定的时间、地点,将货物置交给指定承运人,并及时通知买方。

(3) 承担将货物交给承运人之前的一切费用和风险。

(4) 自负费用,向买方提供交货的通常单据。

买方的主要义务:

(1) 签订从指定地点承运货物的合同,支付有关的运费,并将承运人名称及有关情况及时通知卖方。

(2) 自负风险和费用,取得进口许可证或其他官方批准的证件,并且办理货物进口所需的一切海关手续。

(3) 根据买卖合同的规定受领货物并支付货款。

(4) 承担受领货物之后所发生的一切费用和风险。

实际业务中的注意点:

A. 卖方交货义务问题:《通则 2020》对 FCA 贸易术语下卖方的交货义务做了如下规定:(a) 若指定的地点是卖方所在地,则当货物被装上买方指定的承运人或代表买方的其他人提供的运输工具时;(b) 若指定的地点不是(a),而是其他任何地点,则当货物在卖方的运输工具上,尚未卸货而交给买方指定的承运人或其他人或由卖方按照 A3 选定的承运人或其他人处置时。同时又具体规定:若在指定的地点没有约定具体交货点,且有几个具体交货点可供选择时,卖方可以在指定的地点选择最适合其目的的交货点;若买方没有明确指示,则卖方可以根据运输方式和/或货物的数量和/或性质将货物交付运输。

B. 风险转移问题:FCA 贸易术语与装运港交货的 3 种贸易术语不同,风险转移不是以船舷为界,而是以货交承运人为界,这不仅是在海运以外的其他运输方式下如此,即使在海洋运输方式下,卖方也是在将货物交给海运承运人时即算完成交货,风险就此转移。但是,由于在 FCA 贸易术语条件下,由买方负责订立运输契约,并将承运人名称及有关事项及时通知卖方,卖方才能如期完成交货义务,并实现风险的转移。如果买方未能及时通知卖方,或由于买方的责任,使卖方无法按时完成交货,其后的风险是否仍由卖方承担?按《通则 2020》的解释,如发生上述情况,则自规定的交付货物的约定日期或期限届满之日起,买方要承担货物灭失或损坏的一切风险。可见,对于 FCA 贸易术语下,风险转移的界限问题不能简单化理解。一般情况下,是在承运人控制货物后,风险由卖方转移给买方,但是如果由于买方的责任,使卖方无法按时完成交货义务,只要"该项货物已正式划归合同项下",那么风险转移的时间可以前移。

C. 责任和费用问题：FCA 贸易术语适用于包括多式联运在内的各种运输方式。卖方的交货地点因采用的运输方式的不同而不同。有时须在出口国的内陆办理交货，如车站、机场或内河港口。不论在何处交货，根据《通则 2020》的解释，卖方都要自负风险和费用，取得出口许可证或其他官方批准证件，并办理货物出口所需的一切海关手续。随着我国对外贸易的发展，内地省份的出口货物有一些不一定在装运港交货，而采取就地交货和交单结汇的做法会越来越多，为适应这一需要，FCA 贸易术语的使用将逐渐增多。按照 FCA 贸易术语成交，一般是由买方自行订立从指定的地点承运货物的合同，但是，如果买方有要求，并由买方承担风险和费用的情况下，卖方也可代替买方指定承运人并订立运输合同。当然，卖方也可以拒绝订立运输合同，如果拒绝应立即通知买方，以便买方另行安排。按照 FCA 贸易术语成交，买卖双方承担费用的划分也是以货交承运人为界，即卖方负担货物交给承运人控制之前的有关费用，买方负担货交承运人之后所发生的各项费用。但是买方委托卖方代办一些属于自己义务范围内的事项所产生的费用，以及由于买方的过失所引起的额外费用，均应由买方负担。

CPT

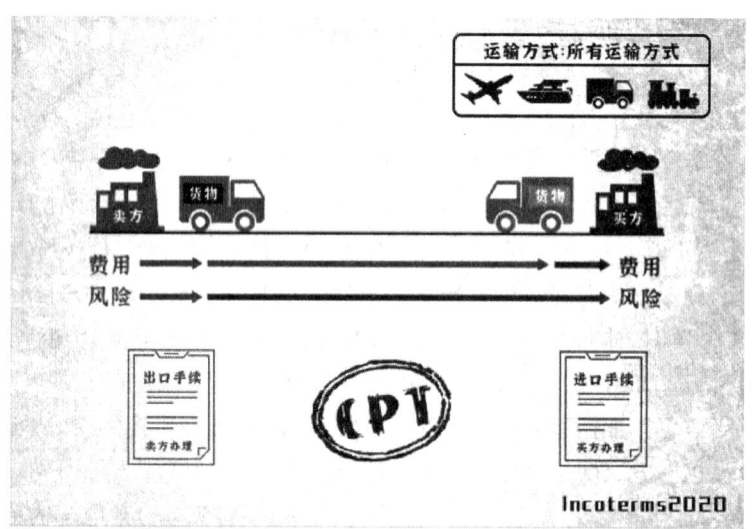

▲CPT 贸易术语图解

CPT 术语 Carriage Paid To(…named place of destination)中文意思为成本加运费付至（指定目的地），指卖方将货物交给其指定的承运人，并且须支付将货物运至指定目的地的运费，买方则承担交货后的一切风险和其他费用。该术语适用于各种运输方式，包括多式联运。

CFR 与 CPT 的比较

二者的相同之处在于：都由卖方安排货物运输，支付有关运费，并办理出口手续，提交有关单据；都是货交承运人后风险即转移，货物在运输途中的风险由买方承担；都属于装运合同。

二者的不同之处在于：首先，适用的运输方式不同，CFR 仅适用于海运，属港口到港口的运输；CPT 适用于各种运输方式（包括集装箱运输、多式联运、海陆空），属于门到门的运输。其次，交货和风险转移的地点不同，CFR 风险划分以装运港货物上船为界限，CPT 以货交承运人为界限。最后，提交的单据不同，CFR 提供的是海运提单，属于物权凭证，可以转让，可以出售；CPT 通常提供的是联运单据，只是交接货物的凭证，不能转让，不能出售。从发展趋势来看，CPT 有取代 CFR 的趋势。

术语精讲

卖方的主要义务：

（1）在合同规定的时间、地点，将合同规定的货物置于买方指定的承运人控制下，并及时通知买方。

（2）必须提供符合合同规定的货物和商业发票，或具有同等效力的电子数据。

（3）必须自负费用，按通常条件订立运输合同，经惯常路线，按习惯方式将货物运至指定目的地的约定地点或其他合适的具体地点。

（4）必须承担将货物交给承运人控制之前的风险。

（5）自负风险和费用，取得出口许可证或其他官方批准的证件，并办理出口清关手续，支付关税及其他有关费用。

买方的主要义务：

（1）接受卖方提供的有关单据，受领货物，并按合同规定支付货款。

（2）承担自货物在约定交货地点交给承运人控制之后的风险。

（3）自负风险和费用，取得进口许可证或其他官方批准的证件，办理货物进口所需的海关手续，支付关税及其他有关费用。

实际业务中的注意点：

A. 风险转移：国外有使用 Free Border 或 Franco Border 的方法，采用这两种术语时，卖方只是负责安排运输并付至边境某地的运费，卖方的交货地点并未延伸至边境指定地点，所以只相当于 CPT 术语成交时，交易双方应该明确，卖方承担的风险只有在边境指定地点完成交货时才转移给买方，而不是在此之前。

B. 保单：在进口贸易中使用 CPT 术语时，卖方没有义务提供保单，可以协助办理，但是这个费用应该由买方支付。而且银行审单时这个保单不应该在审核范围之内。

C. 交货通知：买方应及时办理货物运输保险和办理进口手续、报关和接货。交货通知的内容通常包括合同号或订单号、信用证号、货物名称、数量、总值、运输标志、启运地、启运日期、运输工具名称及预计到达目的地日期等。如果买方需要卖方提供特殊信息，应在买卖合同中约定或在信用证中做出规定。若卖方未按惯例规定发出或未及时发出交货通知，使买方投保无依据或造成买方漏保，货物在运输过程中一旦发生灭失或损坏，应由卖方承担赔偿责任。

D. 边境交货地点：当边境上有几个可供交货的地点时，双方当事人应该明确商定其中某一地点作为交货地点，并且在 DFA 之后列明，以免在履约时引起争执。如果双方在定约时未能就具体的交货地点做出明确规定，卖方有权自行选择最适宜的边境地点作为交换地点。如果该地点是位于进口国的港口,《2000 通则》建议当事人采用 DES(目的港船上交货)或 DEQ(目的港码头交货)。

CIP

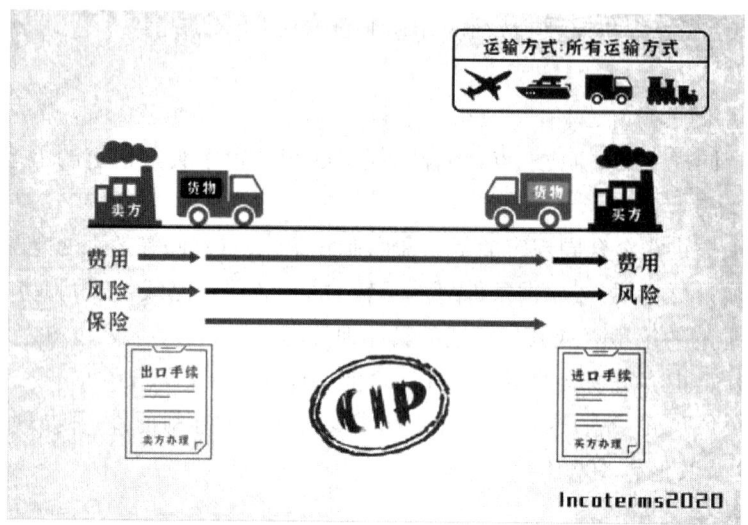

▲CIP 贸易术语图解

CIP 的全称是 Carriage and Insurance Paid to(…named place of destination)中文是运费、保险费付至(指定目的地),指卖方将货物交给其指定的承运人,支付将货物运至指定目的地的运费,为买方办理货物在运输途中的货运保险,买方则承担交货后的一切风险和其他费用。书写形式是"CIP 指定目的地"。CIP 术语适用于各种运输方式,包括多式联运。

Incoterms®2020 中 CIP 保险投保险别变化:CIP 术语下买方投保要投最高险别(如 CIC 一切险和 ICC(A)险),而 CIF 术语下投保险别要求保持不变,仍投最低险别即可。

术语精讲:

卖方的主要义务:

(1)必须提供符合合同规定的货物和商业发票,或具有同等效力的电子数据,以及合同可能要求的证明货物符合合同的其他证件。

(2)在合同规定的时间、地点,将合同规定的货物置于买方指定的承运人控制下,并及时通知买方。

(3)订立货物运往指定目的地的运输合同,并支付有关运费。

(4)按照买卖合同的约定,自负费用投保货物运输险。

(5)承担货物交给承运人控制之前的风险。

(6)自负风险和费用,取得出口许可证或其他官方批准的证件,并办理出口清关手续,支付关税及其他有关费用。

买方的主要义务:

(1)接受卖方提供的有关单据,受领货物,并按合同规定支付货款。

(2) 承担自货物在约定交货地点交给承运人控制之后的风险。

(3) 自负风险和费用,取得进口许可证或其他官方批准的证件,并且办理货物进口所需海关手续,支付关税及其他有关费用。

实际业务中的注意点：

A. **风险和保险问题**：一般情况下,卖方要按双方协商确定的险别投保,如果双方未在合同中规定应投保的险别,则由卖方按惯例投保最低的险别,保险金额一般是在合同价格的基础上加成 10%,即 CIF 合同价款的 110%,并以合同货币投保。

B. **应合理确定价格**：卖方对外报价时,要认真核算成本和价格。在核算时,应考虑运输距离、保险险别、各种运输方式和各类保险的收费情况,并要预计运价和保险费的变动趋势等方面问题。

DPU

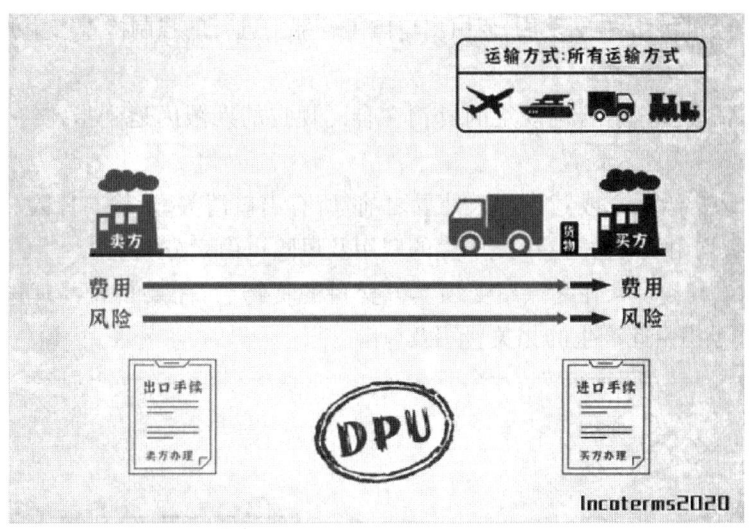

▲DPU 贸易术语图解

DPU 全称是 Delivered at Place Unloaded,中文意思是运输终端交货,是指卖方在指定目的地或目的港集散站卸货后将货物交给买方处置即完成交货,卖方承担将货物运至卖方在指定目的地或目的港集散站的一切风险和费用(除进口费用外)。

Incoterms®2020 中 DAT 改为 DPU,DPU 术语的交货地点仍旧是目的地,但这个目的地不再限于运输的终点,而可以是任何地方。

术语精讲

卖方的主要义务：

(1) 卖方承担用运输工具把货物运送到达目的地,并将货物卸载到目的地指定的终点站交付给买方之前的所有风险和费用,包括出口货物时报关手续和货物装船所需的各种费用和风险。

(2) 提供符合合同规定的货物。

（3）办理出口手续。

（4）办理货物运输。

（5）移交有关货运单据或数字信息。

买方的主要义务：

（1）在卖方按照合同规定交货时受领货物，按合同规定支付价款；承担自收货之时起一切关于货物损坏和灭失的风险，支付自交货之时起与货物有关的一切费用。

（2）如需办理清关事宜，则买方必须自负风险和费用办理清关手续，缴纳进口关税、捐税及其他进口费用。否则，买方必须承担由不履行该项义务而产生的一切货物损坏和灭失的风险，并支付由此带来的一切额外费用。

（3）买方需承担从到达的运输工具上为收取货物所需的一切卸货费用。

（4）应卖方请求并在卖方承担风险和费用的前提下，及时向卖方提供货物运输和出口或通过任何国家所需的文件及信息，并给予协助。否则，买方必须支付由未及时提供信息和协助而产生的一切损失及费用。

（5）支付装船前检查的费用，但由出口国主管部门进行的强制检查产生的费用除外。

实际业务中的注意点：

A. 卖方需要将符合合同规定的货物在合同规定的期限内运到指定终点站并卸货后交给买方或其代理人处置。

B. 在货物交给买方或其代理人处置之前，所有出口清关、运输与保险、目的港或目的地卸货手续均由卖方办理，由此产生的费用及风险也由卖方承担。

C. 买方或其代理人在终点站受领卖方交付的货物后，需要自行办理进口清关、转运等手续，并承担由此产生的相关费用及风险。

DAP

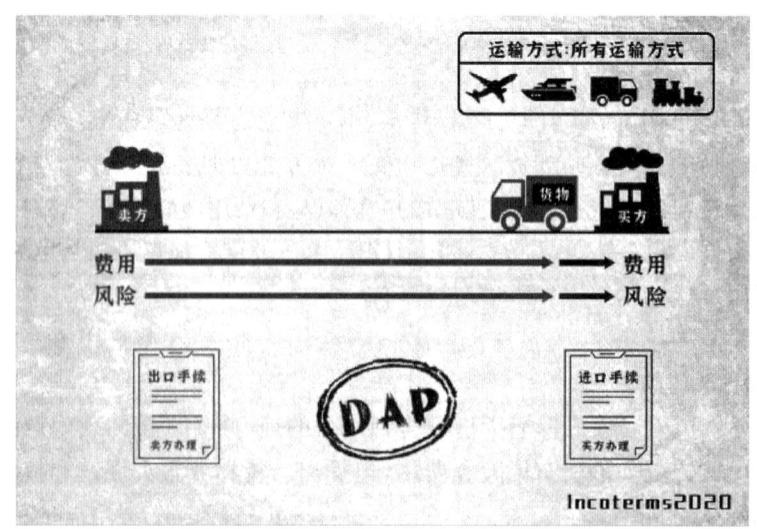

▲DAP 贸易术语图解

DAP 的全称为 Delivered At Place(named place of destination)，即目的地交货(指定目的地)，当使用 DAP 术语成交时，卖方要负责将合同规定的货物按照通常航线和惯常方式，在规定期限内将装载于运输工具上准备卸载的货物交由买方处置，即完成交货。卖方负担将货物运至指定地为止的一切风险。

术语精讲

卖方的主要义务：

(1) 必须签订运输合同，支付将货物运至指定目的地或指定目的地内的约定地点所发生的运费。

(2) 在指定目的地将符合合同约定的货物放在已抵达的运输工具上交给买方处置时即完成交货。

(3) 必须向买方发出所需通知，以便买方采取收取货物通常所需的措施。

(4) 承担在指定目的地运输工具上交货之前的一切风险和费用。

(5) 自负风险和费用，取得出口所需的许可或其他官方授权，办理货物出口和交货前从他国过境运输所需的一切海关手续。

(6) 提供商业发票或相等的电子信息。

买方的主要义务：

(1) 承担在指定目的地运输工具上交货之后的一切风险和费用。

(2) 自负风险和费用取得进口所需的许可或其他官方授权，办理货物进口所需的一切海关手续。

(3) 按合同约定收取货物，接受交货凭证，支付价款。

实际业务中的注意点：

A. DAP 是 INCOTERMS® 2010 新增术语，旨在替代 INCONTERMS 2000 中 DAF、DES 和 DDU 术语。也就是说，DAP 的交货地点既可以是在两国边境的指定地点，可以是在目的港的船上，也可以是在进口国内陆的某一地点。

B. 卖方在指定目的地交货，但卖方不负责将货物从到达的运输工具上卸下，这一点与 INCOTERMS® 2000 中的 DAF、DES 和 DDU 类似。买方负责在指定目的地将货物从到达的运输工具上卸下，但卖方要保证货物可供卸载。卖方在签订运输合同时应注意运输合同与买卖合同相关交货地点的协调，如果卖方按照运输合同在指定目的地发生了卸货费用，除非双方另有约定，卖方无权向买方要求偿付。

C. 由于卖方承担在特定交货地点交货前的风险，买卖双方应尽可能清楚地订明指定目的地的交货地址，最好能具体到指定目的地内特定的点。如果没有约定特定的交货点或该交货点不能确定，卖方可以在指定目的地选择最适合其目的的交货点。

D. 卖方对买方没有订立保险合同的义务，但由于整个运输过程的风险要由卖方承担，卖方通常会通过投保规避货物运输风险。

E. 如果买卖双方希望由卖方办理进口所需的许可或其他官方授权，以及货物进口所需的一切海关手续，包括支付所有进口关税，则应该使用 DDP 术语。

DDP

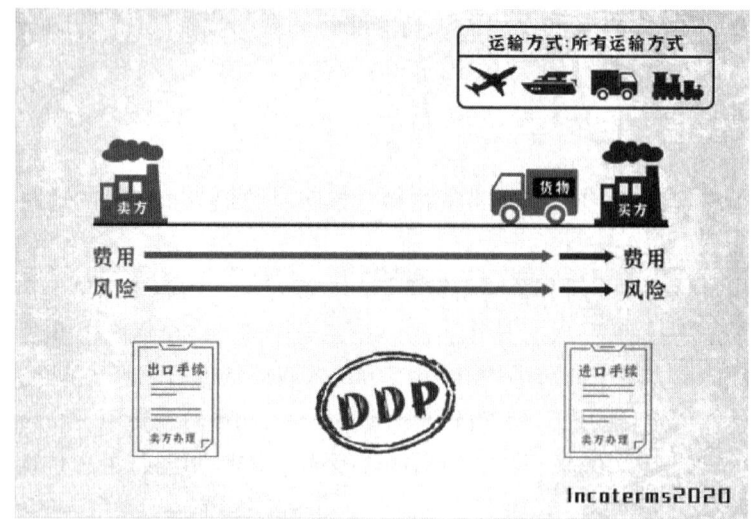

▲**DDP 贸易术语图解**

DDP 的全称是 Delivered Duty Paid(…named place of destination),即完税后交货(……指定目的地),卖方在指定的目的地办完清关手续,将在交货的运输工具上尚未卸下的货物交给买方处置,即完成交货。卖方承担将货物运至目的地的一切风险和费用,包括在需要办理海关手续时在目的地应缴纳的任何进口税费。

DDP 术语是 11 种贸易术语中卖方承担的责任最大、负担的费用最多的一个术语,指卖方在指定的目的地,办理进口清关手续,将在交货地点的运输工具上尚未卸下的货物交与买方,完成交货。卖方必须承担将货物运至指定目的地的一切风险和费用,包括在需要办理海关手续时在目的地应交纳的任何"税费"(包括办理海关手续的责任和风险,以及交纳手续费、关税、税款和其他费用)。若卖方不能直接或间接地取得进口许可证,则不应使用此术语。但是,如果当事方希望将进口所要支付的一切费用(如增值税)从卖方的义务中排除,则应在销售合同中明确写明。该术语适用于各种运输方式。

术语精讲

卖方的主要义务:

(1) 必须提供符合销售合同规定的货物和商业发票或有同等作用的电子信息,以及合同可能要求的、证明货物符合合同规定的其他凭证。

(2) 必须自担风险和费用,取得任何出口许可证和进口许可证或其他官方许可或其他文件,并办理从他国过境所需的一切海关手续,支付关税及其他有关费用。

(4) 必须在约定的日期或交货期限内,在指定的目的地将在交货运输工具上尚未卸下的货物交给买方或买方指定的其他人处置。

(5) 必须承担货物灭失或损坏的一切风险,直至已经按照规定交货为止。

(6) 必须自付费用向买方提供交货凭证、运输单据或有同等作用的电子讯息。

买方的主要义务：

(1) 必须按照销售合同规定支付价款。

(2) 应卖方要求，并由其负担风险和费用，买方必须给予卖方一切协助，帮助卖方在需要办理海关手续时取得货物进口所需的进口许可证或其他官方许可。

(3) 必须承担按照规定交货时起货物灭失或损坏的一切风险。

(4) 一旦买方有权决定在约定期限内的时间及/或在指定的目的港受领货物的点，买方必须就此给予卖方充分通知。

(5) 必须接受按照规定提供的提货单或运输单据。

(6) 必须支付任何装运前检验的费用，但出口国有关当局强制进行的检验除外。

实际业务中的注意点：

A. 在 DDP 的交货条件下，卖方是在办理了出口结关手续后在指定目的地交货的，这实际上是卖方已将货物运进了进口方的国内市场。如果卖方直接办理进口手续有困难，也可要求买方协助办理。如果卖方不能直接或间接地取得进口许可或办理进口手续，则不应使用 DDP 术语。

B. 如果双方当事人愿从卖方的义务中排除货物进口时需支付的某些费用，如增值税，则应就此意思加注字句，如"完税后交货，增值税未付(插入指定目的地)"，以使之明确。

C. 卸货费用：买方负责在指定目的地将货物从到达的运输工具上卸下，但卖方要保证货物可供卸载。卖方在签订运输合同时应注意运输合同与买卖合同相关交货地点的协调，如果卖方按照运输合同在指定目的地发生了卸货费用，除非双方另有约定，卖方无权向买方要求偿付。

D. 规避风险：卖方对买方没有订立保险合同的义务，但由于整个运输过程的风险要由卖方承担，卖方通常会通过投保规避货物运输风险。

> Incoterms®是贸易条款，不是法律条款，不具有法律效力。贸易术语只是国际惯例中的规定，并不是强制性的法律，合同怎么定还是取决于买卖双方的意思，但合同生效后就是具有法律效力的了。当贸易术语与合同条件有冲突的时候，按照合同中的规定来执行。也就是说，合同是有法律效力的，而 Incoterms®是没有的。

适用于水上运输的四种贸易术语

贸易术语	交货地点	风险转移界限	出口报关的责任	进口报送的责任、费用承担	适合的运输方式
FAS	装运港口	装运港船边为界	卖方	买方	水上运输
FOB	装运港口	装运港船上为界	卖方	买方	水上运输
CFR	装运港口	装运港船上为界	卖方	买方	水上运输
CIF	装运港口	装运港船上为界	卖方	买方	水上运输

▲ 适合水上运输方式的贸易术语对比图

FAS

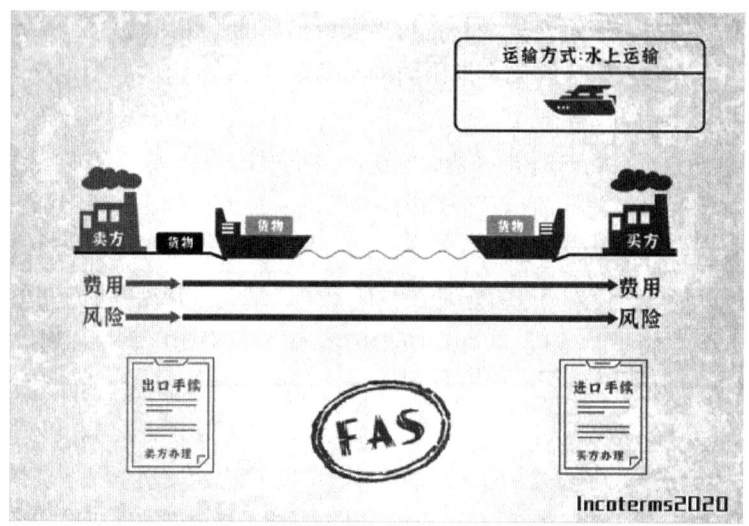

▲ FAS 贸易术语图解

FAS 的全称是 Free alongside Ship(…named port of shipment)，即船边交货(指定装运港)，通常称作装运港船边交货，是指卖方将货物运至指定装运港的船边或驳船内交货，并在需要办理海关手续时，办理货物出口所需的一切海关手续，买方承担自装运港船边(或驳船)起的一切费用和风险。

在大宗货物的贸易中，特别是小麦、棉花、大豆、矿石等初级产品贸易中，出口商通常采用该术语。

术语精讲

卖方的主要义务：

(1) 负责将货物按规定的期限交到指定的装运港买方所指派的船边。

(2) 负责办理货物的出口手续，承担出口清关的费用。

(3) 承担自货物在指定地点交由买方船边为止的风险和费用。

买方的主要义务：

(1) 接受卖方提供的有关单据，受领货物，并按合同规定支付货款。

(2) 承担货物在指定地点交由船边为止的风险和费用。

(3) 自负风险和费用，取得进口许可证或其他官方批准的证件，并且办理货物进口所需海关手续，支付关税及其他有关费用。

实际业务中的注意点：

A. FAS 术语项下，船边通常是指船舶装卸设备的吊货机或岸上装卸索具可触及的范围。

B. 当装货港口拥挤或大船无法靠近时，卖方征得买方同意可将交货条件改为"驳船上交货"(Free on Lighter),此时,卖方的责任仅在货物越过驳船船航时为止,驳船费用及其风险可由买方承担。

C. 在 FAS 术语项下,当买方没有及时向卖方发出关于装运船舶、装运地以及交货时间等通知,或所指定的船舶没有按时抵达装运港,或船舶按时抵达却无法完成装货工作或提前停止装货时,在货物完成特定化后风险和费用可提前转移。

D.《2010 通则》中的 FAS 术语与《1990 年美国对外贸易定义修订本》中的 FAS 术语的规定有较大的差别。按照美国术语的解释,FAS 的全称是 Free along Side,即指货交各种运输工具的旁边,包括陆运在内均适用。因此,对美国出口时则需要在 FAS 之后加上 Vessel 字样才表示《2010 通则》中 FAS 的含义。

E. 船货衔接问题:如果买方指派的船只未按时到港接收货物,或者比规定的时间提前停止装货,或者买方未能及时发出派船通知,只要货物已被清楚地划出,或以其他方式确定为本合同项下的货物,由此产生的风险和费用均由买方承担。

FOB

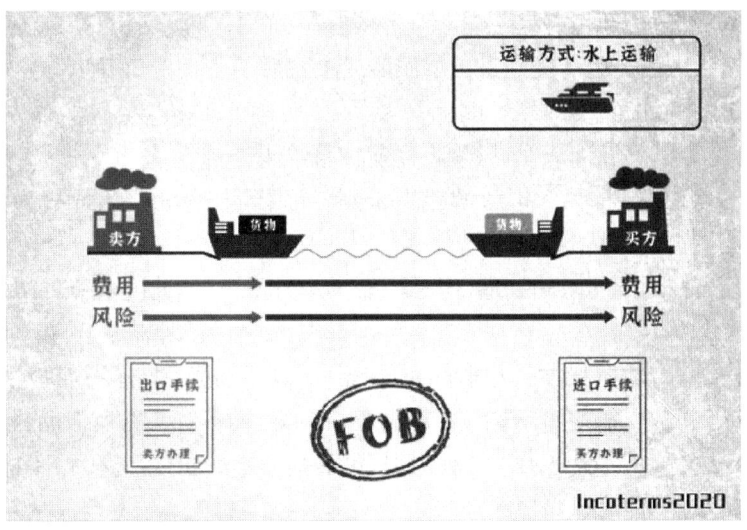

▲FOB 贸易术语图解

FOB 的全称是 Free On Board(…named port of shipment),即装运港船上交货(……指定装港),FOB 是国际贸易中常用的贸易术语之一。它是指卖方必须在合同规定的日期或期限内,将货物运到合同规定的装运港口,并交到买方指派的船只上,即完成其交货义务。根据《2010 通则》的规定,FOB 术语只适用于海运和内河运输。如果货物装载集装箱里并在集装箱码头交货,则应采用 FCA 贸易术语。

术语精讲

卖方的主要义务:

(1) 负责在合同规定的日期或期限内,将符合合同规定的货物交至买方指派的船上,并及时通知买方。

(2) 负责取得出口许可证或其他官方批准的证件(商检证、原产地证等),并办理货物出口所需的一切海关手续。

(3) 负担货物在装运港交到买方所派船只上之前的一切费用和风险。(在《2000通则》中,FOB术语的风险划分点以货物在指定的装运港指定的船只"越过船舷"为界。以"船舷"为界表明货物在装上船之前的风险,包括在装船时货物跌落码头或海中所造成的损失,均由卖方承担;但在《2010通则》中,对FOB条件下风险划分的界限做了实质性的变更,即不再规定以"船舷为界",而是规定以货物装到船上为界限,这时风险才由卖方转移至买方。

(4) 负责提供商业发票和证明货物已交至船上的通常单据(已装船海运提单)。如果买卖双方约定采用电子通信,则所有单据均可被具有同等效力的电子数据交换信息(EDI message)代替。

买方的主要义务:

(1) 根据买卖合同的规定受领货物并支付货款。

(2) 负责租船或定舱、支付运费,并将船名、装船地点和交货时间及时通知卖方。

(3) 自负风险和费用,取得进口许可证或其他官方批准的证件,并负责办理货物进口所需的一切海关手续。

(4) 负担货物在装运港交到自己所派船只上之后的一切费用和风险。

实际业务中的注意点:

A. 通常发生以下五种情况,风险将提前转移给买方:

(1) 在约定的时间,买方拟派的船只未到,导致码头仓储费用或货物停留造成损失,此时风险应提前转移给买方。

(2) 船只虽按约定的时间到港,但是停靠码头时要排队,此时卖方的风险应提前转移给买方。

(3) 只约定装运期,未约定买方何时派船到装运港,过了装运期船只才到,那么在装运期届满时,货物受损的风险就应提前转移给买方,而不管买方所派船只到否。

(4) 买方按时派船,但是由于各种原因(可能是船不适航或不适货)不能装货上船,或者提前结束装船,此时风险应提前转移给买方。

(5) 船按时到港,但是卖方没能及时装船,如果原因在于买方未给卖方留出足够的时间装运货物,则由买方承担责任。

B. 卖方须慎重履行交货与交单义务:《2010通则》明确规定,FOB术语项下,卖方必须提供符合买卖合同规定的货物。同时,由于采用FOB条件成交,卖方是在装运港交货,而一般情况下,买方不可能亲临交货地点去接受货物,卖方通常都是凭提交合同要求的单据来完成其交货义务。所以,卖方及时提交合格的单据,包括商业发票、检验证书、运输单据,特别是海运提单或同等效力的电子单证等,成为其一项基本义务。

C. FOB术语项下提单托运人的规定:根据我国海商法的解释,托运人是指:①本人或委托他人以本人的名义为本人与承运人订立海上货物运输合同的人;②本人或委托他人以本人的名义为本人将货物交给与海上货物运输合同有关的承运人的人。因此,

FOB合同的买方和卖方都符合条件,但最好以卖方为托运人,否则,如果买方和承运人相互串通,则在没有付清货款的情况下,买方就会以托运人的身份先行将货物提走。

D. 出口通关的办理与美国贸易惯例的差异:《2010通则》规定,卖方必须自行承担取得任何出口许可证或其他官方核准证件的风险和费用,并办理货物出口所需的一切海关手续(如果该地需要办理这些海关手续)。而根据《美国对外贸易定义》的解释,申领许可证和办理出口通关手续由买方负责,其费用和风险也由买方承担。只有当买方自行办理有困难时,在买方要求,并由买方承担费用和风险的情况下,卖方可以协助办理。

因此,为了避免由于贸易惯例的不同产生误解,双方最好在合同中明确规定。

E. FOB合同的风险防范措施。

(1) 按照《2010通则》的规定,FOB合同的出口商应将货物交给船公司。一般而言船公司大多信誉良好,即便有时凭担保将货物放给客户后出现问题,其也会凭借信誉与实力妥善地处理纠纷。但是,从目前的实际情况来看,买方指定船公司的比较少,绝大部分是指定境外货运代理。众所周知,货运代理公司的信誉度是远远不能和大多数船公司相比的。因此,卖方为了防止买方与货运代理公司联手欺诈,一定要采取预防措施。例如,通过国际咨询机构对货运代理公司进行资信调查或要求买方配合让境外货运代理公司出具担保,如果不行,最好让对方在发货前预付全部货款。

(2) 采用FOB条件成交时,卖方为保障自身利益,一般都会在合同中明确规定买方派船到港装货的时间或期限,以及如果延迟或不能指定船只而引起的额外费用和风险责任均由买方承担。买方须在船只到达指定装运港前若干天通知卖方有关船名和预计到达时间。同样,买方也往往会要求规定船只按时到达后,如卖方未能按合同规定将货物装船以致造成空舱和滞期等的后果。

(3) 按照FOB贸易术语的规定,卖方没有办理货运保险的义务,买方应根据情况自行办理。如果履约时行情对买方不利,买方拒绝接收货物,就有可能不办保险。这样一旦货物在途中出险,卖方就可能钱货两空。如买卖双方已按FOB术语成交,而且采用非信用证支付方式,卖方应在当地投保卖方利益险。

F. FOB的变形。

买卖双方最好在合同中就该项事宜及有关的风险和费用的承担做出明确规定,以免产生贸易纠纷。

(1) FOB Liner Terms(FOB班轮条件):装船费用按照班轮的做法处理,即由船方或买方承担,卖方不负担装船的有关费用。

(2) FOB under Tackle(FOB吊钩下交货):卖方负担将货物交到买方指定船只的吊钩所及之处的费用,而吊装入舱以及其他各项费用均由买方负担。

(3) FOB Stowed(FOB理舱费在内):卖方负责将货物装入船舱并承担包括理舱费在内的装船费用。理舱费是指货物入舱后进行安置和整理的费用。

(4) FOB Trimmed(FOB平舱费在内):卖方负责将货物装入船舱并承担包括平舱费在内的装船费用。平舱费是指对装入船舱的散装货物进行平整所需的费用。

(5) FOB Stowed and Trimmed(FOBST):这一变形是指卖方承担包括理舱费和

平舱费在内的装船费用。

CFR

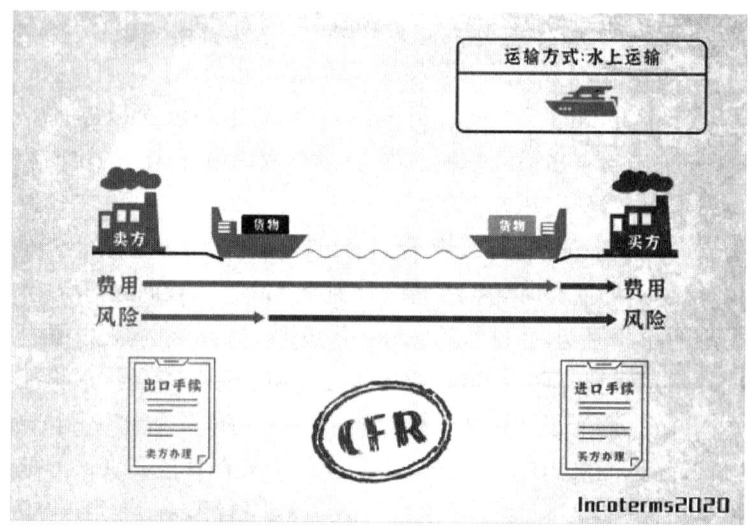

▲CFR 贸易术语图解

CFR 的全称是 Cost and Freight(…named port of destination)，即成本加运费(……指定目的港)，按照《2010 通则》的解释，买方应在合同规定的装运港和规定的期限内，将货物装上船，并及时通知买方。货物装上船以后发生的灭失或损害的风险，以及因货物交付后发生的事件所引起的任何额外费用，自交付之日起即由卖方转移给买方。

术语精讲

卖方的主要义务：

（1）负责在合同规定的时间和规定的期限内，将约定的货物装上船，运往指定目的港，并及时通知买方。

（2）负责办理货物出口手续，取得出口许可证或其他官方批准的证件。

（3）负责租船或订舱，并支付至目的港的正常运费。

（4）负担货物在装运港交到自己安排的船只上之前的一切费用和风险。

（5）负责提供符合合同规定的货物和商业发票，或具有同等效力的电子数据交换信息，以及合同规定的运输单据和其他相关凭证。

买方的主要义务：

（1）负责按合同规定支付价款。

（2）自负风险和费用，办理货物进口手续，取得进口许可证或其他官方批准的证件。

（3）负担货物在装运港交到卖方安排的船只上之后的一切费用和风险。

（4）按合同规定接收货物，接受运输单据。

实际业务中的注意点：

A. 风险点的转移：卖方在装运港将货物装到船舱内，风险点即转移到买方，因此买方必须在此之前向保险公司办妥保险。实际业务中,卖方应于装运前和国外买方就如何发装船通知以及何时发装运通知商定办法,贸易合同中也应注明装船通知的发送内容、方式、发送时间等。

B. CFR 术语的变形:由于世界各港的惯例不同,对于卸货费用也有不同的规定,有的港规定由船方负担,有的港规定由收货人负担。如属前者,若是大宗货物,船方如不愿承担卸货费用,势必将卸货费用转移给租船人,这样就会增加卖方的负担。因此,买卖双方必须在贸易合同中明确由谁负担卸货费用。实践中,通常是在 CFR 贸易术语或 CIF 贸易术语后加附加条件来说明,由此便产生了 CFR 或 CIF 的变形。CFR 或 CIF 的变形各有以下四种:

(1) CFR Liner Terms(CFR 班轮条件)或 CIF Liner Terms(CIF 班轮条件):卸货费用按班轮办法处理,由船方或卖方承担,即买方不负担卸货费用。

(2) CFR Landed(CFR 卸到岸上)或 CIF Landed(CIF 卸到岸上):由卖方负担卸货费,包括因船不能靠岸,需将货物用驳船卸到岸上支出的驳运费在内的费用。

(3) CFR under Ship's Tackle(CFR 吊钩下交货)或 CIF under Ship's Tackle(CIF 吊钩下交货):卖方负担将货物从船舶起卸到吊钩所及之处(码头或驳船上)的费用。

(4) CFR Ex Ship's Hold(CFR 舱底交货)或 CIF Ex Ship's Hold(CIF 舱底交货):货物运到目的港后,由买方自行启舱,并负担货物从舱底卸到码头上的费用。

以上 CFR 和 CIF 的变形,只是为了表明在使用航次租船运输时卸货费用由谁负责,并不改变这两种术语的交货地点及风险、责任的划分。总之,在订立航次租船合同时,应注意贸易合同中的贸易术语要与航次租船合同中的装卸费用条款相衔接。这样才能明确装卸费用及相关费用由谁负担,避免在国际货物运输中产生争议或纠纷。

CIF

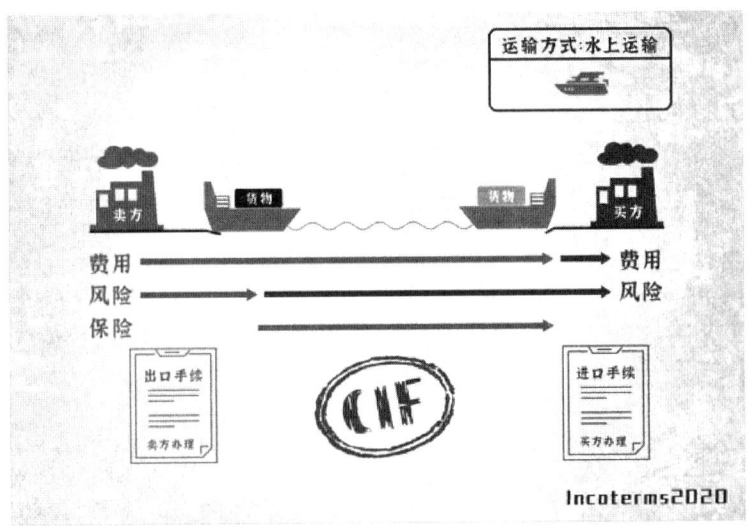

▲CIF 贸易术语图解

CIF 的全称是 Cost Insurance and Freight(…port of destination),中文意思为成本加保险费加运费(……指定目的港)。CIF 是国际贸易中最常用的贸易术语之一。采用 CIF 术语成交时,卖方也是在装运港将货物装上船完成其交货义务。卖方负责按通常条件租船订舱,支付货物运至指定目的港所需的费用和运费,但是货物交付后的灭失或损坏的风险,以及因货物交付后发生的事件所引起的任何额外费用自交付时起由卖方转移给买方承担。卖方在规定的装运港和规定的期限内将货物装上船后,要及时通知买方。

Incoterms®2020 中 CIF 保险投保险别变化。

在 CIF 价格术语中,卖方的责任仍然是"自费投保符合协会货物保险条款(LMA/IUA)的(C)条款或任何类似条款所规定的货物险"。

术语精讲

卖方的主要义务:

(1) 在合同规定的期限内,在装运港将符合合同的货物交至运往指定目的港的船上,并给予买方装船通知。

(2) 负责办理货物出口手续,取得出口许可证或其他核准证书(原产地、商检证书等)。

(3) 负责租船或订舱并支付到目的港的海运费。

(4) 负责办理货物运输保险,支付保险费。

(5) 负责货物在装运港越过船舷为止的一切费用和风险。

(6) 负责提供货物运往指定目的港的通常运输单据、商业发票和保险单,或具有同等效力的电子信息。

买方的主要义务:

(1) 负责办理进口手续取得进口许可证或其他核准书。

(2) 负担货物在装运港越过船舷后的一切费用和风险。

(3) 收取卖方按合同规定交付的货物,接受与合同相符的单据。

实际业务中的注意点:

A. 概念上的误区:CIF 和 FOB 术语中交货点及风险点都是在装运港的船上,卖方在装运港将货物安全地装到船上即完成卖方义务,装运后货物可能发生的风险,卖方不再承担责任。卖方将保险单、提单等交由买方,风险索赔等就由买方进行办理。

B. 订舱配载:CIF 条件下卖方自主订船,选择船公司货代,自付运费、码头费等,一般不接受买方指定的货代/船公司等,实际业务中客户会选择国外服务较好的马士基、APL 等知名船运公司,和买方确认好运费、船期后也可以接受,但一般不由买方指定的货代出运。

C. 卖方在装运港办理保险,一般在订立合同时规定具体的保险金额、保险险别和适用保险条款,以及保险责任的起讫期限,选择协会或中国保险条款,保险单银行交单时要背书转让给买方。

D. 卸货费用:码头作业费等,CIF 中一般用 PORT TO PORT 即港至港条款,启运港的费用由卖方承担,目的港的费用则由买方承担。

E. 租船订舱问题:由于从装运港到目的港的运输合同由卖方负责签订,因此,一般情况下,卖方根据货物的具体情况,选择适当的船舶,或者租用整船,或者班轮订舱。这就是所谓的按通常条件(on Usual Terms)船龄、船籍、船级、船型以及装运某某航运公司的船只等提出某些限制条件。对于这些要求,卖方应慎重考虑,不论对方是在合同订立之前提出的,还是在合同订立之后提出的,如果卖方认为自己可以办到,又不会增添麻烦和额外开支,就可以接受;否则,可以拒绝。但一旦接受,就必须严格照办。

采用 CIF 条件成交时,作为合同的卖方在办理租船订舱时,还应注意所租用的船只是否具有适航性和适货性。所谓适航性(Seaworthiness),是指载货的船只在装运港启运时,从船舶的性能和船上人员的配备情况来看,已具备了将货物从装运港运抵目的港的能力。适货性(Cargoworthiness),是指船舶从其性能和设备情况来看,适合运输合同所约定的货物。

F. 装运港、目的港及航线问题:装运港和目的港在海洋运输中即运输的起点和终点。在合同中规定装运港和目的港时,可以是各规定一个,也可以规定两个或两个以上,甚至是选择港(Optional Ports),这要由交易双方根据需要协商确定。从实际做法来看,较多的还是各规定一个装运港和目的港。

根据英美法的有关规定,在 CIF 合同中,目的港属于要件(Condition),而装运港不是要件,只属于担保(Warranty)。因此,如果合同中明确规定了目的港的名称,双方就必须遵照执行。任何一方要想变更目的港,必须征得对方同意;否则,属于违反要件,即构成重大违约。

2020 贸易术语变更清单

关于 FCA	如果双方同意卖方按照 FCA(货交承运人)要求将货物交付集装箱码头,买方可以指示承运人在卸货时向卖方签发已装船提单
关于 CIP	CIP 术语下买方投保要投最高险别(如 CIC 一切险和 ICC(A)险),而 CIF 术语下投保险别要求保持不变,仍投最低险别即可
关于 DPU	Incoterms® 2020 中 DAT 改为 DPU,DPU 术语的交货地点仍旧是目的地,但这个目的地不再限于运输的终点,而可以是任何地方
自定义运输方式的承运	FCA、DAP、DPU、DDP 允许买方/卖方使用自己的运输工具(2010 通则中规定的是"第三方承运人")
对担保义务的更清晰的分配	Incoterms® 2020 包括运输义务和成本中与安全相关的要求,每个术语下都明确规定了与安全有关的义务分配规则以及相应的费用承担方式。并且《2020 通则》对双方应该承担的费用提供了"一站式费用清单"

常用贸易术语价格构成

1. FOB、CFR、CIF 贸易术语（适用于水上运输）

FOB 价＝进货成本价＋国内费用＋净利润

CFR 价＝进货成本价＋国内费用＋国外运费＋净利润

CIF 价＝进货成本价＋国内费用＋国外运费＋国外保险费＋净利润

国内费用有：

（1）加工整理费用；

（2）包装费用；

（3）保管费用（包括仓租、火险等）；

（4）国内运输费用（仓至码头）；

（5）证件费用（包括商检费、公证费、领事签证费、产地证费、许可证费、报关单费等）；

（6）装船费（装船、起吊费和驳船费等）；

（7）银行费用（贴现利息、手续费等）；

（8）预计损耗（耗损、短损、漏损、破损、变质等）；

（9）邮电费（电报、电传、邮件等费用）。

国外费用主要有：

（1）国外运费（自装运港至目的港的海上运输费用）；

（2）国外保险费（海上货物运输保险）；

（3）如果有中间商，还包括支付给中间商的佣金。

2. FCA、CPT、CIP 贸易术语（适用于任何运输方式）

FCA 价＝进货成本价＋国内费用＋净利润

CPT 价＝进货成本价＋国内费用＋国外运费＋净利润

CIP 价＝进货成本价＋国内费用＋国外运费＋国外保险费＋净利润

国内费用有：

（1）加工整理费用；

（2）包装费用；

（3）保管费用（包括仓租、火险等）；

（4）国内运输费用（仓至码头）；

（5）拼箱费（如果货物构不成一整集装箱）；

（6）证件费用（包括商检费、公证费、领事签证费、产地证费、许可证费、报关单费等）；

（7）银行费用（贴现利息、手续费等）；

（8）预计损耗（耗损、短损、漏损、破损、变质等）；

（9）邮电费（电报、电传、邮件等费用）。

国外费用主要有：

（1）外运费（自出口国内陆启运地至国外目的地的运输费用）；

(2) 国外保险费；

(3) 如果有中间商,还包括支付给中间商的佣金。

主要贸易术语的价格换算

1. FOB、CFR 和 CIF 三种术语的换算

(1) FOB 价换算为其他价

CFR 价＝FOB 价＋国外运费

CIF 价＝(FOB 价＋国外运费)/(1－投保加成×保险费率)

(2) CFR 价换算为其他价

FOB 价＝CFR 价－国外运费

CIF 价＝CFR 价/(1－投保加成×保险费率)

(3) CIF 价换算为其他价

FOB 价＝CIF 价×(1－投保加成×保险费率)－国外运费

CFR 价＝CIF 价×(1－投保加成×保险费率)

2. FCA、CPT 和 CIP 三种术语的换算

(1) FCA 价换算为其他价

CPT 价＝FCA 价＋国外运费

CIP 价＝(FCA 价＋国外运费)/(1－保险加成×保险费率)

(2) CPT 价换算为其他价

FCA 价＝CPT 价－国外运费

CIP 价＝CPT 价/(1－保险加成×保险费率)

(3) CIP 价换算为其他价

FCA 价＝CIP 价×(1－保险加成×保险费率)－国外运费

CPT 价＝CIP 价×(1－保险加成×保险费率)

由于中国加入 WTO 是 2001 年,在这个时间节点上受国际规则的普及教育,因此《2000 通则》对中国卖家的影响可谓是深入骨髓,即使后来有了调整过的 2010 版、2020 版,大家对贸易术语的使用习惯还是很难改变。

但实际上任何一版术语的发布并不意味着之前的失效,只要双方愿意,运用之前的版本是没有问题的,但是要在合同里注明到底用的是哪一版的术语。

正确的格式应该是这样的三段式：

[The chosen Incoterm®rule] ＋

[Named port, place or point] ＋

Incoterms®2020

来源：中国信保广东分公司

参考文献

[1] 黎孝先.国际贸易实务[M].北京:对外经济贸易大学出版社,2008.
[2] 全国国际单证培训认证考试办公室.国际商务单证实训教程[M].北京:中国商务出版社,2008.
[3] 傅龙海.国际贸易操作实训[M].北京:对外经济贸易大学出版,2010.
[4] 傅龙海. 国际贸易实务[M].北京:对外经济贸易大学出版社,2008.
[5] 中国国际货运代理协会.国际海上货运代理理论与实务[M]. 北京:对外经济贸易大学出版社,2003.
[6] 顾民.最新信用证操作指南[M]. 北京:对外经济贸易大学出版,2000.
[7] 顾民.《UCP 600》实务[M].北京:对外经济贸易大学出版社,2007.
[8] 余世明.国际商务单证实务[M].暨南大学出版社,2010.
[9] 童宏祥.外贸单证实务[M].上海:华东理工大学出版社,2004.
[10] 海关总署报关员资格考试教材编写委员会.报关员资格全国统一考试教材[M].北京:中国海关出版社,2008.
[11] http://www.aqsiq.gov.cn/.
[12] http://www.iccwbo.org.
[13] http://www.worldcapitalforum.com.
[14] http://www.dg.chinacommercer.com.
[15] http://www.iccbooks.com.
[16] http://www.citibank.com.